U1005451

经典传家

经典回到生活　阅读从心开始

经典传家

『经典传家』丛书遴选了清代《四库全书》的精华，而且每一种书在注释、译文、解读等方面做了大量的、扎实的工作。

——傅璇琮

国学就是中国人的学问。『经典传家』是一套非常适合大众阅读的国学经典丛书。国学的传承和发展迫切需要好的大众读本。

——毛佩琦

《四库全书》浩如烟海，真正的必读经典就这百余部。

——任德山

国学是相互通融的，切忌断章或是割裂。今人只有从《周易》等原始经典入手，才能真正找到进入国学的门径。

——刘君祖

经典传家系列丛书

图解 尚书

崇贤书院 释译

黄山书社

《尚书》阅读指南

精审精校保证书稿质量

以最精致的品质呈现给读者最权威的《尚书》读本。

图文配合还原经典神韵

从多种古代版画优秀作品中精选插图，力求营造与正文所述内容及意境相一致的阅读氛围。

以古版画与经典图文相配

- 所选插图皆为古代版画精品，确保原汁原味。
- 配图制作，精益求精保证图片清晰有质感。
- 以图释文，所选插图与正文内容相契合。

图片名称、说明

- 古版画的名称。
- 以相关的史实和传说对正文补充说明。

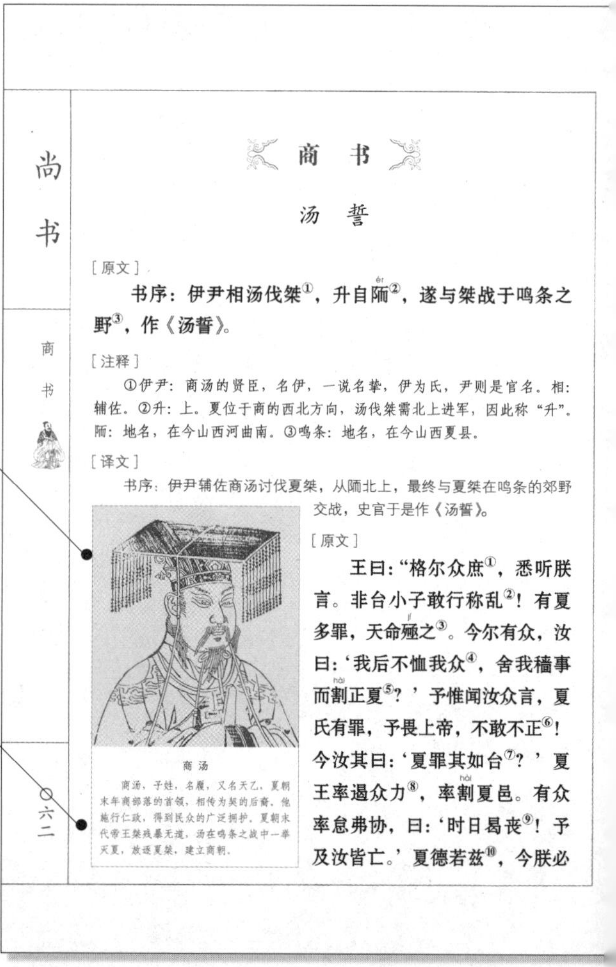

尚书

商书

商书

汤誓

[原文]

书序：伊尹相汤伐桀①，升自陑（ér）②，遂与桀战于鸣条之野③，作《汤誓》。

[注释]

①伊尹：商汤的贤臣，名伊，一说名挚，伊为氏，尹则是官名。相：辅佐。②升：上。夏位于商的西北方向，汤伐桀需北上进军，因此称“升”。陑：地名，在今山西河曲南。③鸣条：地名，在今山西夏县。

[译文]

书序：伊尹辅佐商汤讨伐夏桀，从陑北上，最终与夏桀在鸣条的郊野交战，史官于是作《汤誓》。

商汤

商汤，子姓，名履，又名天乙，夏朝末年商部落的首领，相传为契的后裔。他施行仁政，得到民众的广泛拥护。夏朝末代帝王桀残暴无道，汤在鸣条之战中一举灭夏，放逐夏桀，建立商朝。

[原文]

王曰：“格尔众庶①，悉听朕言。非台小子敢行称乱②！有夏多罪，天命殛（jí）之③。今尔有众，汝曰：‘我后不恤我众④，舍我穑事而割（hài）正夏⑤？’予惟闻汝众言，夏氏有罪，予畏上帝，不敢不正⑥！今汝其曰：‘夏罪其如台⑦？’夏王率遏众力⑧，率割（hài）夏邑。有众率怠弗协，曰：‘时日曷丧⑨！予及汝皆亡。’夏德若兹⑩，今朕必

六二

《尚书》阅读指南

挖掘《尚书》的当今价值

从题解、注释、译文等方面入手，紧扣今人的心灵和求知欲，用独特的视角来解读和赏析《尚书》。

重现经典在国人中的权威

编者以弘扬中国传统经典之心，将此书献给所有爱读书却还未读过这部经典的读书人。

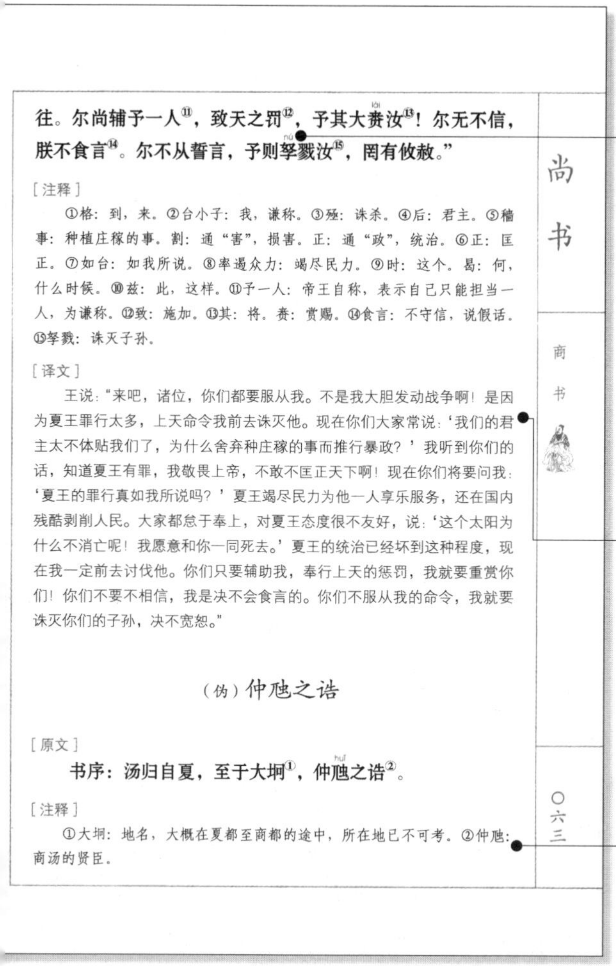

往。尔尚辅予一人[11]，致天之罚[12]，予其大赉(lài)汝[13]！尔无不信，朕不食言[14]。尔不从誓言，予则孥(nú)戮汝[15]，罔有攸赦。”

[注释]

①格：到，来。②台小子：我，谦称。③殛：诛杀。④后：君主。⑤穑事：种植庄稼的事。割：通“害”，损害。正：通“政”，统治。⑥正：匡正。⑦如台：如我所说。⑧率遏众力：竭尽民力。⑨时：这个。曷：何，什么时候。⑩兹：此，这样。⑪予一人：帝王自称，表示自己只能担当一人，为谦称。⑫致：施加。⑬其：将。赉：赏赐。⑭食言：不守信，说假话。⑮孥戮：诛灭子孙。

[译文]

王说：“来吧，诸位，你们都要服从我。不是我大胆发动战争啊！是因为夏王罪行太多，上天命令我前去诛灭他。现在你们大家常说：‘我们的君主太不体贴我们了，为什么舍弃种庄稼的事而推行暴政？’我听到你们的话，知道夏王有罪，我敬畏上帝，不敢不匡正天下啊！现在你们将要问我：‘夏王的罪行真如我所说吗？’夏王竭尽民力为他一人享乐服务，还在国内残酷剥削人民。大家都怠于奉上，对夏王态度很不友好，说：‘这个太阳为什么不消亡呢！我愿意和你一同死去。’夏王的统治已经坏到这种程度，现在我一定前去讨伐他。你们只要辅助我，奉行上天的惩罚，我就要重赏你们！你们不要不相信，我是决不会食言的。你们不服从我的命令，我就要诛灭你们的子孙，决不宽恕。”

（伪）仲虺之诰

[原文]

书序：汤归自夏，至于大坰[①]，仲虺(huǐ)之诰[②]。

[注释]

①大坰：地名，大概在夏都至商都的途中，所在地已不可考。②仲虺：商汤的贤臣。

尚书

商书

〇六三

选字注音

- 将生僻字选出单独标注拼音。
- 将古今读音相异的字单独标注拼音。
- 将所有重复出现的生僻字反复标注。

译　文

- 力求信、达、雅，忠实于原文，通俗易懂。

注　释

- 权威、准确、客观，注重启发性。

总 序

国学是什么？简单说，就是中国人之所以成为中国人的学问。因此，国学不仅包括数千年积累流传下来的经典，比如“四书五经”、《老子》《庄子》《孙子》《史记》《汉书》、唐诗、宋词，也包含研究中国人思维方式、生活方式、行为方式乃至娱乐方式的各种学问。广言之，国学研究的对象不仅包括文献，也包括实物；不仅包括物质文化遗产，也包括非物质文化遗产，如我国各民族的建筑、服饰、饮食、音乐、绘画、医药、戏曲等等。

国学是不断丰富、不断发展的学问。上面说的从“四书五经”到唐诗、宋词就是一个不断丰富发展的过程。近代以来，国学的研究范围还在不断地扩大，比如敦煌学、甲骨学，是随着有关文物的出土而兴起的；比如红学，是随着文学理论和学术风气的发展变化而兴起和发展的。随着时间的推移和学术的进步，必将有更多的学问被纳入国学研究的范围。

数千年来，中国人做学问形成了自己独特的理论和方法，比如思想理论、史学理论、文学理论，以及训诂学、考据学、音韵学等等。但这些理论和方法并不是一成不变的。比如，在史学研究领域，由于地下文物的出土，王国维等人提出了以地下文物与传世文献相补充互证的“二重证据法”。近代以来，西风劲吹。国人主动借鉴西方学术研究的理论和方法，研究中国学问。王国维借鉴尼采的哲学理论研究中国的文学戏剧，胡适以杜威的实验主义研究中国的“国故”。国学从来没有拒绝外国学问的融合，佛教传入中国后，经过改造，形成了中国独特的佛学、因明学；自明朝末年西学传入中国后，中国的天文学、数学等就已经融入了西学的因素。马克思主义传入中国后，不少人用马克思主义理论研究中国历史文化，它们自然也成为了国学的一部分。因此，国学又是开放的、随时代而进步的。那么，当今我们研究、振兴国学，不允许也不应该倒退，不允许也不应该僵化。

然而，国学又是与西学明显区分的。国学是西学的对应物，是与西学完全不同的学术体系。在近代，西学挟坚船利炮强势进入中国之后，中国人还视自我，对于中国固有之学问的称呼出现了中学、国故学、国粹、国学这样的名称。面对“帝国主义”的强大，中国人自愧不如，一方面拼命地学习、引进西学，另一方面拼命地贬低、抛弃国学。虽然也有一些人，如张之洞为保护中华文化之根本，提出“中学为体，西学为用”，如胡适，提出“整理国故”，以“再造文明”“建立民族自信心”，但其声音终被时代所淹没。国学一再被严重曲解和轻视，造成了中国历史文化的大断裂。也许，这一历史过程是必然的。但回顾过去，中国在走向独立富强的过程中，国学所付出的代价实在太大、太惨重了。

新中国成立后，饱受屈辱的中国人从此站立了起来，民族自信心大大加强，但没有能够及时认识到国学在新时代的重要性，甚至仅存的一点点国学遗产也进一步成为被抛弃的对象。改革开放三十年之后，走向富强的国人终于幡然醒悟，保护和振兴国学逐渐成为全民的共识。一个强大的自立于世界民族之林的国家，必然要有与之相匹配的伟大的民族文化。中国人，从领导者、学术界到普通百姓，都在重新发现国学的现代价值。同时，在走向全球化的进程中，东西方各国也把目光投向了中国。中国学问，中国的一切都在被重新评价。中国不仅为了自身的建设和发展需要从传统文化中汲取智慧，而且也面临着以优秀的中华文化向全人类贡献智慧的责任和挑战。

那么，这套经典传家丛书的编纂就是可喜的，编纂者的初衷和努力就是可敬的。希望这套丛书能发挥点滴作用，如同涓涓细水与千百万有志者的努力一道汇成大潮，去迎接中华民族的伟大复兴！

是为序。

毛佩琦

二〇一五年五月

前言

在浩如烟海的古代文献中，对中华文明影响最大的莫过于儒家五经，而记述尧、舜等上古圣王事迹的《尚书》更是在中华民族历史观、世界观形成的过程中有着非同一般的意义。

孔子“祖述尧舜，宪章文武”，孟子“言必称尧舜”，追慕古代、效法先王是儒家思维方式的出发点，而记述尧舜、文武事迹的《尚书》更是成为孔孟授徒讲学的重要教科书。

《左传》等先秦文献中多有诗、书并称的记载，“书”大概就是当时人对历史文献的统称。《史记·孔子世家》记载，孔子以儒家价值观删订古代文献，成为后来五经的底本。他“追迹三代之礼，序书传，上纪唐虞之际，下至秦缪，编次其事”，记述了上至尧舜、下至秦穆公的史事。《汉书·艺文志》说，孔子删订后的《尚书》有一百篇。

战国时期百家争鸣，儒家学说受到道、法、墨等学派的攻击，法家更是主张以焚书的极端方式销毁儒生们的精神载体。商鞅变法中“燔诗书”的命令曾让《尚书》遭受了一次规模不大的劫难，而秦始皇的焚书令则是中国文化史上的一次浩劫，导致天下《尚书》抄本几乎全部被毁。

汉初鼓励民间献书，原秦朝博士伏生将私藏的书简献出，然而大多已腐烂断残，经他口述，整理为二十八篇，加上当时人献上的《泰誓》，共二十九篇。这些篇以当时流行的隶书写成，所以称《今文尚书》。

汉景帝之子鲁共王为扩建宫室，拆毁孔子老宅，从墙壁中发现了《尚书》《礼记》《论语》《孝经》共数十篇，以先秦古文写成。其中《尚书》比今文经多出十六篇，称《古文尚书》。

该书按朝代分为虞、夏、商、周四部分，包括典、谟、训、诰、誓、命等体裁。“典”即经典，记载的是重大历史事件；“谟”即谋略，记载的是君臣对治国之道的探讨；“训”即训诫，记载的是辅臣训导帝王的言论；“诰”即文告，记载的是帝王对臣下发布的命令；“誓”即誓词，记载的是出征之前帝王的誓师之词；“命”即命令，记载的也是帝王下达的命令。后世的制诰、诏令、奏章，大多以此为模本。

西汉时期，今文经立于官学，自伏生以后，传授《今文尚书》的有欧阳生、大小夏侯几家。古文经学影响力不大，《古文尚书》只有孔安国进行整理研究。西汉末，在刘歆的主导下，古文经立于官学，王莽为行托古改制，更是推崇古文经学。东汉时期，马融、郑玄先后合注今古文《尚书》。经众多学者的析分拆解，篇数由四十五增至五十八。

西晋末永嘉之乱中，今、古文《尚书》全部散失，东晋时豫章内史梅赜献署名孔安国作传的《尚书》五十八篇，加上序，共五十九篇。唐代官修《五经正义》中的《尚书》即以此为基础所编，于是这一版本得以流传至今。

《尚书》向来以诘屈聱牙、晦涩难懂著称，南宋时吴棫、朱熹等学者发现古文各篇平实易懂，与今文各篇文字风格相差甚远，因此怀疑其为伪作。到了清代，阎若璩著《尚书古文疏证》，惠栋著《古文尚书考》，以严谨的辨析和详实的考据，论证梅赜所献的古文部分为伪作。丁晏在《尚书余论》中更是直指曹魏经学家王肃是孔传本《尚书》的伪造者。而现在学术界普遍认为，所述内容最早的《尧典》《益稷》《禹贡》等篇是战国时期儒生的手笔。看来即使是《今文尚书》也难免掺有后人的伪托之作。

除伪作外，《尚书》还有很多逸文散见于一些汉代以前的文献中，如《论语·为政》中的“孝乎惟孝，友于兄弟，施于有政”就不见于今本《尚书》。要想还原《尚书》，还得依靠考古研究。近些年来，清华大学出土文献研究与保护中心对其所藏的两千余枚战国楚简进行研究释读，发现了大量《尚书》逸篇，而《傅说之命》的文字更是与今本《说命》三篇完全不同，足以证明今本为伪作。《古文尚书》真伪问题的千年悬案，至此终于有了定论。

由于“清华简”的研究工作尚未完成，因此本《图解尚书》仍以《十三经注疏》本《尚书正义》为底本，聘请名家重新点校，参考历代注疏进行译注。本书包括《尚书序》在内，共五十九篇，每篇之首有书序，古文各篇均在题目前标有“伪”字，全面呈现经典版本，以供读者甄别赏鉴。

为使读者更好地理解文意，帮助读者更好地品读古代经典，使先贤的智慧之光照进现代人的生活。本书除对古文进行译注外，还对文中出现的生僻字、多音字、通假字加以注音，尽可能为读者营造轻松无障碍的阅读氛围。

此外，本书还配有大量精美的古代版画，以缓解艰涩古文带来的视觉疲劳，给读者以美的享受。

崇賢書院

目录

尚书序

［原文］

古者伏牺氏之王天下也①，始画八卦②，造书契③，以代结绳之政④，由是文籍生焉。

伏牺、神农、黄帝之书⑤，谓之《三坟》，言大道也⑥；少昊、颛顼(zhuān xū)、高辛、唐、虞之书⑦，谓之《五典》，言常道也⑧。至于夏、商、周之书，虽设教不伦⑨，雅诰奥义⑩，其归一揆⑪，是故历代宝之，以为大训。八卦之说，谓之《八索》，求其义也。九州之志，谓之《九丘》。丘，聚也。言九州所有，土地所生，风气所宜，皆聚此书也。《春秋左氏传》曰⑫：“楚左史倚相能读《三坟》《五典》《八索》《九丘》。”即谓上世帝王遗书也。

伏羲

伏羲是传说中上古三皇之一，相传他观察自然物象而创八卦，立占筮之法。除此之外，他还创制文字取代结绳记事，教民结网捕鱼狩猎，发明琴瑟陶冶情操。伏羲的传说反映了华夏先民探索世界、认识世界的过程。

［注释］

①伏牺氏：也作伏羲、庖牺、宓戏，又称羲皇、太昊，传说中他是上古时代的部落首领。相传他始创八卦，教民捕鱼畜牧。王：称王。②八卦：指先天八卦，即乾、兑、离、震、巽、坎、艮、坤，卦序不同于周文王的后天八卦。③书契：文字。④结绳：用绳打结以计数或记事。⑤神农：又称烈山氏、炎帝，因居于姜水，为姜姓。相传他始创医药，教民耕种。黄帝：又称轩辕氏、有熊氏，姓公孙，又因居于姬水，为姬姓，曾打败炎帝、蚩尤部

落，为五帝之首。相传桑蚕、舟车、文字、衣冠等都创始于黄帝。一说伏羲、神农、黄帝为三皇。⑥大道："坟"与"大"意思相同。⑦少昊：又称玄嚣、青阳氏，黄帝之子，东夷部族首领。颛顼：又称高阳氏，黄帝之孙。高辛：又称帝喾，黄帝之孙。唐：尧，又称陶唐氏、唐尧、放勋。虞：舜，又称有虞氏、虞舜、重华。一说少昊、颛顼、高辛、唐尧、虞舜为五帝。⑧常道："典"与"常"意思相同。⑨不伦：不同类。⑩诰：夏、商、周之书有训、诰、誓、命、歌、贡、征、范八类，以诰为代表。⑪归：指归，主旨。一揆：同一个道理。⑫《春秋左氏传》：见《左传·昭公十二年》。

［译文］

古时候伏牺氏称王于天下，开始创制八卦，发明文字，用来取代结绳记事的办法，从此书籍就产生了。

伏牺、神农、黄帝时代的书，称为《三坟》，讲的是广大的道理；少昊、颛顼、高辛、唐尧、虞舜时代的书，称为《五典》，讲的是常规的道理。到夏、商、周时代的书，虽然教化与从前不同，但是文诰深奥的含义，主旨都是同样的道理。所以历代都很重视这些书，认为是圣王的训诫。八卦的说辞，称为《八索》，意思是求索其中的义理。九州的书志，称为《九丘》。丘，就是聚集。说的是九州所拥有的，土地所生长的，风气所适宜的，都聚集在此书中。《春秋左氏传》记载："楚国左史倚相能读《三坟》《五典》《八索》《九丘》。"说的就是上古帝王留下来的书。

［原文］

先君孔子[1]，生于周末，史籍之烦文，惧览之者不一，遂乃定《礼》《乐》，明旧章，删《诗》为三百篇，约史记而修《春秋》[2]，赞《易》道以黜《八索》[3]，述《职方》以除《九丘》[4]。讨论《坟》《典》[5]，断自唐、虞以下，讫于周。芟夷烦乱[6]，翦(jiǎn)截浮辞，举其宏纲[7]，撮其机要[8]，足以垂世立教。典、谟、训、诰、誓、命之文凡百篇，所以恢弘至道，示人主以轨范也[9]。帝王之制，坦然明白，可举而行，三千之徒并受其义[10]。

［注释］

①先君孔子：《尚书序》作者旧题为孔安国，为孔子十一世孙，所以尊称孔子为先君。②约：归纳，整理。③赞：明白。④《职方》：指《周礼·夏官·职方氏》，所载行政区划与《尚书·禹贡》近似。⑤讨论：整理。⑥芟夷：删削，与下文中的“翦截”意思相近。⑦宏纲：大纲，主旨。⑧撮：摘取。机要：精要的义理。⑨轨范：典范，楷模。⑩三千之徒：相传孔子有弟子三千人。

［译文］

我的祖先孔子，出生在周朝末年，面对历代典籍中的冗杂文字，他担心阅读的人不能抓住要点，于是就修《礼》《乐》，显扬旧有的制度，将《诗》删为三百篇，归纳当时的史书编纂了《春秋》，明白《易》的道理后废弃了《八索》，讲述《职方》的内容而摒弃了《九丘》。他整理《三坟》《五典》，从唐尧、虞舜以下断代，直到周朝。删减了烦冗杂乱的内容，削除了浮华不实的文辞，抓住纲领，摘取要点，足以垂范后世，树立教化。典、谟、训、诰、誓、命等文章共一百篇，是用来弘扬大道，展示给君主作为典范的。帝王的制度，显而易见，可以推广施行，三千弟子都领受了其中的大义。

［原文］

及秦始皇灭先代典籍，焚书坑儒，天下学士逃难解散，我先人用藏其家书于屋壁[1]。汉室龙兴[2]，开设学校，旁求儒雅[3]，以阐大猷(yóu)[4]。济南伏生[5]，年过九十，失其本经，口以传授，裁二十余篇。以其上古之书，谓之《尚书》。百篇之义，世莫得闻。至鲁共王好治宫室[6]，坏孔子旧宅以广其居，于壁中得先人所藏古文虞夏商周之书及传、《论语》《孝经》，皆科斗文字[7]。王又升孔子堂[8]，闻金石丝竹之音，乃不坏宅。悉以书还孔氏。科斗书废已久，时人无能知者，以所闻伏生之书考论文义，定其可知者为隶古定[9]，更以竹简写之，增多伏生二十五篇。伏生又以《舜典》合于《尧典》，《益稷》

合于《皋陶（gāo yáo）谟》，《盘庚》三篇合为一，《康王之诰》合于《顾命》，复出此篇，并序，凡五十九篇，为四十六卷。其余错乱摩灭，弗可复知，悉上送官，藏之书府，以待能者。

［注释］

①先人：指孔安国的祖父孔腾。用：因此。②龙兴：指帝王兴起。③旁求：广泛寻求。④大猷：大道。⑤伏生：一说名胜，秦末汉初经学家，治《尚书》，属今文经学派。⑥鲁共王：刘余，汉景帝之子，封鲁王，谥号共，也作恭。⑦科斗文字：又称蝌蚪篆，先秦古文字体，因笔画头粗尾细形如蝌蚪而得名。⑧升：登。⑨为隶古定：用汉代通行的隶书重新书写古文。

［译文］

等到秦始皇销毁前代典籍，焚烧图书，坑杀儒生，天下的学士，纷纷避难逃散，因此我的祖父把家里的书藏在屋子的墙壁中。汉朝建立后，开设学校，广求大儒，来阐释大道。济南人伏生，年过九十岁，失去了经书原本，口授经义，裁定了二十多篇。因为这是记载上古史事的书，所以称为《尚书》。一百篇的大义，世人无从得知。鲁共王因为喜好修建宫室，所以毁坏了孔子的老宅，来扩建他的居所，在墙壁中得到了我祖父所藏的古文虞夏商周之书和传、《论语》《孝经》，都用蝌蚪文字书写。鲁共王又登上台阶来到孔子家的堂屋，听到了钟磬琴箫的乐声，就不毁坏老宅了。他把书都还给孔家。蝌蚪文字失传很久了，当时没有人能认识，用伏生传授的书考查论证文章的意义，确定了可以懂得的部分，用隶书重新书写古文，又用竹简抄写，比伏生传授的书多出二十五篇。伏生又把《舜典》合并于《尧典》中，把《益稷》合并于《皋陶谟》中，把《盘庚》三篇合为一篇，把《康王之诰》合并于《顾命》中，再分出这些篇，加上序言，一共五十九篇，为四十六卷。其余的部分次序错乱，文字磨灭，不能再知道了，把这些书全部上呈朝廷，收藏在书府，等待有才能的人来解读。

［原文］

承诏为五十九篇作传，于是遂研精覃思①，博考经籍，采摭（zhí）群言②，以立训传。约文申义③，敷畅厥旨④，庶几有补于将来⑤。

《书序》，序所以为作者之意。昭然义见，宜相附近，故引之各冠其篇首，定五十八篇。既毕，会国有巫蛊(gǔ)事[6]，经籍道息，用不复以闻，传之子孙，以贻后代[7]。若好古博雅君子与我同志，亦所不隐也。

［注释］

①覃思：深思。②采摭：选取，摘录。③约：简单。④敷畅：铺陈发挥。⑤庶几：差不多。⑥巫蛊事：指巫蛊之祸。汉武帝末年，丞相公孙贺父子因巫蛊之事被处死，宠臣江充奉命彻查巫蛊案，趁机诬陷太子刘据。此后该案牵连数十万人，史称“巫蛊之祸”。⑦贻：遗留。

［译文］

我奉诏命为这五十九篇作注解，于是就专心思考，广泛地查考经书典籍，从众多说法中选取合适的，来撰写我的注解。用简明的文辞申明义理，铺陈发挥其中的主旨，差不多就能对将来的学者有所帮助了。

《书序》，是叙述作者撰写文章的本意。明白地把义理表现出来，应该和正文相接近，所以拿出来各自放在每篇之前，确定为五十八篇。撰写完毕之后，正赶上国家遭逢巫蛊之祸，研讨经书典籍的门路断绝了，因此不再把该书上呈给朝廷，只能传给子孙，留给后代。如果有喜欢古代文化的博学高尚的君子和我的志趣相同，我也不会把该书藏起来。

虞　书

尧　典

［原文］

书序：昔在帝尧，聪明文思，光宅天下，将逊于位[1]，让于虞舜，作《尧典》。

［注释］

①逊：退让。

［译文］

书序：从前帝尧在位，聪明睿智，广有天下，将要退位，禅让给虞舜，史官于是作《尧典》。

［原文］

曰若稽古[1]帝尧，曰放勋，钦、明、文、思、安安[2]，允恭克让[3]。光被四表[4]，格于上下[5]。克明俊德[6]，以亲九族[7]；九族既睦，平章百姓[8]；百姓昭明，协和万邦；黎民于变时雍[9]。

［注释］

①曰若：上古文章的句首发语词，为当时文章的惯例，没有实际意义。稽：考察，检验。②钦：恭敬，谨慎。明：明察。文思：指才能和道德。安安：温和的样子。③允：确实。恭：恭谨。克：能够。让：推举贤能。④被：覆盖。四表：四方很远的地方，代指天下。⑤格：到达。⑥俊德：指才德兼备的人。⑦九族：指同族的人。一说指父族四、母族三、妻族二。父族包括自己直系一族、出嫁的姑母及其子、出嫁的姐妹及其子、出嫁的女儿及其子。母族包括外祖父一家、外祖母的娘家、姨母及其子。妻族包括岳父的一家、岳母的娘家。另外一说是从本人算起向上四代，向下四代，共九代为九族，包括高祖、曾祖、祖父、父亲、自己、儿子、孙子、曾孙、玄孙。这里采用前一说法。⑧平：辨别。章：彰明。百

姓：百官族姓。⑨黎民：广大民众。时：友善。雍：和睦。

帝尧

帝尧是传说中上古时代的圣王，因封于唐，故称“唐尧”，《尚书》和《史记》都记载他名叫放勋。相传尧的父亲为帝喾，母亲为陈锋氏女。相传尧在位七十年，将国家治理得很好，由于其子丹朱不肖，就在九十岁时将帝位禅让于舜。

［译文］

考察古代历史，尧帝的名字叫放勋。他处事谨慎明察，才能卓越，道德高尚，神态安详，确实待人恭敬，能够推举贤能，道德照耀四方，充满天地间。他推举贤德之人，治理自己的族人。自己的族人和睦之后，再彰明百官的善恶。百官善恶彰明之后，再协调各部落之间的关系，万民因此友善和睦。

［原文］

乃命羲和①，钦若昊天②历象日月星辰③，敬授民时。分命羲仲，宅嵎(yú)夷④，曰旸(yáng)谷⑤。寅宾出日⑥，平秩东作⑦。日中⑧、星鸟⑨，以殷仲春⑩。厥民析⑪，鸟兽孳(zī)尾⑫。申命羲叔，宅南交⑬。平秩南讹⑭，敬致⑮。日永⑯、星火⑰，以正仲夏。厥民因⑱，鸟兽希革⑲。分命和仲宅西曰昧谷，寅饯纳日⑳，平秩西成㉑。宵中㉒、星虚㉓，以殷仲秋。厥民夷㉔，鸟兽毛毨㉕。申命和叔，宅朔方㉖，曰幽都㉗。平在朔易㉘。日短、星昴(mǎo)㉙，以正仲冬。厥民隩(ào)㉚，鸟兽氄(rǒng)毛㉛。

帝曰：“咨！汝羲暨(jì)和。期三百有六旬有六日㉜，以闰月定四时㉝，成岁。允厘百工㉞，庶绩咸熙㉟。”

［注释］

①羲和：羲氏与和氏的并称，为重黎氏的继承人，是掌管天地四时的官员。②若：顺从，遵循。昊：广大，浩瀚。③历象：观测天象。④宅：

居住。嵎夷：地名，在东海边。⑤旸谷：传说中太阳升起的地方。古人认为太阳从山谷中升起，所以称旸谷。⑥寅：恭敬，敬重。宾：迎接，欢迎。⑦平秩：辨别，测定。东作：太阳从东方升起的时刻。作，开始。⑧日中：指农历二十四节气中的春分。这一天昼夜等长，因此称日中。⑨星鸟：星宿名，即二十八宿的南方朱雀七宿。春分这天黄昏，朱雀出现在天空南方。朱雀是鸟名，所以称星鸟。⑩殷：正，确定。仲春：春季的第二个月。⑪厥：其。析：分散。⑫孳尾：动物交配繁殖。⑬南交：地名，即交趾，泛指岭南地区。⑭讹：运转，运行。⑮致：到来，回归。⑯日永：指农历二十四节气中的夏至。这一天白昼最长，因此称日永。⑰星火：星宿名，即东方青龙七宿之一的心宿。夏至这天黄昏，心宿出现在天空南方。⑱因：靠近，这里指到高处去。⑲希革：指鸟兽皮毛不够丰满。希，通"稀"，稀疏。⑳饯：送行，送别。纳日：日落。㉑西成：指太阳在西边落下的时刻。㉒宵中：指农历二十四节气中的秋分。这一天昼夜等长，因此称宵中。㉓星虚：星宿名，北方玄武七宿之一。㉔夷：平坦。在此用作动词，指居住在平原。㉕毛毨：指鸟兽新长的整齐的毛。㉖朔方：北方。㉗幽都：幽州，泛指东北地区。㉘在：观察，观看。易：变化，在此特指太阳的运行。㉙日短：指农历二十四节气中的冬至。这一天白昼最短，因此称日短。星昴：星宿名，西方白虎七宿之一。㉚隩：通"奥"，内室，此处作动词，即为躲避严寒而进入室内居住。㉛氄毛：鸟兽身上细软而茂密的毛。㉜期：一整年。旬：十天。㉝闰月：阴历以月球绕地球一周为一个月，每个月二十九或三十天，每年比一个回归年少十一天左右，所以每隔三年要多置一个月，每隔五年多置两个月，每隔十五年多置七个月，增加的月称闰月。

任贤图治

尧在位时，任用贤臣治理国家。当时有羲氏兄弟二人、和氏兄弟二人。尧命他们掌管时令，让四人分别负责四季的农事，指导民众的生产活动。尧又就继承人问题向四岳征询意见，四岳向他推荐了贤能的舜。

㉞允厘：治理得当。百工：百官。㉟庶：众。熙：兴。

［译文］

于是尧命令羲和，恭谨地遵循上天的意旨行事，根据日月星辰的运行情况来制定历法，以教导人民按时令节气从事生产活动。又命令羲仲，住在东方海滨、名叫旸谷的地方，恭敬地等待着日出，测定日出的准确时刻。以昼夜平分的那天作为春分，并以朱雀见于南方正中之时作为仲春。这时人民分散在田野里劳作，鸟兽也顺时生育繁殖起来。又命令羲叔，住在岭南的交趾，在这里观察太阳向南运行的规律，恭敬地等待着太阳的回归。以白昼时间最长的那天为夏至，并以这天心宿见于南方正中之时，作为考定仲夏的依据。这时人民住在高处，鸟兽的毛都不够丰满。又命令和仲，住在西方、名叫昧谷的地方。恭敬地为太阳送行，以测定日落的时刻。以昼夜再次等长的那天为秋分，并以虚宿见于南方正中的时候，作为考定仲秋的依据。这时人民离开高地而住在平原，鸟兽新长的毛很整齐。又命令和叔，居住在北方、叫作幽都的地方，以观察太阳从南向北运行的情况。以白昼最短的那天为冬至，并以昴星见于南方正中的时候，作为考定仲冬的依据。这时人民都住在室内取暖，鸟兽长出细密丰茂的毛。

帝尧说：“唉！羲与和。一整年有三百六十六日，以设置闰月的方法确定四季，构成一年。由此百官治理得当，各种政务就都能顺利进行了。”

［原文］

帝曰：“畴咨若时登庸①？”

放齐曰②：“胤子朱启明③。”

帝曰：“吁！嚚(yín)讼④，可乎？”

帝曰：“畴咨若予采⑤？”

驩(huān)兜曰⑥：“都⑦！共工方鸠僝(zhuàn)功⑧。”

女娲兴兵征共工

相传水神共工氏在太昊氏衰落之后作乱，导致洪水泛滥。女娲氏兴兵征讨，将其打败，于是天地复平。

帝曰："吁！静言庸违[9]，象恭滔天[10]。"

帝曰："咨！四岳[11]。汤汤洪水方割（hài）[12]，荡荡怀山襄陵[13]，浩浩滔天[14]。下民其咨，有能俾乂[15]？"

佥曰："於！鲧（gǔn）哉[16]！"

帝曰："吁！咈（fú）哉[17]！方命圮（pǐ）族[18]。"

岳曰："异哉！试可乃已[19]。"

帝曰，"往，钦哉！"九载，绩用弗成。

［注释］

①畴：谁。咨：语助词，没有实在意义。若：顺应。时：天时。登庸：提拔任用。②放齐：人名，尧的大臣。③胤子：后代，嗣子。朱：丹朱，尧的儿子。启明：开明，通达事理。④嚚：不忠信的话。讼：争论，争辩。⑤采：事情，政务。⑥驩兜：尧舜时的部落首领，其名也作欢兜、讙兜，与共工、三苗、鲧并称"四凶"，后来因作乱被舜流放至崇山。⑦都：语气词，表称赞。⑧共工：尧舜时的部落首领，也是古代神话中的水神，传说他与颛顼争夺帝位失利而头撞不周山，导致天地倾斜，与驩兜、三苗、鲧并称"四凶"，被尧流放于幽州。方：通"旁"，普遍。鸠：通"纠"，聚集。僝：显现。⑨静言：巧言。⑩象恭：表面上很恭敬。滔天：弥漫天际，形容罪大恶极。⑪四岳：上古时代的部落首领，为四方诸侯之长。一说为共工氏后裔，一说即前文所说的羲和四子。⑫汤汤：水流动的样子。割：通"害"，祸害。⑬荡荡：广大的样子。怀：围绕。襄：冲上。⑭浩浩：水势远大的样子。⑮俾：使。乂：治理。⑯鲧：尧的大臣，夏禹的父

谏鼓谤木

尧在位时广开言路，虚心纳谏。他放置让人们敢于劝谏的鼓，以使人尽其言。他竖起可以书写批评之语的木板，让所有人都能指责他的过错。

亲，曾奉命治水，与共工、驩兜、三苗并称“四凶”。⑰咈：违背。⑱方命：放弃教命。方，通“放”，放弃。圮族：败坏家族。圮，毁坏。⑲试可乃已：试用后，可以胜任就继续任用。

[译文]

帝尧说：“谁能顺应天时的变化被提拔任用呢？”

放齐说：“嗣子丹朱聪明能干。”

帝尧说：“唉！像他那样奸诈而好争辩的人，可以被任用吗？”

帝尧说：“谁善于处理政务呢？”

驩兜说：“啊！共工广泛地聚集民力，已经看到功效了。”

帝尧说：“唉！这个人很会说漂亮话，却阳奉阴违，貌似恭敬，实际上罪大恶极。”

帝尧说：“唉！四方诸侯之长。奔涌的洪水正在肆虐，水势广大，包围了大山，冲上了丘陵，浩浩荡荡，弥漫天际。在下的臣民都愁苦叹息，有谁能使洪水得到治理？”

大家都说：“啊！让鲧去吧！”

帝尧说：“唉！他常常违背法纪啊！不遵守命令，危害族人。”

四方诸侯之长说：“我们知道的情况不一样啊！还是先让他试一试，如果可以胜任就继续任用。”

帝尧说：“去吧，要谨于职守！”鲧治水九年，毫无功绩。

帝舜

帝舜是传说中上古时代的帝王，有虞氏的首领，名重华，又称“虞舜”。传说因四岳的推荐，尧命他摄政。他巡行四方，除去鲧、共工、驩兜和三苗等四人。后继承尧的帝位，挑选贤人治理民事，并将治水有功的禹选为继承人。

[原文]

帝曰：“咨！四岳。朕在位七十载，汝能庸命①巽(xùn)朕位②！”

岳曰：“否德，忝(tiǎn)帝位③。”

曰：“明明扬侧陋④。”

师锡帝曰⑤：“有鳏(guān)在下⑥，

曰虞舜。”

帝曰：“俞[7]！予闻，如何？”

岳曰：“瞽(gǔ)子[8]，父顽，母嚚(yín)，象傲，克谐。以孝烝烝[9]，乂不格奸。”

帝曰：“我其试哉！”女于时[10]，观厥刑于二女[11]。厘降二女于妫(guī)汭(ruì)[12]，嫔于虞[13]。

帝曰：“钦哉！”

[注释]

①庸命：顺应天命。②巽：通“逊”，退让。③否：鄙陋。忝：不配，不够资格。④明明：考察贤明的人。第一个“明”作动词，是观察、考察的意思；第二个“明”是名词，指贤人。扬：推荐，举荐。侧陋：隐藏，这里指地位卑贱的贤人。⑤师：众人，大家。锡：通“赐”，赐予，这里指提供参考意见。⑥鳏：困苦的人。⑦俞：然，表示赞成。⑧瞽：盲人，这里指舜的父亲瞽瞍，也作瞽叟。⑨烝烝：德行美好的样子。⑩女：嫁出女儿。时：这，此处指舜。⑪刑：法度，规则。二女：指尧的女儿娥皇和女英。⑫厘降：举办嫁女的婚礼。厘，处理。降，下嫁。妫：水名，在今山西永济。舜为姚姓，迁居于妫水，其后裔的一支就以妫为姓。汭：河流拐弯处。⑬嫔：帝王的女儿出嫁。

帝舜二妃

帝尧二女，长曰娥皇，次曰女英，两人一起嫁给帝舜为妻。舜的父亲、继母、异母弟曾欲置舜于死地，娥皇、女英多次助丈夫脱险。舜承继了尧的帝位，后来到南方巡视，死于苍梧。二妃前往寻找，泪染青竹，投湘水而死，为湘水之神。青竹因泪痕生斑，故称“湘妃竹”。

[译文]

帝尧说：“唉！四方诸侯之长。我在位七十年，你们之中有谁能够顺应天命，我愿让出帝位！”

四方诸侯之长说：“我们的德行鄙陋，不配登上帝位。”

帝尧说：“应该考察贵戚中的

贤人，推举地位低贱的贤人。”

众人告诉帝尧说：“在民间有一个困苦的人，叫虞舜。”

帝尧说：“是啊！我也听说过这个人，但他的德行到底怎样呢？”

四方诸侯之长说：“他是瞎老头的儿子，其父心术不正，其母善于说谎，其弟象十分傲慢，他们对舜的态度很不友好，而舜凭借笃厚的孝德，把家务处理得十分妥善，使自己的行为不致流于奸邪。”

帝说：“让我考察一下吧！于是把女儿嫁给他，从两个女儿那里考察他的德行。”尧命令在妫水的拐弯处举行婚礼，让两个女儿做了虞舜的妻子。

帝说：“要敬于职守啊！”

舜　典

［原文］

书序：虞舜侧微[1]，尧闻之聪明，将使嗣位，历试诸难[2]，作《舜典》。

［注释］

①侧微：出身卑微。②难：难题，指治民之事。

［译文］

书序：虞舜出身卑微，帝尧听说他精明睿智，想让他继承帝位，屡次出难题考验他，史官于是作《舜典》。

［原文］

曰若稽古帝舜，曰重华，协于帝[1]。浚哲文明[2]，温恭允塞，玄德升闻[3]，乃命以位。慎徽五典[4]，五典克从。纳于百揆[5]，百揆时叙[6]。宾于四门[7]，四门穆穆[8]。纳于大麓（lù）[9]，烈风雷雨弗迷。

帝曰：“格[10]！汝舜。询事考言[11]，乃言厎（zhǐ）可绩[12]，三载。汝陟（zhì）帝位[13]。”舜让于德，弗嗣。

［注释］

①协：相合，比肩。②浚哲：深邃的智慧。③玄德：潜心修德。④徽：美，善。五典：指父义、母慈、兄友、弟恭、子孝五种伦理道德的教化，又称五常。⑤纳：选入。百揆：各种政务。⑥时叙：承顺。⑦宾：接待宾客。⑧穆穆：仪容整齐的样子。⑨大麓：一说为山野，一说麓通“录”，即总领国政。这里采用前一说法。⑩格：来。⑪询：谋划。考：考察。⑫厎：致，求得。⑬陟：登上。

［译文］

考察古代历史，帝舜名叫重华，可以与帝尧相比肩。帝舜智慧深邃，文德光辉，良好的美德充塞天地之间，潜心修德被上天所知晓，于是被任用为官。舜谨慎地完善各种人伦道德，人们都能遵从这些人伦道德。他又把这些教化纳入到治理各种政务的工作中，各种政务都处理得很妥当。他在明堂的四门接待四方宾客，四方宾客都仪容整齐。他又进入山林中，在烈风雷雨中也没有迷失方向。

帝说：“来吧！舜。我和你谋划事情，又考察你的言行，你提出的建议一定能有功效，已经过去三年了。你现在可以登上帝位了。”舜要推让给有德之人，没有继位。

［原文］

正月上日①，受终于文祖②。在璇玑玉衡③以齐七政④。肆类于上帝⑤，禋(yīn)于六宗⑥，望于山川⑦，遍于群神。辑五瑞⑧，既

孝德升闻

虞舜心怀仁义。他的父亲愚鲁不明事理，继母不贤德，异母弟凶狠无状，他们曾要杀掉舜，但舜仍坚持孝友之道，感动了他们。这时尧正在搜寻继承人，听说舜的事迹后，先把自己的两个女儿嫁给他，在进一步考察后，又将帝位禅让给他。

月乃日[9]，觐四岳群牧[10]，班瑞于群后[11]。

[注释]

①上日：一说为朔日，一说为吉日。这里采用前一说法。②受终：受禅，即接受尧的让位。文祖：尧的太祖庙。③在：观察，考察。璇玑玉衡：一说指北斗七星，一说指天文仪器。这里采用前一说法。④齐：整顿，治理。七政：指祭祀、班瑞、东巡、南巡、西巡、北巡、归格艺祖七项政事。⑤肆：于是。类：通“禷”，一种祭天礼，这里指向上天报告承袭帝位的事情。⑥禋：一种祭天礼，即烧柴升烟，向上天祈求福运。六宗：一说指天、地和春、夏、秋、冬四时，一说指天、地和东、南、西、北四方，一说指水、火、雷、风、山、泽，一说指天宗日、月、星和地宗河、海、岱。这里采用第一种说法。⑦望：遥望祭祀山川的仪式。⑧辑：收集，聚敛。五瑞：五种代表不同等级的玉，作为诸侯的符信。⑨既月乃日：已经选好吉祥的日期。“月”“日”都作动词，意思是选择吉月、吉日。⑩觐：接受朝见。群牧：九州之长。⑪班：通“颁”，颁布，颁发。群后：诸侯。

[译文]

正月初一日，舜在尧的太祖庙接受禅位。他观察了北斗七星的运行规律，以此整顿七种政务。接着举行了祭天大典，把继位之事报告给上帝，又烧柴祭祀天地四时之神，遥望祭祀名山大川之神，遍及天下众神。随后他收聚诸侯的玉圭，择定良辰吉日，召见四方诸侯君长，把玉圭颁发给他们。

[原文]

岁二月，东巡守，至于岱宗[1]，柴[2]。望秩于山川[3]，肆觐东后[4]。协时月正日[5]，同律度量衡[6]。修五礼、五玉、三帛、二生、一死

舜祀山川

尧对舜进行了多方考验后，选择吉日，举行仪式，将帝位禅让给舜。舜即位当年的二月，就到各地巡视，祭祀名山，召见诸侯，考察民情，并以此为定制。

贽[7]。如五器[8]，卒乃复[9]。五月南巡守，至于南岳，如岱礼。八月西巡守，至于西岳，如初。十有一月朔巡守[10]，至于北岳，如西礼。归，格于艺祖[11]，用特[12]。

［注释］

①岱宗：泰山。②柴：指祭天烧柴的仪式。③秩：次序。④东后：东方诸侯。⑤协：调整。正：确定。⑥同：统一。律：音律。度：丈尺。量：斗斛。衡：斤两。⑦五礼：指公、侯、伯、子、男五等爵位的朝聘之礼。五玉：即上文所说的五瑞。三帛：三种颜色的丝织品，用来铺在玉的下面。二生：活的羊羔和大雁。一死贽：一只死的野雉。⑧如：而。五器：即上文所说的五瑞、五玉。⑨卒乃复：完毕之后就归还。⑩朔：北方。⑪艺祖：即上文所说的文祖。⑫特：公牛。

［译文］

这一年的二月，舜到东方视察，到了东岳泰山，烧柴祭天。他又按照次序遥望祭祀名山大川，于是召见了东方诸侯。他调整了四季的月份，确定了每月的天数，统一了音律、丈尺、斗斛、斤两。他制定了五等礼节、五种符信、三种颜色用来铺垫玉器的丝织物、两种活物、一只死雉的朝聘制度。而那五种符信，在朝见的典礼结束之后就归还给诸侯。舜五月在南方巡视，到了南岳衡山，像祭祀泰山一样祭祀衡山。他八月在西方巡视，到了西岳华山，也像祭祀泰山一样祭祀华山。舜十一月在北方巡视，到了北岳恒山，像祭祀华山一样祭祀恒山。回来之后，他去了尧的太祖庙，用一头公牛献祭。

［原文］

五载一巡守，群后四朝，敷奏以言[1]，明试以功，车服以庸[2]。

肇十有二州[3]，封十有二山[4]，浚川[5]。

象以典刑[6]。流宥五刑[7]，鞭作官刑，扑作教刑[8]，金作赎刑。眚(shěng)灾肆赦[9]，怙终贼刑[10]。钦哉！钦哉！惟刑之恤哉[11]！

流共工于幽州[12]，放驩兜于崇山[13]，窜三苗于三危[14]，殛(jí)

鲧于羽山[⑮]**。四罪而天下咸服。**

[注释]

①敷：普遍。②庸：奖励。③肇：开始，这里指划分地域。十有二州：指冀、兖、青、徐、荆、扬、豫、梁、雍、并、幽、营十二州。④十有二山：指十二州的名山。⑤浚：疏通河道。⑥象：刻画图像。典刑：常用的刑罚。⑦流：流放。宥：原谅，宽恕。⑧扑：榎楚，用荆条制成的刑具。⑨眚：过失，错误。肆：缓解。⑩怙：依仗。贼：杀。⑪恤：谨慎小心。⑫幽州：地名，指北方的边远地区。⑬崇山：地名，在今湖北黄陂以南。⑭三苗：古国名，又称有苗或苗民，相传其首领与驩兜、共工、鲧并称“四凶”。三危：地名，一说在今甘肃敦煌一带，一说在岷山西南，一说在云南境内。⑮殛：流放。羽山：地名，位于今江苏赣榆西南。

[译文]

舜每隔五年巡视一次，诸侯从四方来朝见，普遍地汇报政绩，舜认真地考察政治得失，把车马衣服奖励给他们。

开始划定十二州的疆界，在十二座大山上封土祭天，同时又疏通河道。

在器物上画着五种刑罚的图像，用流放代替五刑，以鞭打作为做官不治的刑罚，以杖笞作为不遵教化的刑罚，以罚金作为赎罪的刑罚。犯了错误可以赦免，姑息养奸就要给予严惩。小心啊！小心啊！在使用刑罚时，可要十分慎重啊！

把共工流放到幽州，把驩兜流放到崇山，把三苗流放到三危，把鲧流放到羽山。四人服罪，天下人便都臣服了。

君臣惕益

舜惩治了治水无功的鲧，命其子禹治理洪水。禹测度四方，周行天下，凿穿大山，疏通大河，划分九州。于是舜任命禹为司空，赐以姒姓。

[原文]

二十有八载，帝乃殂落[①]**。百姓如丧考妣(bǐ)。三载，四海遏密八音**[②]**。月正元日，舜格于文祖，询于四岳，辟四门，明四目，达四聪。**

咨十有二牧[3]，曰："食哉惟时！柔远能迩[4]，惇德允元[5]，而难任人[6]，蛮夷率服。"

舜曰："咨，四岳！有能奋庸熙帝之载[7]，使宅百揆[8]，亮采惠畴[9]？"

佥曰："伯禹作司空[10]。"

帝曰："俞，咨禹，汝平水土，惟时懋(mào)哉[11]！"禹拜稽首，让于稷、契暨皋陶。

帝曰："俞，汝往哉！"

帝曰："弃，黎民阻饥[12]，汝后稷[13]，播时百谷[14]。"

帝曰："契，百姓不亲，五品不逊[15]。汝作司徒[16]，敬敷五教[17]，在宽。"

帝曰："皋陶(gāo yáo)，蛮夷猾夏[18]，寇贼奸宄(guǐ)[19]。汝作士[20]，五刑有服[21]，五服三就[22]。五流有宅[23]，五宅三居[24]。惟明克允[25]！"

契

契相传为帝喾之子，唐尧的异母弟，生母为简狄。舜为帝时，指派禹去治水，同时指派契、后稷协助禹。十三年后，禹治水成功，契被封于商，又被任命为司徒。契即商朝帝王的始祖。

[注释]

①殂落：死亡。②遏：停止。密：通"谧"，安静。八音：金、石、丝、竹、匏、土、革、木制作的乐器奏出的乐声，泛指音乐。③十有二牧：十二州的君长。④柔：安抚。能：善待，爱护。迩：近。惇：深厚。⑤允：取信。元：善。⑥难：拒绝，抵制。任人：佞人，指不忠实的人。⑦奋：奋发。庸：努力。熙：光大。载：事业。⑧宅：居处。百揆：总理国政之官。⑨亮：帮助，辅佐。采：事情。惠：顺应，这里指遵循法令。畴：谁。⑩司空：官名，掌管工程。⑪时：这，代指百揆之职。懋：勉力。⑫黎：众多。

阻饥：为饥饿所苦。⑬后：君长，这里作动词，意思是主管。稷：粟，这里指农官。⑭时：通“莳”，耕种。⑮五品：即前文所说的五典。逊：和顺。⑯司徒：官名，掌管教化。⑰敷：布施，推行。五教：五品之教，即父义、母慈、兄友、弟恭、子孝五种伦常。⑱猾：骚扰，侵扰。夏：华夏各部落。⑲寇：抢劫，掠夺。贼：残害。奸宄：犯法作乱。外部的叫作奸，内部的叫作宄。宄，也作轨。⑳士：狱官之长。㉑服：服罪。㉒就：行刑之处。㉓五流：五种流放的方式。宅：处所。㉔三居：三个等级的流放地。㉕明：明察。允：公允。

[译文]

二十八年后，帝尧便死去了。百官好像死去父母一样悲痛，在三年中，天下禁绝音乐。三年后的正月初一日，舜来到尧的太祖庙和四方诸侯之长共商大事，开明堂的四门，明察四方政务，倾听四方意见。

唉，十二州的君长啊！舜说：“获取粮食在于保证农时啊！安抚远方的部族，爱护附近的臣民，德行笃厚，取信于人，拒绝使用奸佞的人，边远地方的民族才能表示臣服。”

舜说：“唉，四方诸侯之长啊！有谁能够奋发努力，以光大先帝的事业，能够居于百揆之位辅佐我处理各种政务，并遵循法令行事呢？”

大家都说：“让伯禹担任司空。”

帝舜说：“好啊！禹，你治理水患有功，希望你努力承担起这份责任吧！”禹行礼拜谢，并且谦虚地让稷、契和皋陶来担任这项职务。

帝舜说：“好，还是你去吧！”

帝舜说：“弃，人民苦于没有饭吃，你担任主管农业的官，带领人民种植各种庄稼吧！”

帝舜说：“契，人民互不亲睦，人与人之间的关系不能理顺。你担任司徒，恭敬地推行五常之教，要本着宽厚的原则。”

帝舜说：“皋陶，蛮夷侵扰华夏，他们的劫掠与残害带来了内忧外患。你担任狱官，根据犯人的罪行使用五种刑罚，按照罪行的轻重在三个地方行刑。流放也要根据罪行的轻重分为五种，流放地点分为三个等级。只有明察才能处置公允啊！”

[原文]

帝曰：“畴若予工①？”

佥曰："垂哉！"

帝曰："俞，咨垂，汝共工②。"垂拜稽首，让于殳斨(shū qiāng)暨伯与③。

帝曰："俞，往哉！汝谐④。"

帝曰："畴若予上下草木鸟兽⑤？"

佥曰："益哉！"

帝曰："俞，咨益，汝作朕虞⑥。"益拜稽首，让于朱、虎、熊、罴(pí)⑦。

帝曰："俞，往哉！汝谐。"

帝曰："咨！四岳，有能典朕三礼⑧？"

佥曰："伯夷！"

帝曰："俞，咨伯⑨，汝作秩宗⑩。夙夜惟寅⑪，直哉惟清⑫。"伯拜稽首，让于夔(kuí)、龙⑬。

帝曰："俞，往，钦哉！"

伯益

伯益是东夷部族首领少昊之后，曾经与大禹共同辅佐舜。他善于狩猎与畜牧，以虞官的身份负责治理山泽，管理草木鸟兽。因而在畜牧方面功绩卓著，又始封于嬴，舜赐其姓为嬴。舜禅让后，他又辅佐大禹。

[注释]

①若：善。工：官名，掌管百工。②共工：担任工之官。共，通"供"，公职。③殳斨暨伯与：殳斨和伯与，舜的两位大臣。也有认为殳、斨为两人的名字。二说可并存。暨，和，与。④谐：共同，一起。⑤上下：上指山陵，下指河泽。⑥虞：官名，掌管山林水泽。⑦朱、虎、熊、罴：山泽中的四个"灵兽"，在神话传说中作为氏族首领的名字。这里指四个大臣。⑧典：掌管。三礼：指祭

祀天、地、祖先的礼仪。⑨伯：指上文提到的伯夷。⑩秩宗：官名，掌管宗庙祭祀。⑪夙夜：早晚。寅：恭敬。⑫直：正直。清：干净，清明。⑬夔、龙：舜的两位大臣。

［译文］

帝舜说："谁来为我掌管百工？"

大家都说："让垂来担任吧！"

帝舜说："好啊！垂，你来担任工官。"垂行礼拜谢，并且谦虚地让殳斨和伯与来担任这项职务。

帝舜说："好，去吧！你们一同负责。"

帝舜说："谁来为我掌管山林川泽中的草木鸟兽？"

大家都说："让益来担任吧！"

帝舜说："好啊！益，你来担任我的虞官。"益行礼拜谢，并且谦虚地让朱、虎、熊、罴来担任这项职务。

帝舜说："好，去吧！你们一同负责。"

帝舜说："唉！四方诸侯之长，有谁能替我主持三礼？"

大家都说："伯夷可以！"

帝舜说："好啊！伯夷，你来掌管庙祭祀。一早一晚都要敬奉鬼神，祭祀时的陈词要正直而清明。"伯夷行礼拜谢，并且谦虚地让夔、龙来担任这项职务。

帝舜说："好，去吧，一定要恭敬啊！"

孝感动天

相传舜的父亲瞽叟及继母、异母弟象，多次想害死他，舜逃脱后毫不嫉恨，仍对父亲恭顺，对弟弟慈爱。他的孝行感动了天帝。尧听说舜为人很孝顺，经过多年考验后，选定他为帝位的继承人。舜成为天子后，任用诸多贤人担任各项职务，使国家政务得到妥善的处理。

［原文］

帝曰："夔！命汝典乐，教胄子①。直而温，宽而栗②，刚而无虐③，简而无傲④。诗言志⑤，歌永言⑥，声依永，律和声。八音克谐，无相夺伦⑦，神人以和。"

夔曰："於⑧！予击石拊石⑨，百兽率舞。"

帝曰："龙！朕堲谗说殄行⑩，震惊朕师⑪，命汝作纳言⑫，夙夜出纳朕命，惟允！"

帝曰："咨！汝二十有二人⑬，钦哉！惟时亮天功⑭。"三载考绩，三考，黜陟幽明⑮，庶绩咸熙⑯。分北三苗⑰。

舜生三十征庸⑱，三十在位，五十载陟方乃死⑲。

[注释]

①胄子：这里指贵族子弟。②宽而栗：宽宏而庄严。③刚：刚毅。无：不要。虐：粗暴。④简：简约。⑤诗言志：诗用来表达人的思想。⑥歌永言：歌用来延长诗中语言的情感。永，一说通"咏"，一说为延长。这里采用后一说法。⑦夺：失去。⑧於：叹词。⑨石：石磬。拊：轻敲。⑩堲：通"疾"，厌恶。谗说：讲谗言，说坏话。殄：危害。⑪师：民众，人民。⑫纳言：官名，负责宣布帝王的诏命。⑬二十有二人：指禹、垂、益、伯夷、夔、龙和四岳、十二牧，共二十二人。⑭亮：辅助，帮助。天功：大事，指治国之事。⑮黜：罢免。陟：提拔。幽：昏庸。⑯熙：振兴。⑰北：分离，这里指流放。北，通"背"，别。⑱征庸：被召征，受到任用。⑲陟方：指帝王外出巡视。

衡山

舜曾南巡至衡山，在紫盖峰留存宝露坛。安上峰有舜庙、舜洞、舜溪、舜樟等名胜古迹。

[译文]

帝舜说："夔啊！任命你主管音乐，去教导宗族子弟，要把他们教导得正直而温和，宽宏而庄严，刚毅而不暴虐，简约而不傲慢。诗用来表达人的思想，歌用来延长诗中语言的情感，音调根据歌唱而决定，韵律应和音调保持一致。八类乐器的声音能够和谐，不要相互失掉次序，让神和人都能快乐和谐。"

夔说："啊！让我们敲着石磬，让群

兽都感动得跳起舞来。”

帝舜说：“龙啊！我讨厌说坏话和做坏事的人，他们使我的人民受到惊吓。任命你为纳言，一早一晚传达我的命令，只求办事公允！”

帝舜说：“唉！你们二十二人，都要恭敬地对待自己的职务啊！时刻想着接受上天的命令并帮助上天治理臣民。”每隔三年考核一次政绩，经过考查，贤明的人便提拔他，昏庸的人便罢免他，因此事业都振兴起来了。舜又把三苗流放到边远地区。

舜三十岁时被征用，三十年后接替了尧的帝位，在位五十年，在外出巡视途中去世。

（伪）大禹谟

[原文]

书序：皋陶矢厥谟①，禹成厥功②，帝舜申之③，作《大禹》《皋陶谟》《益稷》。

[注释]

①矢：陈述。厥：其，这。谟：谋划，计策。②成厥功：陈述皋陶的功绩。③申：重视。

[译文]

书序：皋陶陈述他的谋划，大禹陈说他的功绩，帝舜重视这些言辞，于是史官作《大禹谟》《皋陶谟》《益稷》。

[原文]

曰若稽古大禹，曰文命敷于四海①，祗(zhī)承于帝②。曰：“后克艰厥后③，臣克艰厥臣，政乃乂④，

皋陶

皋陶是少昊之后，相传他在帝舜时被任命为掌管刑法的官员。他铁面无私，有一只独角羊，如果遇到不好判断的案子，就牵来神羊，神羊只触有罪的人。禹在位时曾举荐皋陶为他的继承人，让他处理政务，但他先于禹而亡。

黎民敏德[5]。”

帝曰：“俞！允若兹，嘉言罔攸伏[6]，野无遗贤，万邦咸宁。稽于众，舍己从人，不虐无告[7]，不废困穷，惟帝时克[8]。”

益曰：“都[9]！帝德广运[10]，乃圣乃神[11]，乃武乃文。皇天眷命，奄有四海[12]，为天下君。”

禹曰：“惠迪吉[13]，从逆凶，惟影响[14]。”

［注释］

①文命：一说为文德，一说为大禹的名。根据《史记·夏本纪》的记载和《尧典》《舜典》的体例，这里采用后一说法。敷：布，治理。②祗：恭敬。③后：帝王。克：能够。艰厥后：以做帝王为艰难的事情。④乂：治理。⑤敏德：努力修养道德。⑥罔：没有。攸：所。伏：隐匿。⑦无告：有疾苦而无处诉说之人，指鳏、寡、孤、独。⑧时：这。⑨都：语气词，表赞叹。⑩广运：广大悠远。⑪乃：语助词，无实在意义。⑫奄：尽。⑬惠：顺应。迪：大道。⑭影响：影子和回声。

［译文］

考察古代历史，大禹名叫文命，恩泽施于天下，恭敬地承奉帝舜的教化。他说：“帝王能够把做帝王视为艰难的事情，大臣能够把做大臣视为艰难的事情，政事才得以治理，民众才努力修养道德。”

帝舜说：“是啊！确实是这样，善言无所隐匿，民间没有被隐藏的贤士，天下万国太平无事。考察众人的看法，舍弃自身的错误想法，遵从他人的正确意见，不凌虐无处倾诉疾苦的人，不忽视生活贫穷困苦的人，只有帝尧能够做到这些。”

伯益说：“啊！帝尧的德行广大悠远，圣无所不通，神妙无方，勇武又英明。上天眷顾降下福运，使他尽有四海，成为天下的君主。”

禹说：“顺应大道则吉祥，违背大道则凶险，吉凶祸福如影随形，如响应声。”

［原文］

益曰：“吁！戒哉！儆(jǐng)戒无虞[1]，罔失法度，罔游于逸，

罔淫于乐[2]。任贤勿贰[3]，去邪勿疑，疑谋勿成，百志惟熙[4]。罔违道以干百姓之誉[5]，罔咈百姓以从己之欲[6]。无怠无荒，四夷来王[7]。”

禹曰：“於！帝念哉！德惟善政，政在养民。水、火、金、木、土、谷惟修，正德、利用、厚生惟和[8]，九功惟叙[9]，九叙惟歌。戒之用休，董之用威[10]，劝之以九歌，俾勿坏。”

帝曰：“俞！地平天成，六府、三事允治，万世永赖，时乃功。”

［注释］

①儆戒：警戒。虞：预料。②淫：过分。③贰：二心，指犹疑之心。④熙：广大。⑤干：求。⑥咈：违背。⑦王：通“往”，前来。⑧正德：使德行端正。利用：使物尽其用。厚生：使人民富足。⑨九功：指上文所说的六府、三事，即水、火、金、木、土、谷和正德、利用、厚生。叙：次序。⑩董：监督。

［译文］

伯益说：“唉！要戒备啊！要戒备预料之外的事情，不要失掉法令制度，不要放纵游玩，不要过分安乐。任用贤士不要犹豫，驱除奸佞不要迟疑，谋划时犹豫不决就不会成功，各种想法要考虑周到。不要违背大道去贪求百姓的赞誉，不要违逆百姓来满足自己的私欲。不怠惰，不荒废政事，四方的部族就会前来归服。”

禹说：“唉！舜帝要深思啊！德行是用来完善政事的，政事是为了养育百姓的。水、火、金、木、土、谷都要治理好，使德行端正，使物尽其用，使人民富足相辅相成，上述九件事要井然有序，井然有序后就会受到歌颂。用美好的事物去劝诫，用威严的刑罚来监督，用赞颂以上九种功绩的颂歌来劝勉，使政事不要败坏。”

帝舜说：“是啊！土地平复，合于上天，六府、三事确实得到了治理，后世永远赖以生存，这是你的功劳。”

［原文］

帝曰：“格[1]，汝禹！朕宅帝位三十有三载[2]，耄(mào)期[3]，倦于勤。汝惟不怠，总朕师。”

禹曰：“朕德罔克，民不依。皋陶(gāo yáo)迈种德[4]，德乃降，黎民怀之。帝念哉！念兹在兹[5]，释兹在兹。名言兹在兹[6]，允出兹在兹[7]。惟帝念功！”

帝曰：“皋陶！惟兹臣庶，罔或干予正[8]。汝作士，明于五刑，以弼五教[9]，期于予治。刑期于无刑，民协于中[10]。时乃功，懋哉[11]！”

皋陶曰：“帝德罔愆(qiān)[12]，临下以简[13]，御众以宽；罚弗及嗣，赏延于世；宥过无大，刑故无小[14]；罪疑惟轻，功疑惟重；与其杀不辜，宁失不经[15]。好生之德，洽于民心[16]。兹用不犯于有司[17]。”

帝曰：“俾予从欲以治，四方风动[18]，惟乃之休。”

［注释］

①格：来。②宅：居处。③耄期：年老。八九十岁称耄，一百岁称期颐。④迈：通“励”，努力。种德：布施恩德。⑤念兹在兹：前一个“兹”指德行，后一个“兹”指皋陶。⑥名言：称道。⑦出：推行。⑧正：通“政”，政事。⑨五教：指父义、母慈、兄友、弟恭、子孝五种伦常教化。⑩中：中正之道。⑪懋：勉励。⑫愆：过失。⑬临下：面对臣民。简：简约，指不以繁琐的政事、礼仪扰民。⑭故：明知故犯的错误，与上文的“过”相对。⑮不经：不合常法。⑯洽：融洽，和谐。⑰有司：官府的有关部门。官员各司其职，所以称有司。⑱风动：随风而动，这里指响应教化。

［译文］

帝舜说：“来，禹！我居于帝位三十三年，年老而疲于政事。你从不懈怠，可以统领我的民众。”

禹说：“我的德行无法胜任，民众不会依从。皋陶努力布施恩德，德行于是遍及天下，民众怀念他。舜帝仔细考虑吧！怀有德行的是皋陶，好施德行的是皋陶，称道德行的是皋陶，推行德行的也是皋陶。舜帝应当考虑他的功绩啊！”

帝舜说：“皋陶啊！想到这些臣民，没有人违背我的政策。你担任刑狱官，用五种刑罚严明法令，来辅助五常之教，希望你帮助我治理政事。希望使用刑罚的目的是能有一天不再使用刑罚，民众顺应中正之道。这是你的功绩，应当鼓励啊！”

皋陶说：“舜帝的德行没有过失。不以繁琐的政事礼仪扰民；刑罚不牵连子嗣，奖赏泽被后世；无意的过失再大都能原谅，有意的罪行再小都不姑息；可轻可重的案件都从轻处罚，可重可轻的功劳都从重奖赏；与其错杀无辜之人，宁愿漏放不法之徒。这样爱惜生命的德行，为民众所牢记。因此人们不会冒犯官府的有关部门。”

帝舜说：“使我如愿治理国家，四方响应教化，这是你的美德。”

［原文］

帝曰：“来，禹！降水儆予[1]，成允成功[2]，惟汝贤。克勤于邦，克俭于家，不自满假[3]，惟汝贤。汝惟不矜[4]，天下莫与汝争能；汝惟不伐[5]，天下莫与汝争功。予懋乃德[6]，嘉乃丕绩。天之历数在汝躬，汝终陟元后[7]。人心惟危，道心惟微，唯精唯一，允执厥中。无稽之言勿听，弗询之谋勿庸。可爱非君？可畏非民？众非元后何戴？后非众罔与守邦。钦哉！慎乃有位，敬修其可愿。四海困穷，天禄永终。惟口出好兴戎[8]，朕言不再[9]。”

禹曰：“枚卜功臣[10]，惟吉之从。”

帝曰：“禹！官占惟先蔽志，昆命于元龟[11]。朕志先定，询谋佥同[12]，鬼神其依，龟筮协从[13]，卜不习吉[14]。”禹拜稽首，固辞。

帝曰：“毋！惟汝谐。”

[注释]

①降水：大水。降，同“洚”，洪水。②成允：言出必信。③满假：自满夸大。④矜：自夸。⑤伐：夸耀。⑥懋：通“茂”，盛大这里作动词，意思是赞美。⑦元后：帝王之位。⑧出好：说出好话。兴戎：引起战争。⑨再：两次。⑩枚卜：对候选的官员逐一占卜，得吉兆者入选。⑪昆：后。元龟：占卜用的大龟。⑫佥：全，都。⑬龟筮：龟甲和蓍草。古人占卦，或用龟甲经烧灼后产生的裂纹判断吉凶，或用蓍草奇偶多少判断吉凶。⑭习：反复，重复。

[译文]

帝舜说：“来，禹！你治理洪水告诉我们，你言出必信，治水有功，说明你贤能。能够为国勤于政务，能够在家俭朴节约，不自满自夸，说明你贤能。你不夸耀自己，天下没有人与你争才能的高下；你不夸耀自己，天下没有人与你争功绩的大小。我赞美你的德行，歌颂你的大功。上天的命数落在你的身上，你终有一天要登上帝王之位。人的心肠大多自私，向道之心也幽暗不明，只有专一精研，才能持守中正之道。无从验证的话不要听信，没有咨询的策略不要使用。臣民爱戴的不是君主吗？君主畏惧的不是臣民吗？臣民没有君主还能拥戴谁？君主没有臣民用什么来守卫国家？要恭敬啊！谨慎地对待你所得到的地位，恭敬地去做百姓期盼的事。天下百姓困顿穷苦，上天赐予的福泽就会永远失去。口能说出好话，也能引起战争，我的话就不重复了。”

禹说：“可以对有功之臣逐一占卜，挑选吉兆者即位。”

帝舜说：“禹啊！用占卜的方法选官，首先要明确志向，然后再用大龟来卜问吉凶。我的志向已经确定了，询问众人的意见都和我一样，鬼神都同意，用龟甲和蓍草占卦的结果也与之一致，占卜不必重复出现吉兆。”禹跪拜叩头，坚决推辞。

帝舜说：“不必推辞了！你是最合适的。”

[原文]

正月朔旦，受命于神宗①，率百官，若帝之初。

帝曰：“咨，禹！惟时有苗弗率②，汝徂征③！”

禹乃会群后，誓于师曰：“济济有众④，咸听朕命！蠢兹

有苗⑤，昏迷不恭⑥，侮慢自贤，反道败德。君子在野，小人在位。民弃不保，天降之咎⑦。肆予以尔众士奉辞罚罪⑧。尔尚一乃心力，其克有勋。”

三旬，苗民逆命。益赞于禹曰：“惟德动天，无远弗届⑨。满招损，谦受益，时乃天道。帝初于历山，往于田，日号泣于旻(mín)天⑩，于父母。负罪引慝⑪，祗载见瞽叟⑫，夔(kuí)夔斋栗⑬，瞽亦允若。至诚感神，矧兹有苗⑭？”禹拜昌言曰：“俞！”

班师振旅⑮，帝乃诞敷文德，舞干、羽于两阶⑯。七旬，有苗格。

[注释]

①神宗：一说指尧的太祖庙，一说指尧的宗庙。前文说尧的太祖庙称文祖，因此这里采用后一说法。②有苗：古国名，又称三苗，相传其首领与驩兜、共工、鲧并称“四凶”。弗率：不遵从命令。③徂：前往。④济济：众多的样子。⑤蠢：蠢动，骚动。⑥昏迷：昏乱迷惑。⑦咎：灾祸。⑧肆：因此。⑨无远弗届：指德行无处不到。届，到。⑩旻天：上天。⑪慝：邪恶。⑫瞽叟：舜的父亲。⑬夔夔：敬畏的样子。斋：庄重。栗：战栗。⑭矧：何况。⑮班师：军队返回，多指凯旋。振旅：整顿军队。⑯干：盾牌。羽：羽毛制成的伞盖。

伍子胥

君臣之间同心协力才能把国家治理好，舜和禹、禹和益就为古代君臣关系树立了典范。春秋时，吴王阖闾至吴王夫差前期，君臣之间能够相互信任，使吴国得以称霸一时。然而夫差打败越国以后，傲慢自大，不听伍子胥一举消灭越国的建议，甚至逼其自杀，吴国的霸业因此也毁于一旦。

[译文]

正月初一日早晨，禹在帝尧的宗庙受禅，像帝舜当初受禅时一样统率百官。

帝舜说：“唉，禹啊！三苗不服从命令，你前去征讨吧！”

禹于是召集诸侯，在军中誓师说：

“诸位将士，都要听从我的命令！三苗蠢蠢欲动，他们昏乱、迷惑、不敬，轻侮傲慢自大，违逆正道败坏德行。贤能之士不被任用，奸佞之徒身居高位。百姓被抛弃而不得安宁，上天对其降下灾祸。因此我要率领你们这些将士，奉命讨伐有罪之人。你们要同心协力，如此才能建立功勋。”

三十天后三苗依旧违抗命令。伯益前往辅佐禹说：“德行能够感动上天，无论多远都能够推行。自满会招致损失，谦虚会有所收益，这是自然的道理。从前帝舜在历山耕作，往来于田间，每天都向上天呼号哭泣，对父母，宁愿背负起不孝的名声；他恭敬地侍奉父亲瞽叟，敬畏庄重而战战兢兢。瞽叟也开始变得和顺了。至诚之心会让神灵感动，何况是三苗呢？”禹接受这一善言说：“对！”

军队返回后加以整顿，帝舜于是广施德政，人们拿着盾牌和羽盖在两侧台阶前跳舞。七十天之后三苗就来归顺了。

皋陶谟

［原文］

曰若稽古，皋陶曰：“允迪厥德[1]，谟明弼谐[2]。”

禹曰：“俞，如何？”

gāo yáo

皋陶曰：“都！慎厥身修，思永。淳叙九族[3]，庶明励翼[4]，迩可远，在兹。”

禹拜昌言曰：“俞！”

皋陶曰：“都！在知人[5]，在安民[6]。”

禹曰：“吁！咸若时[7]，惟帝其难之。知人则哲[8]，能官人[9]；安民则惠，黎民怀之。能哲而惠，何忧乎驩兜？何迁乎有苗？何畏乎巧言令色孔壬[10]？”

［注释］

①允：诚信。迪：履行，遵循。②明：高明，英明。弼：辅佐。谐：

和谐。③淳：敦厚。叙：顺从。④庶明：众贤士。励：劝勉。翼：辅佐，帮助。⑤知：了解。人：与“民”相对，这里指官吏。⑥安：安抚。⑦咸：全，都。时：这。⑧哲：明智。⑨官：任用官吏。⑩孔壬：大奸人。孔，甚。壬，奸佞的人。

［译文］

考察古代历史，皋陶说：“诚实地遵循先王的德教，就能够变得英明，使君臣同心同德了。”

禹说：“对，怎样才能做到呢？”

皋陶说：“哦！应当对自己要求严格，努力提高道德修养。使族人宽厚顺从，使众贤士努力辅佐，由近及远，先从自身做起。”

禹接受这一善言说：“对啊！”

皋陶说：“哦！在于知人善任，在于安抚臣民。”

禹说：“唉！完全做到这些，连帝尧都觉得困难。知人善任就是明智，这才能用人恰当。安抚臣民就是仁惠，民众都会怀念他。能够做到明智而仁惠，还怕什么驩兜？何必流放三苗呢？何必害怕那些花言巧语的大奸人呢？”

［原文］

皋陶曰：“都！亦行有九德[1]。亦言其人有德，乃言曰载采采[2]。”

禹曰：“何？”

皋陶曰：“宽而栗[3]，柔而立[4]，愿而恭[5]，乱而敬[6]，扰而毅[7]，直而温，简而廉[8]，刚而塞[9]，强而义[10]。彰厥有常[11]，吉哉！日宣三德[12]，夙夜浚明有家[13]。日严祗敬六德[14]，亮采有邦[15]。翕[xī]受敷施[16]，九德咸事，俊乂在官[17]。百僚师师[18]，百工惟时[19]，抚于五辰[20]，庶绩其凝[21]。无教逸欲有邦，兢兢业业，一日二日万几[22]。无旷庶官，天工人其代之[23]。天叙有典，勅我五典五惇哉[24]！天秩有礼[25]，自我五礼有庸哉[26]！同寅协恭和衷哉[27]！天命有德，五服五章哉[28]！天讨有罪，五刑五用

哉！政事懋（mào）哉懋哉！天聪明，自我民聪明。天明畏㉙，自我民明威。达于上下，敬哉有土㉚！”

[注释]

①行：品行。②载：实行。采采：很多事情。③栗：严肃恭谨。④立：自立，指有自己的主见。⑤愿：忠厚老实。⑥乱：治，这里指治国的才干。⑦扰：驯顺，指能听取他人的意见。⑧简：简约，指不过分注重礼节。廉：方正。⑨塞：充实。⑩强：坚强。义：行为合乎道义。⑪彰：明，表现。常：经常。⑫宣：显现，表现。⑬夙：早上。浚明：治理清明。家：卿大夫的封地。⑭祗：恭敬。⑮亮：辅佐，帮助。邦：诸侯的封地，又称国。⑯翕：聚合。敷：普遍。⑰俊乂：才德出众的人才。⑱百僚：百官。师师：相互学习。第一个“师”是动词，意思是效法；第二个“师”是名词，指众人。⑲百工：百官。惟：思。时：善。⑳五辰：一说指北辰五星，一说指金、木、水、火、土。㉑凝：成就，建成。㉒一日二日：每天。万几：各种事务。几，细微的事务。㉓天工：上天指派的事。㉔敕：告诫，劝诫。五典：指父义、母慈、子孝、兄友、弟恭五种伦常。惇：厚。㉕秩：规定秩序。礼：尊卑等级。㉖自：用。五礼：指天子、诸侯、卿大夫、士、庶人五种等级的礼节。庸：经常。㉗寅：恭敬。协恭和衷：同心协力。㉘五服：指天子、诸侯、卿大夫、士、庶人五种等级的服饰。㉙明畏：赏罚。畏，通“威”，刑罚。㉚达：通。上下：天和民。有土：拥有土地的帝王。

皋陶

皋陶与尧、舜、禹并称“上古四圣”。皋陶被誉为司法鼻祖，后人将他奉为狱神。

[译文]

皋陶说：“哦！人的德行有九种。说某人有美好的德行，就这样说，多做些事情。”

禹说：“什么叫九德？”

皋陶说：“宽宏而庄重，柔和而自立，忠厚而恭顺，贤能而敬谨，顺从而刚毅，正直而温和，直率而方正，刚强而充实，勇敢而有义。能够在自己的行为中表现出这九种德行来，就常常能够把事情办好啊！每天表现出其中三种德行来，无

论早晚都能治理清明，可以被封为卿大夫。每天庄重而恭敬用其中六种德行来约束自己，就能辅佐天子处理政务，可以被封为诸侯。一并接受而广泛推行，根据九种德行做事的人全部安排职事，才能出众的人全部授予官位。百官相互学习，群臣心中向善，遵循五辰运行的规律，各种功绩都能建立。不要贪图享乐，要治国兢兢业业，每天处理各种政务。朝中没有不称职的官员，官位是上天授予的，人代替上天治国。上天安排了各种伦常，告诫我们五种伦常一定要处理好啊！上天安排了各种等级，我们推行五种礼节约束人的行为啊！君臣之间互敬互爱、同心协力啊！上天将命数授予有德之人，用五种服饰表明五种身份啊！上天讨伐有罪之人，用五种刑罚惩处五种罪恶啊！处理政事要勤勉啊！上天听取意见、观察问题，都是从臣民中得来的。上天奖赏好人、惩罚坏人，也是根据臣民的意见。通达于上天与下民，一国之君值得尊敬啊！”

［原文］

皋陶曰：“朕言惠，可底行①。”

禹曰：“俞！乃言厎可绩。”

皋陶曰：“予未有知思，曰赞赞襄哉②！”

［注释］

①惠：顺应。厎：实行。②赞赞：辅佐。襄：帮助。

［译文］

皋陶说：“我的话顺从天意，可以实行。”

禹说：“对啊！你的话可以实行并能获得功绩。”

皋陶说：“我并不知道什么，只想辅佐帝王治理国家啊！”

益　稷

［原文］

帝曰：“来，禹！汝亦昌言。”

禹拜曰：“都！帝，予何言？予思日孜孜①。”

皋陶曰："吁！如何？"

禹曰："洪水滔天，浩浩怀山襄陵②，下民昏垫③。予乘四载④，随山刊木⑤，暨益奏庶鲜食⑥。予决九川距四海⑦，浚畎(quǎn)浍(kuài)距川⑧。暨稷播，奏庶艰食鲜食⑨。懋迁有无⑩，化居⑪。烝民乃粒⑫，万邦作乂⑬。"

皋陶曰："俞！师汝昌言。"

［注释］

①孜孜：勤勉的样子。②浩浩：盛大的样子。怀：包围。襄：漫上。③昏垫：沉没。④四载：四种交通工具。《史记·夏本纪》有"陆行乘车，水行乘舟，泥行乘橇，山行乘檋"之语。⑤刊木：砍伐树木作为路标。⑥暨：和，与。奏：进。鲜食：新鲜的肉食。鲜，新杀的鸟兽。⑦决：疏通。九川：九条河流。根据《禹贡》的记载，即黄河、长江、弱水、黑水、汉水、淮水、渭水、洛水、济水。距：到达。⑧浚：疏通。畎浍：田间的沟渠。⑨艰食：一说为食物匮乏，一说指五谷之食。根据文意，"艰食"与"鲜食"对应，采用后一说法。⑩懋迁有无：互通有无。懋，通"贸"，贸易。⑪化居：转移居积的货物。⑫粒：进食，引申为养活。⑬作：开始。乂：管理。

比干

君臣同心同德，相互协作，方能治理好国家。尧舜虽然圣明，但是也需要大禹、后稷、伯益、皋陶等人的辅佐。商朝的比干堪称一代贤臣，却辅佐昏庸残暴的纣王。尽管他能够不顾安危屡次劝谏，却也难以改变商朝衰亡的命运。

［译文］

帝舜说："来，禹！你也讲一讲善言。"

禹拜谢说："哦！帝舜，我说些什么呢？我只想着每天孜孜不倦地工作。"

皋陶说："唉！是什么工作呢？"

禹说："洪水遮蔽了天空，水势

浩大包围了大山，弥漫了丘陵，住在低洼处的人民都被吞没。我乘坐四种交通工具，沿着山岭伐木作为路标，和益一起把刚猎获的鸟兽分发给民众。我把九条大河疏导进四方的大海，又把田间的沟渠疏导进这些大河。我和稷一起播种百谷，把粮食和肉食分发给民众。又以贸易互通有无，使人民转移居积的货物。于是万民得以养活，于是万国得以治理。”

皋陶说：“对啊！你的善言值得效法。”

［原文］

禹曰：“都！帝。慎乃在位[1]。”

帝曰：“俞！”

禹曰：“安汝止[2]，惟几惟康[3]；其弼直[4]，惟动丕应。徯志以昭受上帝[5]，天其申命用休[6]。”

帝曰：“吁！臣哉邻哉！邻哉臣哉！”

禹曰：“俞！”

帝曰：“臣作朕股肱耳目[7]。予欲左右有民[8]，汝翼[9]。予欲宣力四方，汝为。予欲观古人之象[10]，日、月、星辰、山、龙、华虫[11]，作会[12]；宗彝、藻、火、粉米、黼(fǔ)、黻(fú)[13]，絺(chī)绣[14]，以五采彰施于五色作服[15]，汝明。予欲闻六律、五声、八音[16]，在治忽[17]，以出纳五言[18]，汝听。予违，汝弼。汝无面从[19]，退有后言。钦四邻[20]。庶顽谗说，若不在时，侯以明之[21]，挞以记之[22]，书用识哉！欲并生哉[23]！工以纳言，时而扬之，格则承之庸之，否则威之[24]。”

［注释］

①在位：拥有职位的大臣。②安汝止：将你的心摆正。止，心所居之处。③几：危险。康：安康。④弼：辅佐。直：正直的人。⑤徯：等待。昭：明白。⑥申：再三，重复。休：美好。⑦股肱：大腿和手臂，比喻得力助手。⑧左右：帮助。⑨翼：辅佐，帮助。⑩观：显示。象：衣

服上的图案。⑪华虫：一说为鸟兽的总称，一说特指雉。⑫会：同“绘”，画。⑬宗彝：宗庙中的礼器，上面刻有虎、蜼，这里代指虎、蜼。藻：水草纹。粉米：白色米形粉饰。黼：黑白相间的斧形花纹。黻：黑青相间像两个“弓”字相背的花纹。⑭絺：缝制，刺绣。绣：指青、赤、黄、白、黑五色齐备。⑮五采：指五种色彩的颜料。彰：明显，突出。⑯六律：指黄钟、太蔟、姑洗、蕤宾、夷则、无射。古代以粗细相等而长度不同的十二根竹管确定标准音高，由低到高排列，奇数六管称律，偶数六管称吕，律属阳，吕属阴，并称律吕或十二律。五声：宫、商、角、徵、羽。八音：金、石、丝、竹、匏、土、革、木制作的乐器奏出的乐声。⑰在：察。治忽：治乱。忽，乱。⑱出纳：听取，采纳。五言：东西南北中五方的言论。⑲面从：当面听从。⑳四邻：帝王身边的近臣，分别为左辅、右弼、前疑、后丞，即上文“臣哉邻哉”中的“邻”。㉑侯以明之：以射侯之礼彰明善行。侯，箭靶，这里指射礼。明，彰明，勉励。古代不贤明的人不可以参加射侯，所以射礼就具有了劝勉的作用。㉒挞：打击，鞭打。记：记过。㉓生：指宽赦死罪。㉔威：施予刑罚。

[译文]

禹说：“唉！舜帝。要谨慎地对待你在位的大臣。”

帝舜说：“是啊！”

禹说：“将你的心摆正，想到好坏两个方面。辅弼的大臣正直，不管做什么事情都会有上天的大力响应。等到有志之士明白地接受上帝的命令，上天就会反复赞美你。”

帝舜说：“唉！大臣就是最亲近的人啊！最亲近的人就是大臣啊！”

禹说：“是啊！”

帝舜说：“大臣作为我的膀臂和耳目。我打算帮助臣民，希望你辅佐我。我打算出力治理天下，希望你去实施。我打算显示古人衣服上的图案，把日、月、星辰、山、龙、华虫画在衣服上；宗彝、藻、火、粉米、黼、黻绣在衣服上，用五种色彩的颜料描绘出五种颜色的图案，制作成不同等级的服饰，希望你要明白。我打算听六律、五声、八音，考察治乱，来采纳各方的意见，希望你去听取。我做错了，你就帮我改正。你不要表面服从，退下后背地里议论。恭敬地对待我身边的近臣。那些愚顽进谗的人不守政教，你们要用射侯之礼分辨出来，过分的就给予告诫，那些过失小的就要把他们的罪记在刑书上，让们感到羞耻。由专官以纳言之职举善责过，有善行的就表扬、举荐，改过向善的也升进录用，否则用刑法威慑让他恐惧。”

[原文]

禹曰：“俞哉！帝。光天之下[1]，至于海隅(yú)苍生[2]，万邦黎献[3]，共惟帝臣，惟帝时举[4]。敷纳以言[5]，明庶以功[6]，车服以庸。谁敢不让，敢不敬应？帝不时，敷同日奏，罔功。无若丹朱傲[7]，惟慢游是好，傲虐是作[8]，罔昼夜额(é)额[9]。罔水行舟[10]，朋淫于家，用殄厥世[11]。予创若时。娶于涂山[12]，辛壬癸甲[13]。启呱(gū)呱而泣[14]，予弗子[15]，惟荒度土功[16]。弼成五服[17]，至于五千。州十有二师[18]，外薄四海[19]，咸建五长[20]。各迪有功[21]，苗顽弗即工[22]，帝其念哉！”

帝曰：“迪朕德，时乃功惟叙[23]。”皋陶方祗厥叙[24]，方施象刑[25]，惟明。

[注释]

①光天之下：普天之下。②隅：角落。苍生：草木丛生之处，代指天下万民。③黎：众，多。献：通“贤”，贤能之人。④举：举用，推荐。⑤敷：普遍。⑥庶：考察。⑦丹朱：尧的儿子。⑧傲虐：贪恋玩乐，危害天下。⑨额额：无休止的样子。⑩罔水行舟：洪水退去仍命人推着船游玩。⑪殄：灭绝。世：父子相继。⑫涂山：古国名。一说在今天安徽怀远东南，一说在今浙江绍兴西北，一说在今河南嵩县西南，一说在今重庆巴县境内。⑬辛壬癸甲：从辛日到甲日

启母涂山氏

相传大禹治水时将一座大山一劈为二，使淮水改道。他在这里娶涂山氏女子为妻。传说涂山氏怀启时到嵩山脚下化成一块石头，禹赶来后大喊：“还我儿子！”于是石头向北而裂，启从里面降生。“启”就是开的意思。

连续四天。⑭启：禹的儿子。⑮子：以之为子。⑯荒度：大力整治。⑰五服：按照距离都城远近划定的区域，即甸服、侯服、绥服、要服、荒服。⑱师：长官。⑲薄：迫近。⑳五长：五国设一方伯，称五长。这里指百官之长。㉑迪：遵从大道。㉒苗：三苗，“四凶”之一。即工：接受任职。㉓叙：归顺。㉔祗：敬重。㉕象刑：在器物上刻画刑罚的图像。

［译文］

禹说：“对啊！舜帝。普天之下，到海角草木丛生之处，以及万国的贤人，都是你的臣子，接受你的任用。广泛地听取意见，明确地考察功绩，分别赐予车马服饰。谁敢不相互谦让，谁敢不恭敬领命？如果你不这样，而是贤愚善恶之人同样被举用，就不会建立功勋。不要像丹朱那样骄傲自大，他只知道游乐嬉戏，危害天下，恶行毫无休止。洪水退去，他仍让人推着船游玩，在家更是纵情声色，因此不能父子相继。我为此感到悲伤。我娶涂山氏女子为妻，仅过了四天就出发治水。等到启出生时呱呱坠地大哭，我没有尽过抚育儿子的责任，只想着大力整治水土。我开辟疆土划分五服，一直延伸至五千里外。我设置十二州的长官，向外拓展临近四海，都设置有方伯，各自顺承大道建立功勋。三苗凶顽不接受任职，舜帝要考虑这件事啊！”

帝舜说：“遵从我的德教，这就是你的功劳。”皋陶正在恭敬地发布命令，制定刑罚，一切都很严明。

［原文］

夔曰：“戛(jiá)击鸣球、搏拊(fǔ)、琴、瑟[1]，以咏[2]！”祖考来格，虞宾在位[3]，群后德让[4]。下管鼗(táo)鼓[5]，合止柷敔(zhù yǔ)[6]，笙镛以间[7]。鸟兽跄跄(qiàng)[8]，《箫韶》九成[9]，凤皇来仪。”

夔曰：“於！予击石拊石[10]，百兽率舞，庶尹允谐[11]！”

帝庸作歌，曰：“敕天之命[12]，惟时惟几[13]。”乃歌曰：“股肱喜哉！元首起哉[14]！百工熙哉[15]！”

皋陶拜手稽首飏(yáng)言曰[16]：“念哉！率作兴事[17]，慎乃宪[18]，钦哉！屡省乃成[19]，钦哉！”乃赓载歌曰[20]：“元首明哉，股肱良哉！庶事康哉！”又歌曰：“元首丛脞(cuǒ)哉[21]！股肱惰哉！万

事隳(huī)哉㉒！”

帝拜曰：“俞，往钦哉！”

吴季札

季札，春秋时吴国人，吴王寿梦少子，因封于延陵，又称延陵季子。他曾前往鲁国聘问，请求观赏保存在那里的周乐。鲁国的乐工为他表演了《周南》《召南》《邶》等乐舞，他一一点评，有赞美也有批评，但《箫韶》却让他叹为观止。

[注释]

①戛：敲击。鸣球：玉磬。搏拊：一种形似小鼓的打击乐器。②咏：演唱。③虞宾：虞舜的宾客，指前代帝王的后裔。④群后：诸侯。德：登堂。让：恭让。宾主相见时的一种礼仪。⑤下：堂下。管：竹管乐器。鼗：一种小鼓。⑥合止：合乐和止乐。柷：一种打击乐器，是乐曲开始的标记。敔：一种打击乐器，是乐曲终止的标记。⑦笙：一种管乐器，由十三根竹管组成。镛：大钟。间：夹。⑧跄跄：舞蹈有节奏的样子。⑨《箫韶》：相传为舜时的乐舞。九成：演奏乐曲九次后才可以结束。⑩石：石磬。拊：轻轻敲打。⑪尹：正，长。允谐：和谐一致。⑫敕：谨慎小心。⑬几：将近，接近。⑭起：振兴，奋发。⑮熙：兴盛。⑯拜手：一种跪拜礼。拜时双膝下跪，两手拱合齐心，俯首到手。稽首：古代最隆重的跪拜礼。拜时双膝下跪，叩头到地，并持续片刻。飏言：大声说。⑰率：表率，带头。⑱宪：法度。⑲省：省察，思考。⑳赓：继续。㉑丛脞：细碎，微不足道。脞，小。㉒隳：通“隳”，毁坏，荒废。

[译文]

夔说：“演奏玉磬、搏拊、琴、瑟，为歌咏配乐吧！”祖先的灵魂降临了，贵宾都就位了，诸侯登堂礼让。堂下吹起竹管乐器，敲起大鼓和小鼓，击起柷作为演奏的开始，击起敔作为演奏的结束，笙和大钟交替演奏。鸟兽有节奏地跳起舞来，《萧韶》演奏了九次，凤凰也成对地飞起来。”

夔说：“唉！让我敲着石磬奏起乐来，让群兽都感动得跳起舞来，众长官也和谐一致啊！”

帝舜采用建议而唱歌。他唱道：“努力遵照上天的命令行事，每件事情都要小心谨慎。”他又歌唱道：“得力大臣从内心高兴啊！国王的事业就振兴起来啊！百官也就振作啊！”

皋陶拱手又叩头行礼大声说道：“牢记在心里啊！带头做事，慎重对待你的法度，要恭敬啊！屡次反思就会成功，要恭敬啊！”于是皋陶又继续歌唱道：“君主圣明啊！大臣贤能啊！诸事安宁啊！”他又唱道：“君主处理微不足道的小事啊！大臣懈怠啊！万事荒废啊！”

帝舜行礼答谢说：“对啊！望你们恭谨地执行命令！”

夏书

禹贡

[原文]

书序：禹别九州①，随山浚川，任土作《贡》②。

[注释]

①别：划分疆界。②任土：根据土地情况。

[译文]

书序：禹划分九州的疆界，沿着山势疏通河道，根据土地的情况作《禹贡》，制定贡赋的标准。

[原文]

禹敷土①，随山刊木②，奠高山大川③。

[注释]

①敷土：指划分九州的土地。②刊木：砍伐树木作为路标。③奠：定。

[译文]

禹划分九州的土地，沿着山势砍伐树木作为路标，确定各州高山大河。

夏禹

禹是与尧舜并称的古代圣王，为夏朝的奠基者。《史记·夏本纪》记载他名叫文命，是黄帝玄孙颛顼之孙，其父是治水无功的鲧。禹在舜时任司空，负责治理洪水，将天下划分为九州，完成了其父未竟的事业。

[原文]

冀州①：既载壶口②，治梁及岐③。既修太原④，至于岳阳⑤。覃怀底(dǐ)绩⑥，至于衡漳⑦。厥土惟白壤⑧，厥赋惟上上⑨，错⑩，厥田惟中中。恒、卫既从⑪，大陆既作⑫。岛夷皮

服⑬，夹右碣石入于河⑭。

［注释］

①冀州：在尧时为政治中心，在今山西与河北西部。②载：施工。壶口：山名，在今山西吉县南，黄河由此经过。③梁：山名，又称吕梁山，在今山西省境内。岐：一说通“歧”，为山的支脉，一说指狐岐山，在今山西省境内。④太原：高大的平原，在汾水上游，今山西太原以此得名。⑤岳阳：太岳山的南面。岳，太岳山，又称霍太山，在今山西霍州东。阳，山的南面。⑥覃怀：地名，在今河南温县。厎：得到。绩：成功。⑦衡：通“横”，横向。漳：漳水，在覃怀以北。⑧厥：其，代指冀州。壤：柔土。⑨赋：赋税。上上：《禹贡》将赋税按土质分为上上、上中、上下、中上、中中、中下、下上、下中、下下九个等级，上上即第一等。⑩错：杂，指间杂缴纳第二等赋税。⑪恒：滱水。卫：滹沱河。从：沿着河道。⑫大陆：大陆泽，在今河北巨鹿西北赋税。作：耕种。⑬岛夷：住在海上的夷族。⑭夹：接近。碣石：山名，在今河北昌黎西北。

［译文］

冀州：壶口的工程已经完成，再治理梁山和岐山。太原已经修治好，一直到太岳山的南面。覃怀取得了成效，一直到横着流入黄河的漳水。这里都是白色柔土，赋税应该缴纳第一等，也有部分区域是第二等，农田属于第五等。恒水、卫水沿着河道入海，大陆泽已经可以耕作。岛夷人进贡皮服，在靠近西边碣石山的地方进入黄河。

揭器求言

禹即帝位后，深恐阻塞言路，下情不达，遂想方设法疏通言路，效仿尧时的做法，在门前悬挂了钟、鼓、磬、铎、鞀五样乐器，并告示天下说：“凡前来教导我事理的人，请击鼓；想告诫我做事是否适宜的人，请敲钟；想报告我具体事情的人，请摇动铎；要和我诉说忧愁和困难的人，请打击磬；想打官司评议是非的人，请晃动鞀。”禹在宫里，听见哪一件乐器发出声响，便知是进哪一种言的人到了。

[原文]

济、河惟兖(yǎn)州①：九河既道②，雷夏既泽③，灉(yōng)、沮(jū)会同④。桑土既蚕⑤，是降丘宅土⑥。厥土黑坟⑦，厥草惟繇(yáo)⑧，厥木惟条⑨。厥田惟中下，厥赋贞⑩，作十有三载乃同⑪。厥贡漆丝，厥篚(fěi)织文⑫。浮于济、漯(luò)⑬，达于河。

[注释]

①济：水名，与江、河、淮并称“四渎”。源出河南济源，汉代在今河南武陟汇入黄河，又向南溢出，流向山东，与黄河平行入海。此后因黄河多次改道而三隐三现，今已干涸。兖州：在今河北、山东一带。②九河：黄河流到兖州分出九条支流，分别为徒骇、太史、马颊、覆釜、胡苏、简、洁、钩盘、鬲津。一说为黄河下游众多支流的总称，“九”为概数。道：同“导”，疏导。③雷夏：大泽名，在今山东菏泽东北。④灉：水名，黄河支流，今已干涸。沮：水名，灉水支流，今已干涸。会同：会合流入雷夏泽。⑤桑土：适宜种桑的田。蚕：养蚕。⑥降：下。宅：居住。⑦坟：肥沃的土。⑧繇：茂盛。⑨条：长大。⑩贞：一说为第九等，一说为第五等。这里采用前一说法。⑪同：指与其他八州相同。⑫篚：一种圆形的竹器。织文：有花纹的丝织品。⑬漯：水名，黄河支流，流经今河南、河北、山东等省。

[译文]

济水、黄河一带是兖州：黄河下游的九条支流都疏通了，雷夏蓄水成为湖泽，灉水、沮水会合流入雷夏泽。这里适合种桑的土地可以养蚕了，于是民众下山住在平地上。这里都是黑色的沃土，这里的草长得很茂盛，树也长得很高大。这里的土地属第六等，缴纳第九等赋税，耕作十三年之后才能和其他州的赋税相同。此处进贡漆和丝，用圆筐盛放有花纹的丝织品。进贡时由济水、漯水乘船，一直驶入黄河。

[原文]

海、岱惟青州①：嵎(yú)夷既略②，潍、淄其道③。厥土白坟，海滨广斥④。厥田惟上下，厥赋中上。厥贡盐、絺(chī)⑤，海物惟错⑥。岱畎(quǎn)丝、枲(xǐ)、铅、松、怪石⑦。莱夷作牧⑧，厥篚檿(yǎn)

丝⑨。浮于汶⑩，达于济。

［注释］

①海：指渤海。岱：泰山。青州：在今山东半岛。②嵎夷：地名，在东部沿海地区，所在地已不可考。略：治理。③潍、淄：二水名，都在今山东省境内。④斥：盐碱地。⑤絺：细葛布。⑥错：杂，指多种东西交杂在一起。⑦畎：谷、山谷。枲：麻。铅：这里指锡。⑧莱夷：居住在山东半岛北部的夷族。⑨檿：柞树，也叫山桑。⑩汶：水名，济水支流，在今山东省境内。

［译文］

渤海、泰山一带是青州：嵎夷已经得到治理，潍水、淄水得以疏通。这里都是白色沃土，沿海的广大地区都是盐碱地。农田属第三等，赋税是第四等。此处进贡盐、细葛布，以及各种海产品。泰山的山谷地区进贡丝、麻、锡、松木、奇石。莱夷人贡献的是畜产，还有用圆筐盛放的蚕丝。进贡时由汶水乘船，一直驶入济水。

［原文］

海、岱及淮惟徐州①：淮、沂其乂②，蒙、羽其艺③，大野既猪④，东原厎平⑤。厥土赤埴(zhí)坟⑥，草木渐包⑦。厥田惟上中，厥赋中中。厥贡惟土五色⑧，羽畎夏翟(dí)⑨，峄(yì)阳孤桐⑩，泗滨浮磬⑪，淮夷玭(pín)珠暨鱼⑫，厥篚玄纤、缟⑬。浮于淮、泗，达于河。

下车泣罪

传说禹接受了舜的禅让后，一次乘车出外，遇见一个犯了偷盗罪的犯人。禹一面对他进行规劝，一面流下眼泪。他责备自己，虽然登上帝位，但百姓却不能与他同心同德，以致做出损人利己的事，于是说："百姓有罪，在予一人。"下令释放了那个罪人。

[注释]

①海：指黄海。徐州：位于今江苏、安徽北部和山东南部。②沂：水名，为淮水支流泗水的支流，在今山东省境内。乂：治理。③蒙：山名，在今山东蒙阴西南。羽：羽山，在今江苏赣榆西南。艺：种植。④大野：泽名，又称巨野、钜野，在今山东巨野。猪：通“潴”，水停聚的地方。⑤东原：地名，在今山东东平，位于汶水、济水之间。平：治。⑥埴：粘土。⑦渐包：滋长而丛生。包，同“苞”，草木丛生。⑧土五色：帝王铺填社坛用的五种不同颜色的土，分封时取所在方位的土赐予诸侯。五色土代表五个方位，即东方为青、南方为赤、西方为白、北方为黑、中央为黄。⑨夏：大。翟：野鸡，羽毛可用作装饰。⑩峄：山名，在今江苏邳州。孤桐：独生的桐树。⑪泗：水名，淮水支流，源头在今山东省境内。浮磬：一种用来制作磬的石头，因可以浮在水面而得名。⑫淮夷：淮水一带的夷族。玭珠：玭蚌所产的珍珠。⑬玄：黑色。纤：绸，即细缯。缟：绢，即白缯。

[译文]

黄海、泰山和淮水一带是徐州：淮水、沂水就要治理好了，蒙山、羽山的土地就要种植庄稼了，大野泽已经积聚了很多水，东原也得以整治。这里都是赤色的粘土和沃土，草木也逐渐茂盛起来。农田属第二等，赋税为第五等。此处进贡五色土，羽山的山谷要进贡羽毛艳丽的大野鸡，峄山的南面要进贡独生的桐树，泗水边要进贡浮磬，淮夷人要进贡玭珠和鱼，把黑绸、白绢盛放在圆筐里。进贡时由淮水、泗水乘船，一直驶入黄河。

[原文]

淮、海惟扬州①：彭蠡（lí）既猪②，阳鸟攸居③。三江既入④，震泽底定⑤。篠簜（xiǎodàng）既敷⑥，厥草惟夭⑦，厥木惟乔⑧。厥土惟涂泥⑨。厥田惟下下，厥赋下上，上错。厥贡惟金三品⑩，瑶、琨（kūn）、篠、簜、齿、革、羽、毛惟木⑪。岛夷卉服⑫，厥篚织贝⑬，厥包橘柚，锡贡⑭。沿于江、海，达于淮、泗。

[注释]

①扬州：在今安徽、江苏南部，以及浙江、江西、福建全部。②彭蠡：泽名，一说即鄱阳湖。③阳鸟：一说指候鸟，一说鸟通“岛”，指扬州附近

淮河风浪

大禹治水时，曾疏导淮河。淮河发源于河南省南部的桐柏山，流经河南、安徽、江苏等省，全长约一千公里，淮河与江、河、济并称“四渎”。历史上黄河曾改道而夺淮入海，导致淮河的地形和水系发生过很大的变化，河床普遍淤高，自古以来就难以治理。

海上的岛屿。这里采用前一说法。④三江：一说指岷江、松江、浙江，一说指松江、娄江、东江，一说指北江、中江、南江。⑤震泽：泽名，一说即太湖。⑥篠：小竹。簜：大竹。⑦夭：茂盛。⑧乔：高大。⑨涂泥：潮湿的泥土。⑩金三品：指金、银、铜三种金属。⑪瑶：美玉。琨：美石。齿：象牙。革：犀牛皮。毛：旄牛尾。⑫卉服：指蓑衣等草类制作的衣服。⑬织贝：织物和贝类。⑭锡贡：进贡。锡，通“赐”，一说与“贡”同义，一说指帝王下达命令。

[译文]

淮水、黄海一带是扬州：彭蠡泽已经积聚了很多水，候鸟可以在上面安居了。三江已经流入大海，震泽得以整治。各种竹子遍布，这里的草生长得很茂盛，树木也长得很高大。这里都是潮湿的泥土。农田属第九等，赋税为第七等，也可以间杂缴纳第六等的赋税。此处进贡金、银、铜三种金属，还有美玉、美石、小竹、大竹、象牙、犀牛皮、鸟羽、旄牛尾和木材。岛夷人进贡草制的衣服，把织物和贝类盛放在圆筐里，把橘子和柚子包起来，作为贡品进献。进贡时沿长江入海，一直驶入淮水、泗水。

[原文]

荆及衡阳惟荆州①：江、汉朝宗于海②，九江孔殷③。沱、潜既道④，云土梦作乂⑤。厥土惟涂泥，厥田惟下中，厥赋上下。厥贡羽、毛、齿、革、惟金三品，杶(chūn)、榦(gàn)、栝(guā)、柏⑥，砺、砥、砮(nǔ)、丹、惟箘(jùn)、簵(lù)、楛(hù)⑦。三邦底贡厥名，包匦(guǐ)菁茅⑧，厥篚玄纁(xūn)玑组⑨，九江纳锡大龟。浮于江、沱、潜、汉，逾

于洛⑩，至于南河⑪。

［注释］

①荆：山名，在今湖北南漳西北。衡：山名，在今湖南衡阳北。荆州：在今湖北、湖南一带。②朝宗：诸侯朝见天子，春天叫朝，夏天叫宗。这里比喻长江、汉水流入大海。③孔殷：盛大。④沱：水名，长江支流，在今湖北枝江。潜：水名，汉水支流，在今湖北潜江。⑤云土梦：即云梦，二泽名，江南为云，江北为梦。一说即洞庭湖。⑥杶：椿树。榦：柘树。柘木可以制作弓。栝：桧树。⑦砺：质地粗的磨刀石。砥：质地细的磨刀石。砮：石制的箭镞。丹：丹砂。箘：竹笋。簬：美竹，可以用来制作箭杆。楛：灌木名，枝条可以制作箭杆。⑧匭：匣子。⑨玄纁：青黑色和绛红色的丝绸，象征天地。玑组：用丝绳穿起来的小珠串。玑，不圆的珠。组，丝绳。⑩洛：水名，源出今陕西洛南。⑪南河：指潼关以东一段的黄河。

［译文］

荆山和衡山一带是荆州：长江、汉水流入大海，长江下游众多支流水势盛大。沱水、潜水已经疏通了，云梦泽一带可以耕种了。这里都是潮湿的泥土，农田属第八等，赋税为第三等。此处进贡鸟羽、旄牛尾、象牙、犀牛皮和金、银、铜三种金属，杶、榦、栝、柏四种木材，还有砺石、砥石、砮石、丹砂和竹笋、美竹、楛木。境内各国都进贡当地的特产，把菁茅盛放在匣子里包起来，把青黑色和绛红色的丝绸及小珠串盛放在圆筐内，长江下游进贡用于占卜的大龟。进贡时长江、沱水、潜水、汉水乘船，经过洛水，一直抵达南河。

［原文］

荆、河惟豫州①：伊、洛、瀍(chán)、涧既入于河②，荥波既猪③。导菏泽④，被孟猪⑤。厥土惟壤，下土坟垆(lú)⑥。厥田惟中上，厥赋错上中。厥贡漆、枲，絺、纻(zhù)⑦，厥篚纤、纩⑧，锡贡磬错⑨。浮于洛，达于河。

［注释］

①豫州：包括今河南大部、湖北北部、山东西南部、安徽西北部，居于九州的中央，又称“中州”。②伊：水名，源出今河南卢氏。瀍：水名，

源出今河南孟津。涧：水名，源出今河南渑池。③荥波：泽名，也作荥播，在今河南荥阳境内。④菏泽：泽名，在今山东定陶。⑤被：通“陂”，修筑堤坝。孟猪：泽名，也作孟渚，在今河南商丘东北。⑥垆：黑色的硬土。⑦纻：麻。⑧纩：细丝絮。⑨磬错：打磨玉磬的石头。

［译文］

荆山、黄河一带是豫州：伊水、洛水、瀍水、涧水已经流入黄河，荥波泽已经积聚了很多水。疏导菏泽的水，在孟猪泽修筑堤坝。这里都是柔土，底层的土是肥沃的黑色硬土。农田属第四等，赋税为第二等，间或缴纳第一等赋税。应进贡漆、丝、细葛布、纻麻，要进贡装在筐子里的细丝棉，还要进贡打磨磬的石头。进贡时由洛水乘船，一直抵达黄河。

［原文］

华阳、黑水惟梁州[1]：岷、嶓既艺[2]，沱、潜既道。蔡、蒙旅平[3]，和夷底绩[4]。厥土青黎[5]，厥田惟下上，厥赋下中，三错[6]。厥贡璆、铁、银、镂、砮、磬[7]，熊、罴、狐、狸织皮[8]。西倾因桓是来[9]，浮于潜，逾于沔（miǎn）[10]，入于渭，乱于河[11]。

［注释］

①华：华山。黑水：一说是汉江支流，一说是怒江，一说是金沙江，一说是澜沧江，一说是张掖河。梁州：在今陕西南部、四川东部。②岷：山名，在今四川北部。嶓：山名，又称嶓冢，在陕西宁强西北。③蔡：山

戒酒防微

大禹之时，有个叫仪狄的人，善于造酒。仪狄将酒进献给大禹。大禹饮后，觉得味道甚美，不知不觉就醉了。后来他担心人们沾染酗酒的恶习，以纵酒亡国的教训告诫人们防微杜渐，于是带头戒酒，并疏远了仪狄。对于臣民进献的贡品，大禹有着清醒的认识，将其视为确立臣属关系的重要措施，而不用来享乐。

名，一说是位于今四川雅安的蔡山，一说是峨嵋山。蒙：山名，在今四川雅安北，不同于徐州的蒙山。旅：治理。④和夷：和水一带的夷族。和，水名，即大渡河。⑤青黎：青黑色的松散土壤。⑥三错：杂出第七至第九三等。⑦璆：美玉。镂：硬铁。⑧织皮：毛织物。⑨西倾：山名，在今甘肃、青海交界处。桓：水名，又称白水，即白龙江。⑩沔：水名，指汉水上游的一段，源出陕西省境内。⑪乱：横渡。

［译文］

华山南面、黑水一带是梁州：岷山、嶓山已经能够种庄稼了，沱水、潜水也已经疏通了。蔡山、蒙山得到治理，和夷人也取得了成绩。这里都是青黑色的松散土壤，农田属第七等，赋税为第八等，也可间或缴纳第七等至第九等的赋税。此处进贡璆玉、铁、银、硬铁、砮石、制磬的石头，以及熊、罴、狐、狸四种兽毛织物。进贡时可由西倾山沿桓水前来，在潜水乘船，经过沔水，驶入渭水，再横渡黄河。

［原文］

黑水、西河惟雍州[1]：弱水既西[2]，泾属渭汭(ruì)[3]，漆沮既从[4]，沣水攸同[5]。荆、岐既旅[6]，终南、惇物，至于鸟鼠[7]。原隰(xí)厎绩[8]，至于猪野[9]。三危[10]既宅，三苗丕叙[11]。厥土惟黄壤，厥田惟上上，厥赋中下。厥贡惟球、琳、琅玕(gān)[12]。浮于积石[13]，至于龙门、西河[14]，会于渭汭。织皮昆仑、析支、渠搜[15]，西戎即叙。

［注释］

①西河：位于今宁夏、甘肃地区南北流向的一段黄河。雍州：在今陕西中北部、甘肃大部。②弱水：即前文所说的黑水。③渭汭：泾水、渭水交汇处。属：流入。④漆沮：水名，洛水支流。⑤沣水：水名，渭水支流。⑥荆：山名，在今陕西富平西南，不同于荆州的荆山。岐：山名，在今陕西宝鸡东北，不同于冀州的岐山。⑦终南：山名，在秦岭山脉北段。惇物：山名，即太白山，在秦岭山脉中段。鸟鼠：山名，在今甘肃渭源西南。⑧原隰：高平与低湿的地形。⑨猪野：泽名，在今甘肃民勤。⑩三危：山名，在今甘肃敦煌南。⑪丕：大。叙：顺。⑫球：美玉。琳：美石。琅玕：玉珠。⑬积

石：山名，在今青海西宁西南。⑭龙门：山名，在今陕西韩城东北。⑮析支：山名，在今青海西宁西南。渠搜：山名，在今青海同仁西。

［译文］

黑水、西河一带是雍州：弱水已经向西流去，泾水汇入渭水，漆沮水在洛水汇合并流入黄河，沣水也与渭水会合。荆山、岐山已经治理好，终南山、淳物山，一直到鸟鼠山，这些高平与低湿的地区也取得了成绩，一直延伸到猪野泽。三危山已经可以居住了，三苗大举归顺。这里都是黄色的柔土，农田属第一等，赋税为第六等。此处进贡球玉、琳石、玉珠。进贡时由积石山乘船入黄河，一直抵达龙门、西河，聚集在泾水与渭水的交汇处。昆仑山、析支山、渠搜山等地进贡毛织物，西戎人于是也立即归顺。

［原文］

导岍(qiān)及岐[1]，至于荆山，逾于河。壶口、雷首至于太岳[2]。底柱、析城至于王屋[3]。太行、恒山至于碣石[4]，入于海。

西倾、朱圉(yǔ)、鸟鼠至于太华[5]。熊耳、外方、桐柏至于陪尾[6]。

太行山

大禹治水时，为疏通水道，治理过岐山、荆山、雷首山、太岳山、太行山、王屋山、常山、底柱山、碣石山、华山、大别山等。相传大禹打通了一条从太行山、常山到碣石山的泄洪道，将洪水引入大海。

导嶓冢至于荆山。内方至于大别[7]。岷山之阳至于衡山，过九江至于敷浅原[8]。

导弱水至于合黎[9]，余波入于流沙[10]。

导黑水至于三危，入于南海。

［注释］

①岍：山名，在今陕西陇县。②雷首：山名，在今山西永济。太岳：即霍太山。③底柱：山名，即三门山，在今河南三门峡。析城：山名，在今山西阳城。王屋：山名，在今河南济源。④太

行：山名，在今山西、河南、河北三省交界处。⑤朱圉：山名，在今甘肃甘谷。太华：即华山，也被称之为西岳。⑥熊耳：山名，在今河南桐柏。外方：山名，即嵩山。桐柏：山名，在今河南桐柏。陪尾：山名，在今湖北安陆。⑦内方：山名，又称章山，在今湖北钟祥西南。⑧敷浅原：地名，在庐山东麓。⑨合黎：山名，在河西走廊中部。⑩余波：水的下游。流沙：指合黎山以北的沙漠，即今内蒙古的腾格里沙漠和巴丹吉林沙漠。

［译文］

疏通了岍山和岐山，一直疏通到荆山，穿过黄河，其间从壶口山、雷首山一直到太岳山都得到了疏通。从厎柱山、析城山到王屋山，再从太行山、恒山一直到碣石的水利工程都得到了很好的治理，黄河得以畅通入海了。

由西倾山、朱圉山、鸟鼠山到太华山，再由熊耳山、外方山、桐柏山一直到陪尾山的水利工程都得到了治理。

从嶓冢山到荆山，从内方山到大别山也都得到了疏通和开凿。从岷山的南面到衡山，越过九江，一直到鄱阳湖一带的水患也都得到了治理。

把弱水疏通到合黎，下游流入沙漠地带。

把黑水疏通到三危，下游流入南海。

［原文］

导河积石，至于龙门。南至于华阴，东至于厎柱，又东至于孟津。东过洛汭，至于大伾（pī）①。北过降水②，至于大陆。又北，播为九河③，同为逆河④，入于海。

嶓冢导漾，东流为汉。又东，为沧浪之水⑤。过三澨（shì）⑥，至于大别，南入于江。东，汇泽为彭蠡，东，为北江，入于海。

岷山导江，东别为沱。又东至于澧（lǐ）⑦。过九江，至于东陵⑧。东迤（yǐ）北⑨，会于汇⑩。东为中江，入于海。

导沇（yǎn）水⑪，东流为济，入于河，溢为荥⑫。东出于陶丘北⑬，又东至于菏，又东北，会于汶，又北东，入于海。

导淮自桐柏，东会于泗、沂⑭，东入于海。

黄河

黄河是华夏文明的摇篮，古代先民很早就对其进行了开发和治理。尧时，黄河泛滥，于是派鲧治水。鲧治水不力，被舜杀死，其子禹又受命治水。禹三过家门而不入，经过十三年的努力，终于将水患根除。

导渭自鸟鼠同穴⑮，东会于沣，又东会于泾，又东过漆沮，入于河。

导洛自熊耳，东北会于涧、瀍，又东，会于伊，又东北，入于河。

[注释]

①大伾：山名，在今河南浚县西南。②降水：水名，漳水支流，这里指二水合流后的漳水。③播：分布。④逆河：指黄河入海处的一段，因海潮逆流而得名。⑤沧浪：指汉水下游。⑥三澨：水名，在今湖北省境内。⑦澧：水名，在今湖南岳阳。⑧东陵：地名，在今河南固始、商城之间。⑨迆：水斜向流淌。⑩汇：通"淮"，淮水。⑪沇：水名，济水的上游，在今河南济源西。⑫溢：指流水动荡奔突而出。荥：泽名，即前文所说的荥波泽。⑬陶丘：地名，在今山东定陶西南。⑭东会于泗、沂：沂水流入泗水，泗水流入淮水。⑮鸟鼠同穴：指鸟鼠山，即渭水的源头。

[译文]

在积石山疏导黄河，一直通到龙门山。向南通到华山的北面，向东通到厎柱山，再向东通到孟津。向东经过洛水流入黄河处，通到大伾山。向北经过降水，通到大陆泽。再向北，分为九条支流，又会合为逆河，流入大海。

在嶓冢山疏导漾水，向东流为汉水。再向东流，就是沧浪水。经过三澨水，流到大别山，向南流入长江。向东，汇聚成彭蠡泽，又向东，称北江，然后流入大海。

在岷山疏导长江，向东分出一条支流称沱水。再向东到澧水，经过九江，流到东陵。从东边倾斜流淌至北边，与淮水会合。向东称中江，流入大海。

疏导沇水，向东流为济水，流入黄河，水流奔突而出成为荥波泽。在陶丘北面向东流去，一直流到菏泽。再向东北，与汶水相会，再向北流，然后流入大海。

在桐柏山疏导淮水，向东和泗水、沂水相会，向东流入大海。

在鸟鼠山疏导渭水，向东和沣水相会，再向东和泾水相会，然后向东经过漆沮水，流入黄河。

在熊耳山疏导洛水，向东北流，与涧水、瀍水相会，再向东，和伊水相会，再向东北，流入黄河。

[原文]

九州攸同：四隩既宅①，九山刊旅②，九川涤源③，九泽既陂④，四海会同⑤。六府孔修⑥，庶土交正⑦，厎慎财赋，咸则三壤成赋⑧。中邦锡土姓⑨，祗台德先⑩，不距朕行⑪。

[注释]

①四隩：四方。②刊旅：砍树为路标并进行祭祀，代指整治。③涤源：疏通水流。④陂：修筑堤坝。⑤四海会同：指四方诸侯前来朝见天子。⑥六府：水、火、金、木、土、谷。⑦交：俱，遍。⑧则：准则，取法。三壤：指各种等级的土壤。成：定。⑨中邦：中国，指当时天下的中央。⑩祗：敬，敬重。台：我。⑪不距朕行：不违背我所推行的德教。朕，禹的自称。

[译文]

九州大同的情况如下：四方的土地已经可以居住了，九州的大山得以

禹陵

禹陵位于浙江省绍兴市越城区禹陵乡禹陵村。相传大禹死后葬于会稽山，其子启即位后，每年春秋派人祭祀，并在南山上建了宗庙。禹的五世孙少康即位后，派庶子无余到会稽守禹冢，为越国的始祖。现在禹陵村中的住户多为姒姓，自称是禹的后代。

整治，九州的河流已经清除淤塞，九州的大泽也筑起堤坝，四方诸侯都来朝贡。六府的政务治理得非常好，天下的土地都得到了正确的勘核，根据各地情况谨慎制定赋税的标准，民众都要根据土质优劣交纳赋税。中央赐予诸侯封地、姓氏，强调要敬修德业，不违背我所推行的德教。

［原文］

五百里甸服[1]。百里赋纳总[2]，二百里纳铚（zhì）[3]，三百里纳秸（jiē）服，四百里粟，五百里米。

五百里侯服[4]。百里采[5]，二百里男邦[6]，三百里诸侯[7]。

五百里绥（suí）服[8]。三百里揆文教[9]，二百里奋武卫[10]。

五百里要服[11]。三百里夷[12]，二百里蔡[13]。

五百里荒服[14]。三百里蛮[15]，二百里流[16]。

东渐于海[17]，西被于流沙[18]，朔、南暨声教讫于四海[19]。禹锡玄圭[20]，告厥成功。

［注释］

①甸服：战国儒家将大禹时国都以外的区域划分为五等，按远近分为甸服、侯服、绥服、要服、荒服。甸服为第一等，在国都以外五百里范围内。甸，王田。②纳：交。总：指禾的总体，连杆带穗都包括在内。③铚：禾穗。④侯服：五服的第二等。侯，通“候”，斥候，听候。⑤采：指为天子服役。⑥男邦：管理国家的事务。⑦诸侯：为王侦察，听候王命。⑧绥服：五服的第三等。绥，安抚。⑨揆：度。⑩奋武卫：奋起以武力保卫王室。⑪要服：五服的第四等。要，一说为约束，一说为结好，一说为边塞。⑫夷：平，相约和平共处。⑬蔡：法，相约一致遵守王法。⑭荒服：五服的第五等。荒，边远，蛮荒。⑮蛮：这里作动词，意思是以文德招来远方之人。⑯流：可以自由流动，对是否进贡不作规定。⑰渐：入，到。⑱被：及，到。⑲声教：声威教化。⑳玄圭：青黑色的玉圭。圭，上圆下方的瑞玉。

［译文］

王城以外五百里为甸服。相距王城一百里者将割下的庄稼贡来，二百里者将庄稼的穗头贡来，三百里者将庄稼脱去芒尖贡来，四百里者贡粟，五百里者贡米。

甸服以外五百里为侯服。一百里者为王服役，二百里者为王管理国家事务，三百里以外者承担戍守之责。

侯服以外五百里为绥服。三百里以内者揣度王命推行文教，二百里者奋起以武力保卫王室。

绥服以外五百里为要服。三百里以内者和平相处，二百里者遵守相同的法令。

要服以外五百里为荒服。三百里以内者以文德招抚，二百里者可以自由流动，对是否进贡不作规定。

向东延伸至大海，西面到沙漠地带，从北方到南方，四海之内都能接受德教。禹获赐玄圭，大功告成。

甘　誓

［原文］

书序：启与有扈战于甘之野[1]，作《甘誓》。

［注释］

①启：禹之子，在禹死后继位，终结了禅让制，为夏朝第一代帝王。有扈：国名，在今陕西户县一带。甘：地名，有扈氏南郊。

［译文］

书序：启和有扈氏在甘的郊野交战，于是史官作《甘誓》。

［原文］

大战于甘，乃召六卿[1]。王曰："嗟！六事之人[2]，予誓告汝。

夏启

大禹晚年，众人推举伯益为继承人，大禹却暗中支持自己的儿子启。大禹死后，启继位，称夏后氏。有扈氏对禅让制遭破坏感到不满，启于是发兵征伐，大战于甘野，将其攻灭。这次战争巩固了启的帝位，他建立了中国历史上第一个奴隶制国家—夏朝。

有扈(hù)氏威侮五行③，怠弃三正④，天用剿绝其命⑤，今予惟恭行天之罚。左不攻于左⑥，汝不恭命；右不攻于右⑦，汝不恭命；御非其马之正⑧，汝不恭命。用命，赏于祖⑨；弗用命，戮于社⑩，予则孥(nú)戮汝⑪。”

［注释］

①六卿：六军的主帅。按照礼制，天子有六军。②六事：六军的将士。③威侮：轻慢。五行：金、木、水、火、土，这里指自然规律或天命。④三正：指正德、利用、厚生。正，通“政”。⑤用：因此，于是。剿绝：灭绝。⑥左：车左。古代战车一般乘坐三人，左边的人持弓箭，右边的人持矛，中间的人驾车。⑦右：车右，即战车上持矛的武士。⑧御：驾车的人。非：违背。正：合适的。⑨赏于祖：天子亲征，载着祖庙神主，对于有功的人，就会在神主之前给予奖赏，表示不敢独断专行。⑩社：土神的神主，这里指天子亲征所载的社主。⑪孥戮：诛灭子孙。孥，子孙。戮，刑杀。

［译文］

双方在甘大战，夏王于是召集六军主帅。王说：“啊！六军的将士们，我向你们誓师，有扈氏轻慢天命，荒废三政，上天要断绝其国运，现在我恭敬地奉行天命对他们予以惩罚。车左不射击敌军的车左，就是不遵守命令；车右不刺击敌军的车右，就是不遵守命令；驾车人不能驾驭战马，就是不遵守命令。服从命令的人，我就在祖先的神主前予以赏赐；没有服从命令的人，我就在土神的神主前实施惩罚，还要诛灭你们的子孙。”

（伪）五子之歌

［原文］

书序：太康失邦①，昆弟五人须于洛汭②，作《五子之歌》。

［注释］

①太康：启之子，夏朝第二代帝王，因游乐田猎无度，被羿驱逐。

②须：等待。洛汭：洛水流入黄河之处。

[译文]

书序：太康丢掉国家，兄弟五人在洛水流入黄河处等他，作《五子之歌》。

[原文]

太康尸位[1]，以逸豫灭厥德[2]，黎民咸贰，乃盘游无度[3]，畋(tián)于有洛之表[4]，十旬弗反[5]。有穷后羿(yì)因民弗忍[6]，距于河。厥弟五人，御其母以从，徯(xī)于洛之汭(ruì)[7]。五子咸怨，述大禹之戒以作歌。

[注释]

①尸位：指在位无所作为。②逸豫：安乐。③盘游：游乐。④畋：狩猎。有洛之表：洛水以南。表，外。夏朝统治中心在黄河、洛水以北，因此称洛水以南为表。⑤旬：十天。反：同"返"，这里指返回国都。⑥有穷后羿：羿是有穷氏首领。后，君主。⑦徯：等待。

游畋失位

夏帝太康因为喜欢在外游猎，不理国事，导致人民怨声载道。有穷氏首领羿借此机会篡夺帝位，不许他回都城，使得祖父大禹和父亲启所建立的政权在他手中失掉了。

[译文]

太康在位无所作为，由于纵情享乐而败坏了德行，所以民众都怀有二心，但他还是无休止地游乐，到洛水以南狩猎，一百天也不回来。有穷氏首领羿趁民众对太康无法忍受的机会，在黄河边领兵阻隔。太康的五个弟弟驾车载着母亲随行狩猎，在洛水流入黄河之处等他。五人都埋怨太康，追忆大禹的教诲而写下诗歌。

[原文]

其一曰："皇祖有训[1]，民可

近，不可下[②]，民惟邦本，本固邦宁。予视天下愚夫、愚妇一能胜予。一人三失，怨岂在明？不见是图。予临兆民，懔(lǐn)乎若朽索之驭六马[③]。为人上者，奈何不敬？”

［注释］

①皇：大。祖：指大禹。②下：卑贱，这里作动词，意思是使之卑贱。③懔：畏惧。

［译文］

第一首说：“伟大的祖先曾有教诲，民众可以亲近，不可以使之卑贱。人民是国家的根本，根本稳固国家才能安宁。我看天下的愚夫、愚妇都能胜过我。一个人有很多过错，民怨难道要等到很明显才要解决吗？在没显现时就要考虑解决的方法。我治理亿万民众，畏惧得就像用腐烂的缰绳驾驭着六匹马一样。万人之上的人，怎么能不谨慎呢？”

［原文］

其二曰：“训有之，内作色荒[①]，外作禽荒[②]，甘酒嗜音，峻宇彫(diāo)墙[③]。有一于此，未或不亡。”

［注释］

①色荒：沉迷于女色。②禽荒：沉迷于田猎。禽，禽兽，这里指狩猎之事。③峻宇：高大宫室。彫墙：彩绘的墙壁。

［译文］

第二首说：“还有这样的教诲，在内沉迷于女色，在外沉迷于田猎，喜好饮酒、嗜好音乐，高大的宫室有彩绘的墙壁。这些情况只要出现一种，就没有不亡国的。”

［原文］

其三曰：“惟彼陶唐[①]，有此冀方[②]。今失厥道，乱其纪纲，乃底(dǐ)灭亡[③]。

［注释］

①陶唐：尧。②冀方：冀州，尧建都于此。③底：导致。

[译文]

第三首说："遥想唐尧之时，尧在冀方建都。现在废弃了他的治国之道，扰乱了他的法纪，才导致国家灭亡。"

[原文]

其四曰："明明我祖①，万邦之君。有典有则②，贻厥子孙③。关石和钧④，王府则有⑤。荒坠厥绪⑥，覆宗绝祀！"

[注释]

①明明：英明。②典：典章。则：法则。③贻：遗留。④关石和钧：互通有无，均平民用。关，通。石，古代重量单位，一百二十斤为一石。和，平。钧，古代重量单位，三十斤为一钧。石、钧代指民众日用品。⑤有：富足。⑥绪：统绪，即帝王世系。

[译文]

第四首说："我们英明的祖先，是天下万国的君主。既有典章，又有法则遗留给子孙后代。互通有无，均平民用，府库也很充盈。现在荒废祖业、丧失帝王世系，宗庙覆灭，祭祀断绝！"

[原文]

其五曰："呜呼！曷归①？予怀之悲。万姓仇予，予将畴依②？郁陶乎予心③，颜厚有忸怩（niǔ ní）④。弗慎厥德，虽悔可追？"

[注释]

①曷：何。②畴：谁。③郁陶：忧愁哀伤。④颜厚：面带羞色。忸怩：内心惭愧。

[译文]

第五首说："唉，回到哪里呢？想到这里我就感到悲伤。天下万民仇视我们，我们将依靠谁？我的心中忧愁哀伤，面带羞色，内心惭愧。不能谨慎修德，即使后悔又能挽回吗？"

（伪）胤征

［原文］

书序：羲、和湎淫①，废时乱日，胤往征之②，作《胤征》。

［注释］

①羲、和：羲氏与和氏的并称，是掌管天地四时的官员。湎淫：沉溺于饮酒。②胤：夏朝方国，这里指国君胤侯。

［译文］

书序：羲和沉溺于饮酒，荒废计算时令之职，扰乱了历法，胤侯前往征讨，作《胤征》。

［原文］

惟仲康肇位四海①，胤侯命掌六师。羲、和废厥职，酒荒于厥邑。胤后承王命徂(cú)征②。

告于众曰：“嗟！予有众！圣有谟训③，明征定保④。先王克谨天戒，臣人克有常宪，百官修辅⑤，厥后惟明明。每岁孟春，遒(qiú)人以木铎(duó)徇于路⑥。官师相规，工执艺事以谏⑦，其或不恭，邦有常刑。惟时羲、和颠覆厥德，沈(chén)乱于酒，畔官离次⑧，俶(chù)扰天纪⑨，遐弃厥司。乃季秋月朔，辰弗集于房，瞽奏鼓，啬夫驰⑩，庶人走，羲、和尸厥官罔闻知，昏迷于天象，以干先王之诛。政典曰⑪：‘先时者，杀无赦；不及时者，杀无赦。’今予以尔有众，奉将天罚。尔众士同力王室，尚弼予钦承天子威命。火炎昆冈⑫，玉石俱焚。天吏逸德，烈于猛火。歼厥渠魁⑬，胁从罔治。旧染污俗，咸与维新。呜呼！威克厥爱⑭，允济；爱克厥威，允罔功。其尔众士懋戒哉⑮！”

[注释]

①仲康：太康的弟弟，夏朝第三位帝王，在太康失国后即位，一说为羿所立。②徂：前往。③谟训：谋略训诫。④征：应验。定保：安邦定国。⑤修辅：修持德行，辅佐君主。⑥遒人：官名，负责宣布命令。木铎：一种木舌的铃铛。徇：巡视。⑦工执艺事以谏：工匠以技艺进谏。这里指帝王若命工匠造不当之器物，工匠应该劝谏。⑧畔：通“叛”，违背。次：次序，这里指职位。⑨俶扰：开始扰乱。⑩啬夫：官名，掌管丝帛。⑪政典：夏朝记载治国典章制度的书。⑫昆冈：山名，即昆仑山，盛产玉石。⑬渠魁：头目，这里指羲、和。⑭爱：姑息。⑮懋：尽力。

[译文]

想到仲康在位之初治理天下时，胤侯受命执掌六军。羲氏与和氏荒废职责，在自己的封邑沉迷于饮酒。胤国之君奉夏王的命令前往征讨。

胤侯告诉众将士说：“我的将士们啊！圣人有谋略训诫，已经明确被证实是可以安邦定国的。先王能够谨守上天的训诫，臣民能够遵奉常规的法令，百官修持德行而辅佐君主，这样君主才能英明。每年春季的第一个月，遒人摇着木铎在路上巡视，众官员相互规劝，工匠以技艺进谏，如果他们有人行为不恭敬，国家有常规的刑罚惩处他们。想到这时羲氏与和氏败坏德行，沉迷于饮酒，背离职守，开始扰乱天时，放弃了职责。于是在秋季第三个月的初一日，星辰没有在房宿相会，盲乐师击鼓，啬夫驱驰，平民奔走，羲氏与和氏在位无所作为且毫不知情这些情况，对天象昏聩不明，因此触犯了先王的刑法。政典说：‘预测的天象早于实际情况，诛杀绝不赦免；晚于实际情况，也诛杀绝不赦免。’现在我带领你们全体将士，实施上天的惩罚。你们众将士要为了王室而拼命效力，辅佐我恭敬地秉承天子威严的命令。昆仑山燃起大火时，美玉和顽石都会被烧毁。官员犯下大错，危害要比大火巨大。歼灭他们的首领，被迫跟随他们作恶的人不予惩治，过去沾染恶习的人，都准许他们重新做人。唉！假如威严能够战胜姑息之心，就一定能成功；如果姑息之心战胜威严，就不能成功。众将士要努力谨慎啊！”

商书

汤誓

［原文］

书序：伊尹相汤伐桀①，升自陑(ér)②，遂与桀战于鸣条之野③，作《汤誓》。

［注释］

①伊尹：商汤的贤臣，名伊，一说名挚，伊为氏，尹则是官名。相：辅佐。②升：上。夏位于商的西北方向，汤伐桀需北上进军，因此称“升”。陑：地名，在今山西河曲南。③鸣条：地名，在今山西夏县。

［译文］

书序：伊尹辅佐商汤讨伐夏桀，从陑北上，最终与夏桀在鸣条的郊野交战，史官于是作《汤誓》。

商汤

商汤，子姓，名履，又名天乙，夏朝末年商部落的首领，相传为契的后裔。他施行仁政，得到民众的广泛拥护。夏朝末代帝王桀残暴无道，汤在鸣条之战中一举灭夏，放逐夏桀，建立商朝。

［原文］

王曰：“格尔众庶①，悉听朕言。非台小子敢行称乱②！有夏多罪，天命殛(jí)之③。今尔有众，汝曰：‘我后不恤我众④，舍我穑事而割(hài)正夏⑤？’予惟闻汝众言，夏氏有罪，予畏上帝，不敢不正⑥！今汝其曰：‘夏罪其如台⑦？’夏王率遏众力⑧，率割(hài)夏邑。有众率怠弗协，曰：‘时日曷丧⑨！予及汝皆亡。’夏德若兹⑩，今朕必

往。尔尚辅予一人⑪，致天之罚⑫，予其大赉（lài）汝⑬！尔无不信，朕不食言⑭。尔不从誓言，予则孥（nú）戮汝⑮，罔有攸赦。”

［注释］

①格：到，来。②台小子：我，谦称。③殛：诛杀。④后：君主。⑤穑事：种植庄稼的事。割：通“害”，损害。正：通“政”，统治。⑥正：匡正。⑦如台：如我所说。⑧率遏众力：竭尽民力。⑨时：这个。曷：何，什么时候。⑩兹：此，这样。⑪予一人：帝王自称，表示自己只能担当一人，为谦称。⑫致：施加。⑬其：将。赉：赏赐。⑭食言：不守信，说假话。⑮孥戮：诛灭子孙。

［译文］

王说：“来吧，诸位，你们都要服从我。不是我大胆发动战争啊！是因为夏王罪行太多，上天命令我前去诛灭他。现在你们大家常说：‘我们的君主太不体贴我们了，为什么舍弃种庄稼的事而推行暴政？’我听到你们的话，知道夏王有罪，我敬畏上帝，不敢不匡正天下啊！现在你们将要问我：‘夏王的罪行真如我所说吗？’夏王竭尽民力为他一人享乐服务，还在国内残酷剥削人民。大家都怠于奉上，对夏王态度很不友好，说：‘这个太阳为什么不消亡呢！我愿意和你一同死去。’夏王的统治已经坏到这种程度，现在我一定前去讨伐他。你们只要辅助我，奉行上天的惩罚，我就要重赏你们！你们不要不相信，我是决不会食言的。你们不服从我的命令，我就要诛灭你们的子孙，决不宽恕。”

（伪）仲虺之诰

［原文］

书序：汤归自夏，至于大坰①，仲虺（huǐ）之诰②。

［注释］

①大坰：地名，大概在夏都至商都的途中，所在地已不可考。②仲虺：商汤的贤臣。

[译文]

书序：汤从夏返回，来到大垧，仲虺于是作这篇诰。

[原文]

成汤放桀于南巢①，惟有惭德，曰："予恐来世以台为口实②。"

仲虺乃作诰，曰："呜呼！惟天生民有欲，无主乃乱，惟天生聪明时乂③。有夏昏德，民坠涂炭④，天乃锡王勇智⑤，表正万邦⑥，缵禹旧服⑦。兹率厥典，奉若天命。

[注释]

①南巢：地名，所在地不可考，一说即巢国，在今安徽巢湖一带。②台：我。口实：经常议论的话题。③时：这。乂：治理。④涂炭：泥沼和炭灰，比喻困苦的境遇。⑤锡：通"赐"，赐予。⑥表正：作为表率。⑦缵：继承。旧服：原有的领地。

[译文]

成汤把夏桀流放到南巢，想到自己德行不足而有愧于心，他说："我担心后世会以我的做法作为经常议论的话题。"

仲虺于是作这篇诰，写道："唉！上天生养的民众都有私欲，没有君主治理就会天下大乱，只有上天降下的耳聪目明之人能够治理这种局面。夏王昏庸背德，让人民陷入苦难，上天于是赐给我王勇气与智慧，作为万国的表率，继承大禹原有的领地。只要遵循典章，就是顺应天命。

[原文]

"夏王有罪，矫诬上天①，以布命于下。帝用不臧②，式商受命③，用爽厥师④。简贤附势⑤，实繁有徒。肇我邦于有夏⑥，若苗之有莠⑦，若粟之有秕⑧。小大战战，罔不惧于非辜。矧(shěn)予之德⑨，言足听闻。

[注释]

①矫诬上天：假借上天之名进行欺诈。②用：因为。臧：善。③式：

用。④爽：明，照。师：众人。⑤简：轻慢。⑥肇：开始。⑦莠：田间的杂草。⑧秕：不饱满的谷实。⑨矧：何况。

［译文］

“夏王有罪，假借上天之名进行欺诈，向臣下发号施令。上帝因为他德行不善，让商接受天命，来照耀天下的民众。轻慢贤人，依附权贵，这种人确实为数众多。自从我国在夏王的土地上建立开始，他们就像禾苗间的杂草，就像谷粒中的瘪壳。我们全国上下都战战兢兢，没有不担心无辜遭难的。何况我们的德行、言辞，值得一听。

［原文］

“惟王不迩(ěr)声色①，不殖货利。德懋懋官②，功懋懋赏。用人惟己，改过不吝③。克宽克仁，彰信兆民。乃葛伯仇饷④，初征自葛，东征西夷怨，南征北狄怨，曰：‘奚独后予？’攸徂之民⑤，室家相庆，曰：‘徯(xī)予后⑥，后来其苏⑦。’民之戴商⑧，厥惟旧哉！

［注释］

①迩：近。②德懋懋官：德行高尚的用官职勉励他。第一个“懋”意思是盛大，第二个“懋”意思是勉力。“功懋懋赏”句式与此相同。③吝：可惜。④葛伯仇饷：葛伯见有人给田里劳作的人送饭，命人杀送饭的人，夺走饭食。商汤以此暴行为讨伐葛国的理由。葛伯，葛国的国君。饷，给田里劳作的人送饭。⑤攸：所。徂：往。⑥徯：等待。⑦苏：复苏，死而复生。⑧戴：爱戴。

［译文］

“只有我王不亲近女色，不贪图财货。德行高尚的用官职勉励他，功劳盛大的用奖赏勉励他。任用他人就像对待自己一样信任，改正错误毫不吝惜。能够宽厚仁爱，向万民彰显诚信。葛伯杀害为农夫送饭的人，我王就首先征讨葛国，向东征讨时西方部族怨恨，向南征讨时北方部族怨恨，都说：‘为什么单独把我国留在最后？’所到之处的民众，举家欢庆，说：‘等待你们的君主，君主来了我们就死而复生了。’民众拥戴商，想来已经很久了啊！

［原文］

"佑贤辅德，显忠遂良①，兼弱攻昧，取乱侮亡，推亡固存，邦乃其昌。德日新，万邦惟怀；志自满，九族乃离。王懋昭大德，建中于民，以义制事，以礼制心，垂裕后昆②。予闻曰：'能自得师者王，谓人莫己若者亡③。好问则裕，自用则小。'呜呼！慎厥终，惟其始。殖有礼④，覆昏暴。钦崇天道，永保天命。"

［注释］

①遂：举用。②垂裕：把基业或德教传给后人。裕，财富，这里指基业或德教。后昆：后代。③莫己若：莫若己，不如自己。④殖：树立，扶植。

［译文］

"护佑贤能的人，辅佐德高的人，显扬忠贞的人，举用善良的人，兼并弱小的国家，攻打昏庸的君主，夺取混乱的国家，轻慢危亡的君主，推翻垂死的政权，巩固存留的政权，国家就能昌盛。德行日益完善，万国心系；内心骄傲自满，九族离散。我王努力彰显伟大的仁德，在民众中建立中正之道，用道义裁决政事，用礼仪约束人心，把伟业传给后代。我听说：'能自己找到老师的人能称王，认为别人不如自己的人会灭亡。喜欢向人请教就富足，自行其是就渺小。'唉！谨慎对待结果，只有从一开始做起。扶植礼仪之邦，颠覆昏暴之国。恭敬地奉行天道，永远保有天命。"

（伪）汤诰

［原文］

书序：汤既黜夏命，复归于亳①，作《汤诰》。

［注释］

①亳：商汤时的都城，在今河南商丘北。

[译文]

书序：商汤终结了夏朝的命数，再次回到都城亳，史官于是作《汤诰》。

[原文]

王归自克夏，至于亳(bó)，诞告万方①。王曰："嗟！尔万方有众，明听予一人诰：惟皇上帝②，降衷于下民③，若有恒性，克绥(suí)厥猷(yóu)惟后④。夏王灭德作威，以敷虐于尔万方百姓⑤。尔万方百姓罹其凶害⑥，弗忍荼毒，并告无辜于上下神祇(qí)⑦。天道福善、祸淫，降灾于夏，以彰厥罪。

[注释]

①诞告：广泛告知。方：方国，诸侯。②皇：大。③衷：善，福。④猷：大道。后：君主。⑤敷虐：施行暴虐。⑥罹：遭受。⑦神祇：天地之神。

[译文]

王击败夏桀归来，到达亳，广泛地向天下方国宣告。王说："啊！你们天下各国的民众，清楚地聆听我的诰文：伟大的上帝，降下福运赐予我们。顺从人的本性，能够安于大道就可以称为君主。夏王道德沦丧，滥用威刑，对你们天下各国的民众施行暴虐。你们天下各国的民众，遭受夏王的残害，无法忍受痛苦，一同向天地神灵诉说自己无罪。上天的法则是赐福给善良之人，降祸给邪恶之人，因此降灾给夏王，用来昭示他的罪恶。

[原文]

"肆台小子将天命明威①，不敢赦。敢用玄牡②，敢昭告于上天神后，请罪有夏。聿(yù)求元圣③，与之戮力，以与尔有众请命。上天孚佑下民，罪人黜伏。天命弗僭(jiàn)④，贲(bì)若草木⑤，兆民允殖⑥，俾予一人、辑宁尔邦家。兹朕未知获戾于上下⑦，栗栗危惧，若将陨于深渊⑧。

[注释]

①肆：所以。台小子：我，谦称。明威：彰显威严。②玄牡：黑色的

公牛。③聿：于是。元圣：大圣人，这里指伊尹。④僭：差错。⑤贲：华美。⑥殖：繁衍。⑦戾：罪过。⑧陨：坠落。

[译文]

“所以我奉行上天的命令彰显威严，不敢赦免夏王的罪行。我冒昧地使用黑色的公牛来祭祀，明确地告知上天的神灵，请求降罪于夏王。于是访求到大圣人伊尹，和他齐心协力，为你们请求神灵保全性命。上天信任并保护民众，罪人被废黜并服罪。天命不会有差错，灿然像草木的滋生繁荣，万民得以繁衍生息，使我能安抚你们的国家。这次我不知是否获罪于天地，战战兢兢，心中恐惧，就像要坠落进深渊一样。

[原文]

“凡我造邦[1]，无从匪彝[2]，无即慆(tāo)淫[3]，各守尔典，以承天休[4]。尔有善，朕弗敢蔽；罪当朕躬，弗敢自赦，惟简在上帝之心[5]。其尔万方有罪，在予一人；予一人有罪，无以尔万方。呜呼！尚克时忱[6]，乃亦有终。”

[注释]

①造邦：建立国家。②匪：非。彝：法律。③慆淫：享乐过度。④休：祥瑞。⑤简：考察。⑥忱：诚信。

[译文]

“大凡我所建立的国家，不要遵从不合理的法令，不要过度享乐，各自遵守你们的典章，来承奉上天降下的祥瑞。你们有善行，我不敢掩盖；罪在我自身，也不敢赦免自己，上帝已经在心里考察过了。你们天下各国有罪，责任在于我；我有罪，不会牵连你们天下各国。唉！希望我能这样守信，也就能有好的结果。”

（伪）伊　训

[原文]

书序：成汤既没，太甲元年[1]，伊尹作《伊训》《肆命》

《徂后》②。

[注释]

①太甲:《史记·殷本纪》记载，汤的太子太丁早死，改立太丁之弟外丙，外丙死后由其弟中壬继位，中壬死后伊尹立太丁之子太甲，《伊训》是伪古文，不可信，因此太甲应为商朝第四位帝王。②《肆命》《徂后》：这两篇已失传，仅存篇名。

[译文]

书序：成汤死后，太甲继位称元年，伊尹作《伊训》《肆命》《徂后》。

[原文]

惟元祀十有二月乙丑①，伊尹祠于先王②。奉嗣王祗见厥祖③，侯、甸群后咸在④，百官总已以听冢宰⑤。伊尹乃明言烈祖之成德，以训于王。

[注释]

①元祀：元年。②祠：祭祀。先王：这里指汤。③嗣王：新继位的王，指太甲。④侯、甸群后：王畿以内的诸侯。侯甸，侯服与甸服，指王城外围千里以内的区域，分别为五服中的第二等和第一等。群后，诸侯。⑤总已：统领自己的属官。冢宰：百官之长，又称太宰，相当于后世的宰相，这里指伊尹。

伊尹

伊尹，商朝开国功臣，名伊，尹为官名。一说名挚。他以陪嫁奴隶的身份得到商汤的任用，并被委以国政，后来协助商汤灭夏。太甲即位后，不遵祖训，昏庸无道，被伊尹放逐到桐宫，令其悔过。三年后，伊尹迎回太甲并还政于他。伊尹为政期间，治国有方，他与周公同为股肱之臣的典范。

[译文]

元年十二月乙丑日，伊尹祭祀先王。他尊奉新王并让其恭敬地拜祭祖先，侯服与甸服的诸侯都在场，百官统领自己的属员听从冢宰的号令。于是伊尹明确地讲述伟大先祖的盛德，来教导新王。

[原文]

曰：“呜呼！古有夏先后①，

方懋厥德②，罔有天灾。山川鬼神，亦莫不宁。暨鸟兽、鱼鳖，咸若③。于其子孙弗率④，皇天降灾，假手于我有命。造攻自鸣条⑤，朕哉自亳(bó)⑥！惟我商王布昭圣武，代虐以宽，兆民允怀⑥。今王嗣厥德，罔不在初⑦。立爱惟亲，立敬惟长，始于家邦⑧，终于四海。呜呼！先王肇修人纪⑨，从谏弗咈(fú)⑩，先民时若。居上克明，为下克忠，与人不求备⑪，检身若不及，以至于有万邦，兹惟艰哉！

［注释］

①夏先后：夏朝先王，指大禹。②懋：努力。③暨：和。④率：遵循。⑤鸣条：地名，商汤灭夏决战之地，在今山西夏县。⑥亳：商朝早期都城，在今河南商丘北。⑦初：指初即位时。⑧家：卿大夫的封地。邦：诸侯的封地。⑨人纪：做人的法则。⑩咈：违背。⑪求备：求全责备，即要求过于苛刻。

［译文］

他说："啊！古代夏朝的先王大禹努力推行美德，世间才没有天灾。山川神灵，也没有不安宁的，以及鸟兽、鱼鳖都是如此。他的子孙却不遵循美德，伟大的上天降下灾祸，假借我先王之手，在鸣条发动进攻，在都城亳打好基础啊！我们商王，显现神圣的武德，以宽仁取代凶暴，万民都怀念先王。现在的王继承美德，没有不在即位之初就打好基础的。树立仁爱的风气从亲属开始，树立尊敬的风气从长者开始，从家邑、封国做起，最终推广到全天下。啊！先王努力修持做人的法则，听从劝谏毫不违背，先民也遵从此道。身居高位的人能够明察，作为臣下的人能够忠诚，对人不求全责备，如果不及时检讨自身不足，想拥有天下万国，这是很难得的啊！

［原文］

"敷求哲人①，俾辅于尔后嗣。制官刑，儆(jǐng)于有位。曰：'敢有恒舞于宫，酣歌于室，时谓巫风②；敢有殉于货色③，恒于游畋(tián)④，时谓淫风；敢有侮圣言，逆忠直，远耆(qí)德⑤，比

顽童，时谓乱风。惟兹三风十愆(qiān)[6]，卿士有一于身，家必丧；邦君有一于身，国必亡。臣下不匡，其刑墨[7]，具训于蒙士[8]。’呜呼！嗣王祗厥身，念哉！圣谟洋洋[9]，嘉言孔彰。惟上帝不常[10]，作善，降之百祥，作不善，降之百殃。尔惟德罔小，万邦惟庆；尔惟不德罔大，坠厥宗。”

［注释］

①敷：广泛。哲人：才智出众的人。②巫风：巫觋的风气。巫师祈祷时常伴有歌舞，所以称沉迷于歌舞为巫风。③殉：贪求。货：财货。色：女色。④游畋：游乐和田猎。⑤耆德：年高德厚的长者。⑥十愆：十种罪过，指舞、歌二巫风，货、色、游、畋四淫风，侮圣言、逆忠直、远耆德、比顽童四乱风。⑦墨：在脸上刻字涂墨的刑罚。⑧蒙士：蒙昧无知的人。⑨洋洋：美好的样子。⑩上帝不常：指天命不恒久护佑一个国家。

［译文］

“先王广泛求访才智出众的人，使他们辅佐你这样的继承人。制定惩处官员的刑罚，警戒在位的大臣。他说：‘有人胆敢经常在宫中观看舞蹈，在室内痛饮高歌，这就叫巫觋之风；有人胆敢贪求财货和女色，经常游乐和狩猎，这就叫淫邪之风；有人胆敢侮辱圣人的言辞，不听忠诚正直的劝谏，疏远年高德厚的长者，亲近顽劣的小人，这就叫败乱之风。这三风十恶，卿士身上有一种，家邑一定衰亡；国君身上有一种，国家一定灭亡。臣下不去匡正，就施以墨刑，用来教训蒙昧无知的人。’啊！新王恭敬地修身，牢记在心啊！圣王的谋划十分完善，美好的言辞非常明白。只是天命不会永远保佑一个国家，行善就降下各种祥瑞，行不善就降下各种灾祸。你行德政无论事情多么小，天下万国都会欢庆；你不行德政无论事情多么大，祖宗基业都会倾覆。”

（伪）太甲上

［原文］

书序：太甲既立，不明，伊尹放诸桐①。三年复归于亳，思庸②，伊尹作《太甲》三篇。

［注释］

①放：放逐，流放。桐：桐宫，为汤陵墓的所在地。②庸：常，这里指日常的为政之道。

［译文］

书序：太甲继位之后，昏庸无道，伊尹把他放逐到桐宫悔过。三年后太甲再次回到都城亳，思考日常的为政之道，伊尹作《太甲》三篇。

［原文］

惟嗣王不惠于阿衡①，伊尹作书曰："先王顾諟(shì)天之明命②，以承上下神祇(qí)。社稷宗庙，罔不祗肃③。天监厥德，用集大命④，抚绥(suí)万方⑤。惟尹躬克左右厥辟⑥，宅师⑦，肆嗣王丕承基绪⑧。惟尹躬先见于西邑夏⑨，自周有终⑩，相亦惟终。其后嗣王⑪，罔克有终，相亦罔终，嗣王戒哉！祗(zhī)尔厥辟，辟不辟⑫，忝(tiǎn)厥祖⑬。"

［注释］

①嗣王：指太甲。惠：遵从。阿衡：商朝官名，相当于周朝的太师、太保。这里指伊尹。②諟：同"是"，这。明命：圣明的命令。③祗肃：恭敬严肃。④集：降下。⑤抚绥：安抚。⑥尹躬：伊尹的自称。左右：辅佐，帮助。辟：君主。⑦宅师：使民众安定。⑧肆：所以。丕：大。基绪：基业。⑨西邑夏：夏都在商都以西，所以称西邑。⑩周：忠信。⑪其后嗣王：指大禹的后代。⑫不辟：不尽为君之道。⑬忝：愧对。

［译文］

想到新王不遵从伊尹的训诫，伊尹上书说："先王重视上天圣明的命令，顺承天地神灵。对于社稷宗庙的祭祀，没有不恭敬严肃的。上天见到他的美德，就降下大命，让他安抚天下万国。我能帮助君主，使民众安居乐业，所以新王才能继承大业。我此前在夏都看到，夏王自始至终谋求忠信，臣子也能自始至终地辅佐他。他的继承者，不能始终持守忠信，臣子也就不能一直辅佐他，新王要引以为戒啊！恭谨地遵行为君之道，君主不能不尽为君之道，从而愧对祖宗。

［原文］

王惟庸，罔念闻。伊尹乃言曰：“先王昧爽丕显①，坐以待旦。旁求俊彦②，启迪后人，无越厥命以自覆。慎乃俭德，惟怀永图。若虞机张③，往省括于度则释④。钦厥止，率乃祖攸行，惟朕以怿(yì)⑤，万世有辞。”

［注释］

①昧爽：天没大亮的时候。丕：大。显：明。②旁：广泛，普遍。俊彦：贤才。③虞：虞人，掌管山林苑囿的官。机：弩机。④省：审视，检查。括：箭末端扣弦的地方。度：用于瞄准的装置。⑤怿：喜悦。

［译文］

王像往常一样不听伊尹的训诫。伊尹说：“先王在天还没亮的时候就光大明德，等到天亮后去实行。他广泛求访贤才，启发后人，不要被天命抛弃来倾覆自己。先王慎重对待节俭的美德，永远思考这件事。就像虞人张开弓弩，检查箭尾搭在弦上是否已经瞄准再发射。恭敬地注重举止，遵循你祖先所行之道，我才会高兴，你的美名也将流传万世。”

［原文］

王未克变。伊尹曰：“兹乃不义，习与性成。予弗狎(xiá)于弗顺①，营于桐宫，密迩(ěr)先王其训②，无俾世迷③。王徂(cú)桐宫居忧④，克终允德⑤。”

［注释］

①狎：忽视。②密迩：接近。③俾：使。④居忧：为父母守丧。⑤允德：诚信之德。

［译文］

王没能改变旧习。伊尹说：“这是不道义的，习惯和性情已经形成了。我不能忽视不恭顺的行为，于是在桐宫修建房屋，让太甲接近先王的教诲，不能让他这样执迷一生。我王前往桐宫守丧，能够让他最终拥有诚信的美德。”

（伪）太甲中

［原文］

惟三祀十有二月朔①，伊尹以冕服奉嗣王归于亳(bó)②。作书曰：“民非后③，罔克胥(xū)匡以生④；后非民，罔以辟四方。皇天眷佑有商，俾嗣王克终厥德，实万世无疆之休⑤。”

［注释］

①三祀：三年。②冕服：大夫以上穿戴的礼冠和礼服。冕，冠名，顶部有长方板，前后垂有珠串，称为旒，天子十二旒，诸侯九旒，大夫七旒。每逢吉礼需要戴冕。③后：君主。④胥：相互。匡：匡扶。⑤休：喜庆。

［译文］

三年十二月初一日，伊尹身穿冕服迎接新王返回都城亳。他上书说：“民众没有君主，就得不到赖以生存的扶助；君主没有民众，也无法开辟四方。伟大的上天眷顾商朝，使新王能够终其德运，实在是千秋万代的喜事。”

［原文］

王拜手稽首曰①：“予小子不明于德②，自厎不类③。欲败度，纵败礼，以速戾于厥躬④。天作孽，犹可违⑤；自作孽，不可逭(huàn)⑥。既往背师保之训⑦，弗克于厥初，尚赖匡救之德，图惟厥终。”

［注释］

①拜手稽首：古代最隆重的跪拜礼。拜时双膝下跪，拱手至头，叩头到地，并持续片刻。②予小子：帝王的谦称。③厎：导致。不类：不肖，

不善。④速：招致。戾：罪过。躬：自身。⑤违：避免。⑥逭：逃脱。⑦师保：官名，负责辅佐和教导帝王，即太师、太保之类，这里指伊尹。

［译文］

王拱手下拜说："我昏庸失德，导致自己的不善。欲望败坏法度，放纵败坏礼仪，招致罪过降临到自己头上。上天降下的灾祸，尚且可以避免；自己引发的灾祸，就无法逃脱了。过去我违背了您的教导，没有在一开始就注重道德修养，还望您对我施予匡扶的恩德，求得好的结局。"

［原文］

伊尹拜手稽首，曰："修厥身，允德协于下①，惟明后。先王子惠困穷②，民服厥命，罔有不悦。并其有邦厥邻③，乃曰：'徯我后④，后来无罚。'王懋乃德，视乃烈祖，无时豫怠⑤。奉先思孝，接下思恭。视远惟明，听德惟聪。朕承王之休无斁(yì)⑥。"

［注释］

①协：协和。②子惠：慈爱，像对待儿子一样爱护。③并其有邦厥邻：和相邻的诸侯并立之时，即商汤未取代夏朝得天下之时。④徯：等待。⑤豫怠：安乐懈怠。⑥斁：厌恶。

［译文］

伊尹拱手下拜说："修持自己的道德，用诚信的美德协和臣下，就是英明的君主。先王慈爱贫穷困顿之人，民众都服从他的命令，没有不喜悦的。汤和相邻的诸侯并立之时，诸侯于是说：'等待我的君主，君主到来就不会受苦了。'王努力修持德行，看看你伟大的祖先，不要这样安乐懈怠了。侍奉祖先要想到孝顺，接待臣下要想到恭敬。看见远方是明察，听见良言是明智。我承奉王的喜庆永不厌弃。"

（伪）太甲下

［原文］

伊尹申诰于王曰[①]：“呜呼！惟天无亲，克敬惟亲。民罔常怀，怀于有仁。鬼神无常享[②]，享于克诚。天位艰哉！德惟治，否德乱。与治同道，罔不兴；与乱同事，罔不亡。终始慎厥与，惟明明后[③]。先王惟时懋敬厥德，克配上帝[④]。今王嗣有令绪[⑤]，尚监兹哉[⑥]！若升高，必自下；若陟（zhì）遐[⑦]，必自迩[⑧]。无轻民事[⑨]，惟艰；无安厥位，惟危。慎终于始。有言逆于汝心，必求诸道；有言逊于汝志[⑩]，必求诸非道。呜呼！弗虑胡获[⑪]？弗为胡成？一人元良[⑫]，万邦以贞[⑬]。君罔以辩言乱旧政[⑭]，臣罔以宠利居成功，邦其永孚于休[⑮]。”

［注释］

①申诰：反复告诫。②享：享用祭品，引申为护佑。③明明：非常英明。后：君主。④配：匹配。⑤令：美好。绪：前任留下的事业。⑥监：察看。⑦陟遐：到远处去。⑧迩：近处。⑨民事：民众服劳役之事。⑩逊：顺。⑪胡：何，怎么。⑫元良：大善。⑬贞：正。⑭辩言：巧辩的言辞。⑮孚：保。

［译文］

伊尹反复告诫王说：“啊！上天没有固定亲近的人，却能亲近态度恭敬的人。民众没有永远怀念的人，却能怀念为政仁厚的人。鬼神没有恒久护佑的人，却能护佑内心虔诚的人。上天赐予的地位是难以保有的啊！施行德政就大治，否则就大乱。采取与大治之世相同的方法，没有不兴盛的；做出大乱的事情，没有不灭亡的。如果自始至终谨慎对待这件事，就是英明的君主。先王这样努力而恭敬地施行德政，才能与上帝相匹配。当今的王继承了美好的基业，仍然要明察这个道理啊！就像登上高处，一定要从低处开始；就像到远处去，一定要从近处开始。不要轻视民众服劳役的事情，要想到他们很艰苦；不要在帝王这个位置上安逸享乐，要想到很危险。帝王应该从一开始就谨慎思考结果。有人说话违逆了你的心意，你一定要考虑是否符合正道；有人说话顺从了你的想法，你一定要考虑是否不符合正道。啊！不思虑怎么会有收获？不作为怎么会有成就？帝王一人大善，天下万国归正。君主不要用巧辩的言辞扰乱旧有的政令，大臣不要凭恩宠和利禄居功自傲，这样国家才能永远保有吉庆。”

（伪）咸有一德

［原文］

书序：伊尹作《咸有一德》[1]。

［注释］

①一德：纯正的道德。

［译文］

书序：伊尹作《咸有一德》。

［原文］

伊尹既复政厥辟[1]，将告归，乃陈戒于德。曰：“呜呼！天难谌[2]，命靡常。常厥德，保厥位。厥德匪常，九有以亡[3]。夏王弗克庸德，慢神虐民。皇天弗保，监于万方，启迪有命[4]，眷求一德，俾作神主[5]。惟尹躬暨汤[6]，咸有一德，克享天心，受天明命，以有九有之师，爰革夏正[7]。非天私我有商，惟天佑于一德；非商求于下民，惟民归于一德。德惟一，动罔不吉；德二三[8]，动罔不凶。惟吉凶不僭(jiàn)在人[9]，惟天降灾祥在德[10]。今嗣王新服厥命，惟新厥德。终始惟一，时乃日新。任官惟贤材，左右惟其人。臣为上为德，为下为民。其难其慎，惟和惟一。德无常师，主善为师；善无常主，协于

克一。俾万姓咸曰：'大哉王言！'又曰：'一哉王心！'克绥先王之禄[11]，永厎烝民之生[12]。呜呼！七世之庙[13]，可以观德[14]。万夫之长，可以观政。后非民罔使，民非后罔事[15]。无自广以狭人[16]，匹夫、匹妇[17]，不获自尽[18]，民主罔与成厥功[19]。"

［注释］

①辟：君主，指太甲。②谌：相信。③九有：九州，代指天下。④有命：得天命的人。⑤神主：众神之主。⑥尹躬：伊尹的自称。暨：与，和。⑦爰：于是。革：改。夏正：夏朝的正朔，正朔即每年的第一月和每月的第一天。夏朝以正月为岁首，商朝以十二月为岁首。古代改朝换代都要改正朔，后世以正朔代指正统。⑧二三：不专一。⑨僭：差错。⑩灾祥：灾异和祥瑞，即上天降下的凶象和吉兆。⑪绥：保。禄：福运。⑫厎：致使。烝民：民众。⑬七世之庙：七代的宗庙。礼制规定，天子七庙，太祖居中，二、四、六世祖居左，称昭，三、五、七世祖居右，称穆。⑭可以观德：礼制规定，帝王建立宗庙，除太祖和有大功德的祖先外，其他历代祖先的代次疏远就将神主迁出，所以亲缘远而不毁其庙就证明其有大功德。⑮事：事奉。⑯自广以狭人：自认为广大而认为别人狭小。⑰匹夫、匹妇：指普通百姓。⑱自尽：竭尽自己的力量。⑲民主：民众的主人，即君主。

［译文］

伊尹已经把政权交还给再次归位的太甲，将要请求回归自己的封地，于是陈述关于德行的告诫。他说："啊！天意难以确信，天命不会永恒。经常修养品德，就能保住这个帝位。不能经常修德，就会失掉天下。夏王不能持守日常的德行，轻慢神灵，虐待民众。伟大的上天不能保佑他监视天下万国，开导得天命的人，殷切寻求他的纯正道德，使他成为众神之主。我伊尹和汤，都有纯正的道德，能够顺承天意，接受上天圣明的命令，拥有九州的民众，于是改变了夏朝的正朔。不是上天偏爱我商朝，而是上天护佑纯正的道德；不是商朝求来的臣民，而是臣民归附纯正的道德。德行专一，行动没有不吉利的；德行不专一，行动没有不凶险的。吉凶没有差错而在于人，上天降下灾异或祥瑞而在于德。当今新王刚接受大命，要完善德行。自始至终专一持守，就能日益完善。任用官员要用有才干的人，身边的大臣要用能胜任的人。大臣要让君上施行德政，要让下属一心为民。

认真考察，谨慎选择，同心协力，德行专一。道德没有固定的准则，主要以善良为准则。善良没有固定的标准，主要在于能够专一协和。这让万民都说：‘王的言辞真伟大啊！’又说：‘王的内心真纯正啊！’这样就能保全先王的福运，永远让民众生活幸福。啊！七代的宗庙，可以观察德行高低。万民的君长，可以观察政绩的优劣。君主没有民众就无人役使，民众没有君主就无人侍奉。不要自认为广大而认为别人狭小。如果普通百姓，不能竭尽全力，那么他们的君主就不能建立功绩。”

盘庚上

［原文］

书序：盘庚五迁①，将治亳殷②，民咨胥怨③。作《盘庚》三篇。

［注释］

①盘庚：商朝第十九位帝王，汤的九世孙，祖丁之子，阳甲之弟。五迁：汤定都于亳，仲丁迁都于嚣，河亶甲迁都于相，祖乙迁都于耿，一说为邢，南庚迁都于奄，至盘庚迁都于殷，一共五次。②治亳殷：治理殷都。亳殷，即殷。一说孔壁《尚书》作“始宅殷”，意思是开始在殷居住。③咨：嗟叹。胥：全部。

［译文］

书序：盘庚时，商朝第五次迁都，将要治理殷都，民众嗟叹，都有怨言，史官于是作《盘庚》三篇。

［原文］

盘庚迁于殷①。民不适有居②，率吁众慼（qī）③，出矢言。曰：“我王来④，即爰（yuán）宅于兹⑤，重我民⑥，无尽刘⑦。不能胥（xū）匡以生⑧，卜稽⑨，曰其如台⑩。先王有服⑪，恪谨天命⑫，兹犹不常宁。不常厥邑，于今五邦⑬。今不承于古⑭，罔知天之断

命[15]，矧(shěn)曰其克从先王之烈[16]？若颠木之有由蘖(niè)[17]，天其永我命于兹新邑[18]，绍复先王之大业底绥(dǐ suí)四方[19]。”

盘庚斅于民[20]，由乃在位以常旧服[21]，正法度。曰：“无或敢伏小人之攸箴[22]！”王命众悉至于庭。

［注释］

①殷：在今河南安阳殷墟。②适：去，到。③率：因此。慼：忧愁。④我王：指商朝曾迁都的几位先王。⑤宅：居住。兹：这，指当时的都城奄，在今山东曲阜一带。⑥重：重视，爱护。⑦刘：伤害。⑧匡：救助。⑨卜稽：占卜并考察。⑩其：将。如台：如我所说。⑪服：旧制。⑫恪：恭敬。⑬邦：国都。⑭承：继承，沿袭。古：指恪谨天命之道。⑮断命：断绝的命运。⑯矧：况且，何况。烈：宏伟的事业。⑰颠：仆倒。由蘖：新生的枝芽。⑱新邑：指殷。⑲绍：继续。复：复兴。底：定。绥：安。⑳斅：同“教”，开导，劝说。㉑在位：指在位的大臣。常：遵守。㉒伏：凭借。攸：所。箴：规劝，劝诫。

［译文］

盘庚迁都于殷。民众不想去那里居住，因此盘庚安抚忧愁的众人，好言相劝。他说：“我的前几位先王到这里，就住在这里，爱护民众的生命，没有使其全部受到伤害。如果不能相互救助以求得生存，就占卜考察征兆，按照我说的做。先王的旧制，恭敬地遵从天命，尚且不能永久安定，不能永久定都，到今天已经迁都五次了。今天不继承先王之道，就难保上天要断绝我们的命运，更何况说要继承先王的事业呢？就像倒下的树木发出新的枝芽，上天将在新都城永远保护我国的命数，继续复兴先王的伟大事业，平定四方。”

盘庚教导民众，告诫在位的大臣要遵守先王旧制，匡正法纪。他说：“无论是谁都不准隐匿我对百姓的训诫！”王命令众人，全部到朝堂上来。

［原文］

王若曰：“格汝众[1]，予告汝训汝，猷(yóu)黜乃心[2]，无傲从康[3]。古我先王亦惟图任旧人共政[4]。王播告之修[5]，不匿厥指[6]，王用丕钦[7]。罔有逸言[8]，民用丕变。今汝聒聒(guō)[9]，起信

险肤[10]，予弗知乃所讼[11]。非予自荒兹德[12]，惟汝含德，不惕予一人[13]。予若观火，予亦拙谋[14]，作乃逸[15]。若网在纲[16]，有条而不紊[17]；若农服田[18]，力啬乃亦有秋[19]。汝克黜乃心，施实德于民[20]，至于婚友[21]，丕乃敢大言汝有积德[22]。乃不畏戎毒于远迩[23]，惰农自安，不昏(mǐn)作劳[24]，不服田亩，越其罔有黍稷[25]！

［注释］

①格：到，来。②猷：图谋。黜乃心：除去你们的私心。③傲：倨傲，放肆。从康：追求安逸。④任：任用。旧人：长期在位的官员，即老臣。共政：共同管理国家事务。⑤王：指先王。播告：发布教令。修：美好。⑥匿：隐瞒，隐藏。指：同“旨”，意旨。⑦丕：大。钦：恭敬。⑧逸：过失，错误。⑨聒聒：无知妄言的样子。⑩起：兴起。信：通“伸”，伸述。险：险恶。肤：浮夸。⑪讼：争辩，争论。⑫荒：废弃，败坏。⑬惕：敬畏。⑭拙谋：谋划不周。⑮作乃逸：造成你们的过错。⑯纲：提网的总绳。⑰紊：乱。⑱服：从事。⑲力啬：努力耕作。秋：指收成。⑳实德：实惠。㉑婚：姻亲。㉒丕乃：于是。㉓戎：大。毒：害。迩：近。㉔昏：通“暋”，勉励。㉕越：语助词。

［译文］

王这样说：“你们来，我要告诫你们，我想要除去你们的私心，你们不要倨傲又追求安逸。从前我先王，也考虑任用老臣和他们共同管理政事。先王向群臣发布美好的教令，群臣都不敢隐匿王的意旨，因此先王对老臣非常尊敬。他们不敢说出轨的话，因此民众有很大变化。现在你们无知妄言，说出险恶浮夸的话，我不知道你们所争辩的是什么。不是我主动败坏先王的美德，而是你们藏匿这种美德，不敬畏我。我就像观火一样看得清楚，我也有谋划不周的时候，这才造成你们的过错。就像网系在纲上，有条理而不紊乱；就像农夫种田，努力耕作就有收获。你们能除去自己的私心，向民众施以实在的恩惠，以至于姻亲朋友，于是才敢大声说你们积累了很多仁德。你们不怕远近的百姓受到大灾害，就心安理得地荒废农事，不努力劳动，不从事耕作，田里就不会有粮食了！

德行忠信

盘庚认为，作为帝王应该按法度办事，并且要有威严；作为官吏，应该没有私心。他不为众人的意见左右，坚持迁都。春秋时期，师旷对晋平公言及治国之道时也说过，君主要有独立的见解，不被左右所拘系，要有远见。此图所表现的就是晋平公向师旷问政之事。

[原文]

“汝不和吉言于百姓①，惟汝自生毒。乃败祸奸宄(guǐ)②，以自灾于厥身。乃既先恶于民③，乃奉其恫④，汝悔身何及？相时憸(xiān)民⑤，犹胥顾于箴言，其发有逸口⑥，矧予制乃短长之命⑦？汝曷弗告朕⑧，而胥动以浮言恐沈(chén)于众⑨？若火之燎于原，不可向迩，其犹可扑灭？则惟汝众自作弗靖⑩，非予有咎。迟任有言曰⑪：‘人惟求旧，器非求旧，惟新。’古我先王暨乃祖、乃父⑫，胥及逸勤⑬，予敢动用非罚⑭？世选尔劳⑮，予不掩尔善⑯。兹予大享于先王⑰，尔祖其从与享之⑱。作福、作灾，予亦不敢动用非德⑲。

[注释]

①和：宣布。吉言：善意的话。②败：败露，败坏。奸宄：违法作乱的坏事。③先：倡导，发起。④奉：承受，蒙受。恫：痛苦。⑤相：看，视。时：这些。憸民：奸佞小人。⑥发：说出，提到。逸口：随口而出的错话。⑦制：控制，操纵。短长之命：指生命的长短。⑧曷：何，为什么。⑨恐：恐怕。沈：蛊惑，引诱。⑩靖：善，安。⑪迟任：相传是上古时期的贤人。⑫暨：与，和。⑬逸勤：安逸和勤劳。⑭非罚：不恰当的惩罚。⑮选：继承。劳：功劳。⑯掩：掩蔽，遮盖。⑰享：祭祀。⑱尔祖其从与享之：古代天子祭祀祖先的时候，也会让功臣的祖先一起享受祭祀。从与享，也叫

配享。⑲非德：不合适的赏赐。

［译文］

“你们不把我的善言向百姓宣布，这是你们咎由自取。你们所做的坏事已经败露，这样会害了你们。你们既然引导人民做了坏事，痛苦也当然应该由你们来承担，到了那时你们再后悔哪里还来得及？你们看那些奸佞小人，还顾及我所劝诫的话，担心随口说错了话，何况我操纵着你们的生杀之权呢？你们有话为什么不事先来告诉我，竟用浮言去蛊惑人心呢？这好像大火在原野上燃烧起来，连接近都不可以，还能够把火扑灭吗？这种情形是你们做了许多坏事造成的，不是我的过错。迟任曾经说过：‘用人应该专用世家旧臣，不能像使用器具一样，不用旧的而用新的。’过去我的先王和你们的前辈，大家在一起过着安乐和勤劳的生活，我怎能对你们动用不恰当的刑罚呢？如果你们能够把祖先世代的勤劳传统继承下来，我决不会埋没你们的美德。现在我要大祭先王，你们的祖先也将一同跟着受祭。你们行善受福，作恶受灾，都由先王和你们的祖先来处置，我也不敢动用不恰当的刑罚和赏赐。

［原文］

“予告汝于难，若射之有志[1]。汝无侮老成人[2]，无弱孤有幼[3]。各长于厥居[4]，勉出乃力，听予一人之作猷(yóu)[5]。无有远迩，用罪伐厥死[6]，用德彰厥善[7]。邦之臧[8]，惟汝众；邦之不臧，惟予一人有佚罚[9]。凡尔众，其惟致告[10]：自今至于后日，各恭尔事[11]，齐乃位[12]，度乃口[13]。罚及尔身，弗可悔。”

［注释］

①志：箭靶。②侮：轻蔑。老成人：年老的贤者。③弱：看不起。孤：孤立。④长：长久。居：指新都殷。⑤作猷：谋划。⑥罪：刑罚。死：罪恶。⑦德：奖赏。彰：表彰。⑧臧：善。⑨佚罚：罪过，过失。⑩致告：转达。⑪恭尔事：恭敬地履行你们的职责。⑫齐乃位：迅速安排你们的职位。齐，迅速。位，职位，这里作动词，意思是安排职位。⑬度：闭。

［译文］

“我告诉你们行事的困难，就像射箭，必须瞄准箭靶。你们不许轻慢上年纪的贤人，也不许欺凌幼弱。你们要各自长久地居住在新都，勤奋地使出你们的力量，听从我的谋划。无论亲疏，都一律对待，以刑罚惩处其罪行，以爵禄表彰其善行。国家治理好了，是你们大家的功劳；治理得不好，是我一人的过失。你们应当把我的话互相转告：从今以后，你们应该努力做好分内的事，迅速安排你们的职位，闭上你们的嘴。否则刑罚就会降罚给你们，到那时再后悔也来不及了。”

盘庚中

［原文］

盘庚作[1]，惟涉河以民迁[2]，乃话民之弗率[3]，诞告用亶(dǎn)[4]。其有众咸造[5]，勿亵在王庭[6]。盘庚乃登进厥民，曰：“明听朕言，无荒失朕命[7]。呜呼！古我前后，罔不惟民之承[8]。保后胥慼(qī)[9]，鲜以不浮于天时[10]。殷降大虐[11]，先王不怀厥攸作[12]，视民利用迁[13]。汝曷弗念我古后之闻？承汝俾汝[14]，惟喜康共[15]，非汝有咎比于罚[16]。予若吁怀兹新邑[17]，亦惟汝故，以丕从厥志[18]！

［注释］

①作：制作，根据下文可知是制造船只。②惟：思虑。涉：渡水。③话：以善言相劝。率：遵循，依从。④诞告：广泛告知。亶：真诚。⑤咸：全，都。造：去，往。⑥亵：轻慢。⑦荒：忘。失：忽视。⑧惟民之承：顺应民心来做事情。⑨保后胥慼：安于帝王的政教而不相忧戚。胥，相与，共同。慼，忧伤。⑩浮：行事。⑪大虐：灾难。⑫怀：安。⑬视民利用迁：根据人民的利益而迁徙。⑭承：顺从。俾：使。⑮康：安康。⑯非：反对。咎：过失，过错。比：接近。⑰吁：呼吁。怀：安。新邑：指新都殷。⑱丕：大。从：顺从，遵从。

［译文］

盘庚制造船只，打算把臣民迁过黄河去。于是集合民众以善言相劝，真诚、广泛地告知大家。民众都来了，在王的朝堂上不敢轻慢。盘庚于是登上朝堂，让民众靠近。他说：“你们要留心听我的话，不要轻视我的命令。啊！从前我的先王，无不顺从民心去办事，而人民也因为安于帝王的政教而不相忧戚，他们很少不按照天时行事。上天降下大灾祸，先王不安于自己的住所，根据人民的利益而迁徙。你们为什么不想一想我先王所做的这些事情呢？现在我也应当像先王那样顺从你们，希望你们都能得到安乐的生活，不是因为你们有罪便这样惩罚你们。我这样呼吁你们到新都，也是为了你们的利益，最大限度地服从和满足大家广泛的心愿啊！

渡黄河

盘庚打算将他的臣民迁往黄河对岸的殷，于是造了一些船，还把不愿迁徙的人集合起来，对他们进行劝告。

［原文］

“今予将试以汝迁，安定厥邦。汝不忧朕心之攸困，乃咸大不宣乃心[1]，钦念以忱动予一人[2]。尔惟自鞠自苦[3]，若乘舟，汝弗济，臭厥载[4]。尔忱不属[5]，惟胥以沉[6]。不其或稽[7]，自怒曷瘳（chōu）[8]？汝不谋长以思乃灾，汝诞劝忧[9]。今其有今罔后[10]，汝何生在上？今予命汝一[11]，无起秽以自臭[12]，恐人倚乃身，迂乃心[13]。予迓（yà）续乃命于天[14]，予岂汝威，用奉畜汝众[15]！

［注释］

①宣：表露。②钦：恭敬。忱动：感动。③鞠：穷困，穷苦。④臭：朽。载：承载之物。⑤属：唯独，仅仅。⑥胥以：相与，一起。⑦不其或稽：不考察原因。稽，考察。⑧怒：怨恨。曷：何，什么。瘳：损失。⑨劝：劝勉。⑩有今罔后：有今天无明天，指缺乏长远规划。⑪一：同心一志。⑫起秽以自臭：拿起脏东西用鼻子去嗅，比喻招惹是非。臭，同“嗅”，闻气味。

⑬倚乃身：使你们身子不正。倚，偏斜。迂乃心：使你们思想偏邪。迂，曲，斜。⑭迓：迎接。⑮奉：帮助。畜：养。

［译文］

“现在我要把你们迁徙过去，希望在那里好好地创建你们的国家。你们不体谅我的苦衷，不把你们的内心向我表露，不为我敬顺民意的诚心所感动。你们真是自寻穷困，自找苦吃，譬如乘船，你们不愿渡过黄河去，坐着等待船上的货物朽烂。这样不仅你们要沉没，大家也都要跟着你们一起沉没。而你们不去找出沉没的原因，却一味愤怒，有什么用呢？你们不作长远打算，想办法除去灾害，只劝我不必忧愁。虽然现在还能过下去，以后便没有活路，你们有什么办法在这片土地上继续生活下去呢？我现在要求你们专心听从我的意见，不要自己招惹是非，否则坏人将你们引上邪路，让你们产生恶念。我向上天祈求，使你们能继续生存下去，我哪里是要用我的权势去压迫你们，我是为了养育你们啊！

［原文］

“予念我先神后之劳尔先①，予丕克羞尔用怀尔②。然失于政，陈于兹③，高后丕乃崇降罪疾④，曰：‘曷虐朕民⑤？’汝万民乃不生生⑥，暨予一人猷（yóu）同心⑦，先后丕降与汝罪疾，曰：‘曷不暨朕幼孙有比⑧？’故有爽德⑨，自上其罚汝⑩，汝罔能迪⑪。古我先后既劳乃祖乃父，汝共作我畜民⑫，汝有戕（qiāng）则在乃心⑬！我先后绥乃祖乃父⑭，乃祖乃父乃断弃汝⑮，不救乃死。兹予有乱政同位⑯，具乃贝玉⑰。乃祖乃父丕乃告我高后曰：‘作丕刑于朕孙！’迪高后丕乃崇降弗祥⑱。

［注释］

①先神后：神圣的先王。与下文中的高后、先后意思相同。②羞：辱。③陈：长久地居住。④丕乃：于是。崇：崇敬。⑤虐：虐待。⑥生生：营生。⑦猷：谋求，谋取。⑧幼孙：指盘庚。有比：亲近。⑨爽：差错。⑩上：上天。⑪迪：逃脱，逃离。⑫畜：教化。⑬戕：残害，毒害。⑭绥：安。⑮断：断然，确切。⑯乱政：治理政事。同位：同僚。⑰贝玉：代指财物。⑱迪：启发。

［译文］

“我想到我神圣的先王曾经劳烦过你们的祖先，因此我很应该向你们提出意见，用以表示我对你们祖先的怀念。既然在这里不能把我们的国家治理好，长久地住在这里，先王便要降下罪责，说：‘为何虐待我的臣民？’你们这些臣民，不肯去营造幸福的生活，不跟我一心，听从我的谋划，这样先王就会加重惩罚你们，说：‘为什么不亲近我幼小的孙儿？’所以有了差错，上天便会重重地惩罚你们，你们是无法逃脱这些惩罚的。从前我先王既然劳烦过你们的祖先，你们当然都是顺从我德教的臣民。如果你们心里藏着歹毒的念头，先王就会撤除你们的先祖们在上天所供奉的职役，你们的祖先就会抛弃你们，不把你们从死罪中救出来。我的那些治理政事的官员，只知道聚敛财货。你们的祖先便竭力求告我先王说：‘快些用严厉的刑罚惩处我的子孙吧！’于是先王就降下大灾害，把不祥大大地降给你们。

［原文］

“呜呼！今予告汝不易①！永敬大恤②，无胥绝远③！汝分猷念以相从④，各设中于乃心⑤。乃有不吉不迪⑥，颠越不恭⑦，暂遇奸宄⑧，我乃劓(yì)殄灭之⑨，无遗育⑩，无俾易种于兹新邑⑪。往哉生生⑫！今予将试以汝迁，永建乃家。”

［注释］

①易：改变。②恤：忧患，忧虑。③绝远：隔绝，疏远。④分：当。⑤中：中和之道。⑥吉：善。迪：大道。⑦颠：堕落。越：越轨，违法。⑧暂：欺诈。遇：奸邪，不正。⑨劓：断。殄：灭绝。⑩育：后嗣，后代。⑪俾：使。易：延续。种：家族。⑫家：指卿大夫的封地。

［译文］

“啊！现在我告诉你们计划不会改变！你们应当体谅我的忧虑，不要互相疏远啊！你们应当同心同德遵照我的意见行事，把正道放在心里。假如你们行为不善，不按正道办事，猖狂放肆，违反法纪，我就要把你们杀掉，并且还要杀掉你们的后代，不使你们的后代在新都繁衍。你们去寻求谋生之道吧！现在我将要把你们迁走，在新都重建你们的家邑。”

盘庚下

［原文］

盘庚既迁，奠厥攸居①，乃正厥位，绥爰(suí yuán)有众②，曰：“无戏怠，懋建大命③！今予其敷心腹肾肠④，历告尔百姓于朕志⑤，罔罪尔众，尔无共怒，协比谗言予一人⑥。古我先王将多于前功⑦，适于山⑧，用降我凶德⑨，嘉绩于朕邦⑩。今我民用荡析离居⑪，罔有定极⑫。尔谓朕曷震动万民以迁⑬，肆上帝将复我高祖之德⑭，乱越我家⑮。朕及笃敬⑯，恭承民命⑰，用永地于新邑⑱。肆予冲人⑲，非废厥谋，吊由灵⑳。各非敢违卜，用宏兹贲㉑。呜呼！邦伯、师长百执事之人㉒，尚皆隐哉㉓！予其懋(mào)简相尔㉔，念敬我众。朕不肩好货㉕，敢恭生生㉖。鞠人谋人之保居㉗，叙钦㉘。今我既羞告尔于朕志若否㉙，罔有弗钦！无总于货宝㉚，生生自庸㉛！式敷民德㉜，永肩一心！”

［注释］

①奠：定。攸：所。②绥：安抚。爰：于。③懋：勉励，努力。建：布告。④敷心腹肾肠：以真心相待，意思与披肝沥胆相同。敷，全。⑤历：

解网施仁

盘庚赞美祖先成汤的功绩远超前人。成汤是商朝开国之君，他注重施行仁政。有一次外出，他见到一个人张网捕猎。那人把网四面张开，成汤命他解开三面，不忍把鸟兽捕尽。许多诸侯国听说这件事后，认为成汤的仁义已经达到极致，相继有三十六个诸侯国前来归顺。

尽，遍。百姓：百官。⑥协比：相互勾结。⑦将：大。多：光大。前功：前人的功劳。⑧适：往，到。⑨用：因此。降：减少。凶德：恶劣的品德。⑩嘉：美。⑪荡析：离散。⑫定极：安定的住所。极，止息之处。⑬曷：何，为什么。震动：惊动。⑭肆：所以。高祖：商汤的庙号。一说为太祖。⑮乱：治理。越：于。⑯及：汲汲，急迫。⑰承：承奉。⑱永地：永久居住。地，这里作动词，意思是定居于其地。⑲冲人：年幼的人，是盘庚的自谦之词。⑳吊：至极。灵：善。㉑宏：宏大。贲：占卜。㉒邦伯：方伯，诸侯之长。师长：众位官长。师，多。百执事：执行政事的各位官员。㉓隐：揣测，考虑。㉔简相：观察，考察。㉕肩：任用。好货：贪财的官员。㉖恭：举用，推荐。生生：为民谋生计的人。㉗鞠：抚养，养育。保：安。㉘叙：依照次序。钦：恭敬。㉙羞：进献。若：善，正确。否：反对，否定。㉚总：聚敛，收集。㉛庸：功绩。㉜式：用，以。敷：施加。

[译文]

盘庚把民众迁到新都后，安排好臣民的住处，于是确定宗庙和宫室的方位。他说："不要嬉戏怠惰，努力完成使命啊！现在我要披肝沥胆，把我的想法全都告诉百官。我没有惩罚你们，希望你们不要心怀不满，互相勾结在一起说我的坏话。从前我先王的功劳远超前人，他把人民迁到山谷地带，因此减少了上天的凶德，使我国繁荣昌盛。现在我们所居之处由于水灾而流离失所，没有固定的住处。你们责问我为什么要兴师动众让无数臣民迁到远处去，这是因为上帝将要恢复我高祖的大业，把我的国家治理好。我急迫而恭敬，承奉民众的使命，因此我们要永久居住在新都。所以我这年幼之人，不是要废弃你们的谋划，这实在是至善之举。因此迁都不是违背卜兆，而是彰显卜兆的灵验。啊！各位方伯，各位大臣，各位官员，你们应该各自考虑自己的责任！我将要考察你们的工作，看你们是否服从我的命令，恭谨地治理民事。我不任用那些贪财聚货的人，而任用努力为民谋生计的人。凡能养育百姓并能想办法使臣民安居乐业的人，我都按照他们的贡献大小而依次崇敬他们。我现在已经提出的主张无论是否正确，都希望你们务必尊重！不要贪婪地聚敛财货，要使百姓得到实惠！以此广布德化，永远同心同德！"

（伪）说命上

［原文］

书序：高宗梦得说[1]，使百工营求诸野[2]，得诸傅岩[3]，作《说命》三篇。

［注释］

①高宗：商朝第二十二位帝王武丁的庙号。武丁是盘庚之侄，小乙之子，在位时期国力强盛，史称“武丁中兴”。说：武丁的贤臣，曾经是筑墙的奴隶，后来辅佐武丁，殷商大治。②百工：百官。营求：寻访。③傅：地名，在今山西平陆东。岩：岩洞。

［译文］

书序：高宗在梦中见到一个叫说的人，于是让百官到郊外之外寻访，在傅岩找到了他，史官于是作《说命》三篇。

［原文］

王宅忧[1]，亮阴三祀[2]。既免丧，其惟弗言，群臣咸谏于王曰：“呜呼！知之曰明哲，明哲实作则。天子惟君万邦[3]，百官承式[4]。王言惟作命，不言臣下罔攸禀令。”

王庸作书以诰曰[5]：“以台正于四方[6]，台恐德弗类[7]，兹故弗言。恭默思道，梦帝赉(lài)予良弼[8]，其代予言。”乃审厥象，俾以形旁求于天下[9]。说(yuè)筑傅岩之野，惟肖。爰(yuán)立作相[10]，王置诸其左右。

［注释］

①宅忧：居父母之丧。②亮阴：也作谅阴、谅闇，守丧时居住的房子，这里指帝王守丧。三祀：三年。③君：这里作动词，意思是统治。④承式：承奉法令。⑤庸：因此。⑥台：我。⑦弗类：不肖，不善。⑧赉：赐予。良弼：贤能的辅臣。⑨旁求：广求。⑩爰：于是。立：任命。

［译文］

王居丧，守孝三年。居丧期满之后，他还是不说话，群臣都向王进谏说："啊！通晓事理叫明智，明智就可以制定法则。天子统治天下万国，百官承奉法令。王的话就是命令，不说话臣下就没有法令可以实施。"

王因此写文诰通知群臣说："让我做四方的典范，只怕我德行不够，因此不发表言论。我恭敬而沉默地思考治国之道，梦见上帝赐我一位贤能的辅臣，他将为我发布政令。"于是他命人仔细画下梦中人的画象，派人拿着画像到天下广泛寻访。说这个人正在傅岩郊野之外筑墙，与画像上的人很像。于是他被任命为相，王把他留在身边。

［原文］

命之曰："朝夕纳诲①，以辅台德。若金②，用汝作砺③；若济巨川，用汝作舟楫；若岁大旱，用汝作霖雨。启乃心，沃朕心④。若药弗瞑眩⑤，厥疾弗瘳（chōu）⑥；若跣（xiǎn）弗视地⑦，厥足用伤。惟暨乃僚⑧，罔不同心，以匡乃辟⑨。俾率先王⑩，迪我高后⑪，以康兆民。呜呼！钦予时命，其惟有终。"

说复于王曰："惟木从绳则正⑫，后从谏则圣。后克圣，臣不命其承，畴敢不祗若王之休命⑬？"

［注释］

①纳诲：进谏。②金：金属。③砺：磨石。④沃：浇灌。⑤药弗瞑眩：服药不感到眼睛昏花。瞑眩，指服药的副作用，与良药苦口意思相近。⑥瘳：痊愈。⑦跣：赤脚。⑧暨：与，和。⑨辟：君主。⑩俾：使。率：遵循。⑪迪：继承。高后：伟大的君主，指先王。⑫绳：绳墨，木工画直线的工具。⑬畴：谁。祗：恭敬。休：美好。

［译文］

王任命他说："你早晚都要对我进谏，来帮助我修身养德。假如我是金属，我视你为磨石；假如我要渡过大河，我视你为船和桨；假如我国今年大旱，我就视你为及时雨。开启你的心灵，灌溉我的心田。假如吃药后不感到头晕眼花，病就不会痊愈；假如赤脚走路不仔细看地面，脚就可能受伤。希望你和僚属，无不尽心竭力，来匡正君主。让我遵循先王之道，继承我伟大祖先的事业，让万民安居乐业。啊！遵守我的政令，希望你善始善终。"

说回答王说："切割木头遵从绳墨就会方正，君主采纳进谏就会圣明。君主能够圣明，大臣不等命令下达就会进谏，谁敢不恭敬地遵从王的命令呢？"

（伪）说命中

［原文］

惟说(yuè)命总百官①，乃进于王曰："呜呼！明王奉若天道②，建邦设都。树后王、君公③，承以大夫、师长，不惟逸豫④，惟以乱民⑤。惟天聪明，惟圣时宪⑥，惟臣钦若⑦，惟民从乂⑧。惟口起羞，惟甲胄起戎，惟衣裳在笥⑨，惟干戈省厥躬⑩。王惟戒兹，允兹克明，乃罔不休⑪。惟治乱在庶官⑫。官不及私昵⑬，惟其能。爵罔及恶德，惟其贤。虑善以动，动惟厥时。有其善⑭，丧厥善；矜其能，丧厥功。惟事事乃其有备⑮，有备无患。无启宠纳侮⑯，无耻过作非。惟厥攸居⑰，政事惟醇⑱。黩王祭祀，时谓弗钦。礼烦则乱，事神则难。"

［注释］

①总：统领。②奉若：承奉顺应。③后王：帝王，天子。君公：诸侯。④逸豫：安逸享乐。⑤乱：治理。⑥时：这。宪：效法。⑦钦：恭敬。⑧乂：治理。⑨笥：装衣服的方形竹器。⑩省厥躬：考察这个人是否合适。省，考察。躬，本人。⑪休：美好。⑫治乱：安定和动乱。乱，混乱的局面。⑬昵：亲近。⑭有其善：自认为善。⑮事事：做事情。第一个"事"作动词，意思是从事；第二个"事"是名词，意思是事情。⑯纳侮：自取其辱。⑰攸：所。居：举止。⑱醇：纯正。

[译文]

说受命统领百官，就对王进言说："啊！英明的君王顺承天道，建立国家，设立都城，立天子和诸侯，任命大夫、百官，不让他们安逸享乐，而是让他们治理百姓。上天耳聪目明，圣明的君王应当效仿上天，臣下恭敬顺从，百姓服从治理。轻易开口可能招致羞辱，随意出兵可能引发战争。官服收藏到箱子中，武器收藏在府库中，授予臣下时要考察他们是否称职。王要想着以此为戒，真能做到这些就是圣明，事业没有不美好的。安定和动乱在于任用官员。任用官员不涉及偏爱亲近的感情，只用有才能的人；授予爵位不要涉及恶劣的品德，只用贤良的人。考虑到是善行才去做，行动前要选择时机。自认为善，就会丧失其善；自夸其能，就会丧失其功。做事情之前，要有所准备，从而做到有备无患。不要宠信小人而自取其辱，不要以犯错误为耻而掩盖过失。所表现出的举止像上面说的那样，政事就会纯正。亵渎了先王的祭祀，就是不敬。礼仪烦杂就会混乱，事奉神灵就会困难。"

[原文]

王曰："旨哉①！说，乃言惟服。乃不良于言，予罔闻于行。"

说拜稽首曰："非知之艰，行之惟艰。王忱不艰②，允协于先王成德。惟说不言，有厥咎③。"

傅说

说是傅岩的一个筑城的奴隶，高宗武丁梦中受神人指点，找到他辅佐自己治国。傅说提出施行德政的主张，受到武丁的信任。在傅说的治理下，商朝在盘庚迁都后国力再次达到鼎盛，史称"武丁中兴"。

[注释]

①旨：美。②忱：确实。③咎：过错。

[译文]

王说："真好啊！说，你的话让人折服。如果你不善于这样说，我就无从听到这些善言而遵照着实施。"

说叩头行礼说："懂得这些道理并不算困难，实施起来才是困难。王确实不把做这件事视为难事，真的符合先王的盛德，我不说就是我的过失了。"

（伪）说命下

［原文］

王曰：“来，汝说(yuè)！台小子旧学于甘盘[1]，既乃遯(dùn)于荒野[2]，入宅于河[3]，自河徂(cú)亳[4]，暨厥终罔显[5]。尔惟训于朕志。若作酒醴(lǐ)[6]，尔惟麴(qū)糵(niè)[7]；若作和羹，尔惟盐梅[8]。尔交修予[9]，罔予弃，予惟克迈乃训[10]。”

说曰：“王，人求多闻，时惟建事[11]，学于古训，乃有获。事不师古，以克永世，匪说攸闻。惟学，逊志务时敏[12]，厥修乃来。允怀于兹，道积于厥躬。惟斅(xiào)学半[13]，念终始典于学，厥德修罔觉。监于先王成宪[14]，其永无愆(qiān)[15]。惟说式克钦承[16]，旁招俊乂[17]，列于庶位。”

［注释］

①台小子：我，谦称。甘盘：武丁的贤臣。②遯：同“遁”，逃避。③宅：居住。④徂：前往。⑤暨：到。⑥醴：甜酒。⑦麴糵：酒麹，经蒸煮的谷物，发酵后用于酿酒。⑧梅：果名，即青梅，味酸，这里指用青梅制成的醋。⑨交修：教导，匡助。⑩迈：实行。⑪建事：建立功业。⑫逊志：使心态谦逊。⑬斅：教导。⑭成宪：现成的法令。⑮愆：过失。⑯式：因此。钦：恭敬。⑰旁：普遍。俊乂：才华出众的人。

［译文］

王说：“来，说啊！我曾向甘盛学习过，后来跑到荒野，居住在黄河边。从黄河边前往都城亳以后，学业到最后也没有明显的进展。你应当教导我，使得我拥有远大志向。假如我要酿制甜酒，你就是酒麹；如果我要烹制羹汤，你就是盐和醋。你要匡助我，不要厌弃我，我必定可以履行你的教导。”

说说：“王，人想要多听别人的教导，这是想要建功立业，学习古人的教导才可能有所收获。做事不效法古人，而国家能够长治久安的，我从未听说过。想要学习，就让自己变得谦逊，务必时刻都在努力，修养就会提高。相信并且记住这些，道就可以在自己身上不断积累下来。教导和学习各占一半，自始至终都要专心学习，道德也就会在不知不觉中完善起来。借鉴先王的成法，将永远不会出现过失。因此我能够恭敬地奉行天命，广求贤良之才，把他们安排在各自适宜的职位上去。”

［原文］

王曰：“呜呼！说。四海之内，咸仰朕德，时乃风[1]。股肱惟人[2]，良臣惟圣。昔先正保衡作我先王[3]，乃曰：‘予弗克俾厥后惟尧、舜，其心愧耻，若挞于市[4]。’一夫不获[5]，则曰‘时予之辜’。佑我烈祖，格于皇天[6]。尔尚明保予，罔俾阿衡专美有商。惟后非贤不乂[7]，惟贤非后不食[8]。其尔克绍乃辟于先王[9]，永绥（suí）民[10]。”

说拜稽首曰：“敢对扬天子之休命[11]！”

［注释］

①风：教化。②股肱：大腿和手臂。③正：官长。保衡：阿衡，指伊尹。作：兴起。先王：指成汤。④挞：鞭打。⑤获：获得，这里指官员被安排在合适的位置上。⑥格：至。⑦乂：治理。⑧食：俸禄。⑨绍：继承。辟：君主。⑩绥：安抚。⑪扬：显扬。休：美好。

［译文］

王说：“啊！说。普天之下的人，都景仰我的德行，这是你教化的功劳。手脚能帮助人行动，良臣能辅佐君主治国。从前先正伊尹辅佐我先王兴起，于是说：‘我无法使我的君主像尧、舜一样，我心中感到惭愧耻辱，犹如在闹市中遭到鞭打一样。’一个人得不到妥善安置，他就说‘这是我的罪过’。他辅佐我英明的祖先，通达于伟大的上天。你应当努力扶助我，不要让伊尹在商朝独享美名。君主得不到贤人的辅助，就无法治理好国家；贤人得不到君主的赏识，就不会得到俸禄。你要让君主能够继承先王的事业，永远安抚人民。”

说叩头行礼说：“我将冒昧地显扬天子美好的教导！”

高宗肜日

［原文］

书序：高宗祭成汤，有飞雉升鼎耳而雊①，祖己训诸王②，作《高宗肜(róng)日》《高宗之训》③。

［注释］

①雊：野鸡鸣叫。②祖己：武丁的贤臣。训：训诫。诸：之于。③《高宗之训》：已失传，仅存篇名。

［译文］

书序：高宗祭祀成汤，有一只野鸡飞到鼎耳上鸣叫，祖己训诫于王，作《高宗肜日》《高宗之训》。

［原文］

高宗肜日①，越有雊(gòu)雉②。祖己曰："惟先格王③，正厥事④。"乃训于王，曰："惟天监下民⑤，典厥义⑥。降年有永有不永⑦，非天夭民⑧，民中绝命⑨。民有不若德⑩，不听罪⑪，天既孚命正厥德⑫，乃曰其如台⑬。呜呼！王司敬民⑭，罔非天胤(yìn)⑮，典祀无丰于昵⑯！"

高宗武丁

商王武丁，庙号高宗，在位五十九年。他年轻时被父亲小乙派到民间劳动，了解民间疾苦。继位后，他励精图治，任用傅说、甘盘、祖己等贤臣，使商朝的社会发展进入到一个鼎盛时期，史称"武丁中兴"。

［注释］

①肜日：举行肜祭的日子。肜，商代祭祀名，指正祭之后第二天又举行的祭祀。②越：语助词。③格：告。④正：纠正。事：政事，指祭祀。⑤监：考察。⑥典：掌管，主持。义：合宜的道德或

行为。⑦永：长，指长寿。⑧夭：夭折。⑨中绝：中途断绝。⑩若：顺应。⑪听：顺从。⑫孚：惩罚。⑬如台：如我所言。台，我。⑭司：嗣位。⑮胤：后代，后嗣。⑯典祀：常规祭祀。昵：父庙。

[译文]

高宗肜祭那天，有鸣叫的野鸡飞来。祖己说："敬告至德的先王，先把祭礼办好。"于是训诫于王。他说："上天考察下民，观察道德或行为是否符合道义。上天赐予人的寿命有长有短，不是上天有意缩短人的生命，而是由于臣民自己的行为不合道义而招致短命。臣民中有的不顺应德教，又不认罪伏法，上天便惩罚他用以端正他的德行，于是我说天道如我所言。啊！王继位后要恭敬对待上天赐予的臣民，他们无不是上帝的子孙，祭祖的时候，在自己的父庙中的祭品不要过于丰盛。"

西伯戡黎

[原文]

书序：殷始咎周[1]，周人乘黎[2]。祖伊恐[3]，奔告于受[4]，作《西伯戡(kān)黎》。

[注释]

①咎：怪罪。②乘：胜。黎：商朝方国，在今山西长治一带。③祖伊：商纣王的贤臣。④受：即纣。

[译文]

书序：殷开始怪罪周，周人战胜黎国，祖伊感到害怕，跑去告诉纣王，史官于是作《西伯勘黎》。

[原文]

西伯既戡黎[1]，祖伊恐，奔告于王，曰："天子！天既讫我殷命[2]。格人元龟[3]，罔敢知吉。非先王不相我后人[4]，惟王淫戏用自绝[5]。故天弃我，不有康食[6]。不虞天性[7]，不迪率典[8]。今我民罔弗欲丧，曰：'天曷不降威[9]？'大命不挚[10]，

今王其如台[11]？”

［注释］

①西伯：周文王。周在商的西边，文王为商的方伯，所以称西伯。②讫：终止。命：命数。③格人：至德之人。元龟：用于占卜的大龟。④相：辅佐，帮助。⑤淫戏：荒淫嬉戏。用：以。⑥康：安宁。⑦虞：揣度，考虑。天性：上天安民的性情。⑧迪：遵从。率典：常法。⑨曷：何，为什么。威：威刑，惩罚。⑩挚：至，来。⑪如台：如我所说。台，我。

周文王

周文王，姬姓，名昌，古公亶父之孙，季历之子，武王之父，商纣王时为西方诸侯之长，称西伯。相传他在位五十年，已为讨伐殷商做了充分准备。纣王将他囚禁在羑里，于是他在羑里推演八卦，后人将其发展为《周易》。

［译文］

西伯战胜黎国，祖伊感到害怕，跑去告诉纣王。他说：“天子啊！上天已经终止了我殷商的命数。至德之人用大龟占卜，始终没有得到吉兆。不是先王不愿帮助我们这些后人，只是因为纣王荒淫嬉戏而自绝命数。因此上天抛弃了我们，使我们没有安宁和饭食。这都是因为我们不能揣度上天的性情，不去遵守常法。现在我们的臣民没有不希望我们灭亡的，他们说：‘上天为什么还不降下惩罚呢？’应得天命的人没有到来，现在纣王的情况都如我所说。”

［原文］

王曰：“呜呼！我生不有命在天？”

祖伊反曰[1]：“呜呼！乃罪多[2]，参在上[3]，乃能责命于天[4]？殷之即丧，指乃功[5]，不无戮于尔邦[6]！”

［注释］

①反：反对，反驳。②罪：罪过，错误。③参：陈列。④责命于天：向上天祈求好运。⑤指：指示。功：反语，实际上指罪过。⑥戮：杀，灭亡。

［译文］

纣王说："唉！我生来不是就从上天接受大命的吗？"

祖伊反驳说："唉！你的罪行太多，都已经为上天所知，难道能向上天祈求好运吗？殷商就要灭亡了，这都拜你所赐，能够不使你的国家灭亡吗？"

微　子

［原文］

书序：殷既错天命，微子作诰父师、少师[1]。

［注释］

①微子：名启，商纣王庶兄。父师、少师：官名。父师，指太师箕子，他是纣王的叔父，所以又称"父师"。少师，太师的助手。太师、太傅、太保并称"三公"，少师、少傅、少保并称"三孤"，负责辅弼和教导帝王。

［译文］

书序：殷已经背弃天命，微子作这篇诰文与父师、少师。

［原文］

微子若曰[1]："父师、少师！殷其弗或乱正四方[2]，我祖底(dǐ)遂陈于上[3]。我用沉酗于酒[4]，用乱败厥德于下[5]。殷罔不小大好草窃奸宄(guǐ)[6]，卿士师师非度[7]。凡有罪辜，乃罔恒获[8]。小民方兴[9]，相为敌雠(chóu)[10]。今殷其沦丧[11]，若涉大水[12]，其无津涯[13]。殷遂丧，越至于今[14]！"曰："父师、少师！我其发出狂[15]，吾家耄(mào)[16]，逊于荒[17]。今尔无指告[18]，予颠隮(jī)[19]，若之何其[20]？"

［注释］

①若：这样。②乱：治理。③我祖：指成汤。底：定。遂：成功。陈：

列举。④我：我王，指纣。用：因为。沉酗：沉湎，迷醉。⑤败：败坏。厥德：指成汤遗德。下：后世。⑥小：民众。大：群臣。草窃：掠夺，盗窃。奸宄：违法犯罪。⑦师师：众官。度：法度。⑧恒：常。获：逮捕。⑨方：并，一起。兴：兴起。⑩敌雠：仇敌。⑪沦丧：灭亡，消亡。⑫涉：将衣服卷起来渡水。⑬津：渡口。涯：水边，河岸。⑭越：语助词。⑮狂：一说为佯装癫狂，一说通“㑌”，即远行。这里采用后一说法。⑯家：国家。耄：昏乱。⑰逊：退。荒：荒野。⑱指告：指点、告诉。⑲颠：颠覆。隮：坠落。⑳若之何：如之何，怎么办。其：语助词，无实际意义。

[译文]

微子这样说：“父师、少师啊！我们殷商难道没有办法治理四方了吗？我们的祖先过去成就了许多伟大的功业，我王却沉湎于酒色之中，败坏了先王的优良传统。我们殷商无论民众还是群臣都喜好为非作歹，卿士百官都不遵守法典。大凡有罪之人，他们也不经常加以逮捕，人民一并起来反抗，和我们互为仇敌。现在我们殷商将要灭亡了，好比跋涉大河，两岸茫无际涯，找不到渡口。殷商大概到今天就要灭亡了。”他又说：“父师、少师啊！我将要出发远行了，我们的国家昏乱不堪，我要逃遁到荒野之中了。现在你们不能指点我吗？我国已经快要崩溃，你们说该怎样办才好呢？”

微子

微子，名启，商朝帝乙之子，纣王庶兄。因为纣王淫乱，他屡次劝谏不被采纳，于是出走。武王灭商后，他肉袒面缚乞降。后纣王之子武庚作乱，被周公所灭，以微子继承殷祀，封于宋国。

[原文]

父师若曰：“王子①！天毒降灾荒殷邦②，方兴沉酗于酒。乃罔畏畏③，咈（fú）耇（gǒu）长、旧有位人④。今殷民乃攘窃神祇（qí）之牺牷牲用以容⑤，将食无灾⑥。降监殷民⑦，用乂雠敛⑧，召敌雠不怠⑨。罪合于一⑩，多瘠罔诏⑪。商今其有灾，我兴受其败⑫；商其沦丧，我罔

为臣仆⑬。诏王子出迪⑭。我旧云刻子⑮，王子弗出，我乃颠隮。自靖⑯！人自献于先王，我不顾行遯（dùn）⑰。”

［注释］

①王子：指微子。他是帝乙之子，所以称王子。②毒：通“笃”，厚，重。荒：亡。③畏畏：惧怕天威。第二个“畏”通“威”。④咈：违逆。耇：老年人。旧有位人：原来在位的大臣，即老臣。⑤攘窃：偷窃，随手拿取。牺：毛色纯的牲畜。牷：身体健全的牲畜。容：宽容。⑥将：呈进。⑦监：察看。⑧乂：杀，除。雠：通“稠”，多。敛：聚敛，收集。⑨怠：松懈，宽缓。⑩一：指纣王。⑪痡：疾苦。诏：告诉。⑫败：灾祸，灾难。⑬臣仆：奴隶。⑭迪：逃跑，逃走。⑮旧：很久以前。刻：担心，后悔。⑯自靖：自作主张。⑰顾：顾虑，考虑。遯：同“遁”，逃跑。

［译文］

父师这样说：“微子啊！上天降下大祸给殷商，君臣上下一并沉湎在酒色之中，不怕上天的威严，不听从老臣的劝告。现在殷商民众去盗窃祭神的牲肉，他们把这些贡物拿去吃掉，却不会有什么灾害。现在上天正在考察殷商的民众，却看到杀戮和重刑。他大肆搜刮民财，引起了人民的强烈反对而仍不停止。这些罪恶集于我王一身，民众受尽了疾苦而无处申诉。国家现在将要有灾祸，我们应起来承受祸难；如果国家灭亡了，我们不能做别国的臣仆。我曾让微子出逃，我为以前劝先王立微子为继承人而担心，微子如果不出逃，我们国家就要彻底灭亡了。大家自作主张吧！人人献身于先王的事业，我没有考虑过出走。”

周　书

（伪）泰誓上

［原文］

惟十有一年[1]，武王伐殷。一月戊午[2]，师渡孟津[3]，作《泰誓》三篇。

［注释］

①十有一年：指周文王十一年。武王继位后未改元，而是沿用文王受命之年，以示继承父亲的事业。②一月戊午：指十三年一月戊午日。③孟津：黄河渡口名，又称盟津，位于今河南孟津西北。

［译文］

周文王十一年，武王讨伐殷商。一月戊午日，大军在孟津渡过了黄河，史官于是作《泰誓》三篇。

［原文］

惟十有三年春，大会于孟津。

王曰："嗟！我友邦冢君[1]，越我御事庶士[2]，明听誓[3]。惟天地万物父母[4]，惟人万物之灵。亶(dǎn)聪明作元后[5]，元后作民父母。今商王受弗敬上天[6]，降灾下民，沉湎(miǎn)冒色[7]，敢行暴虐。罪人以族[8]，官人以世[9]。惟宫室、台榭、陂(bēi)池、侈服[10]，以残害于尔万姓。焚炙忠良[11]，刳(kū)剔孕妇[12]。皇天震怒，命我文考肃将天威[13]。大勋未集[14]，肆予小子发[15]，以尔友邦冢君观政于商[16]。惟受罔有悛(quān)心[17]，乃夷居[18]，弗事上帝神祇(qí)，遗厥先宗庙弗祀[19]，牺牲粢(zī)盛[20]，既于凶盗[21]，乃曰：'吾有民有命！'罔惩其侮[22]。

［注释］

①冢君：指诸侯国君。②越：与，和。御事庶士：治理政事的众官员。③明听：仔细听。④天地万物父母：天地生养万物，所以称其为万物的父母。⑤亶：确实，真正。元后：天子。⑥受：即纣。⑦沉湎：指沉溺于饮酒。冒色：好色。⑧罪：惩罚。族：灭族。⑨官：任人为官。世：世袭。⑩台榭：亭台楼阁。榭，建在台上的房屋。陂池：池塘。侈服：华丽的服饰。⑪焚炙：指炮烙之刑。⑫刳剔：指剖开肚子。⑬文考：指周文王。考，去世的父亲。⑭勋：功勋，功业。集：成就，成功。⑮肆：所以。予小子：帝王的谦称。发：武王的名，自称名以示谦虚。⑯观政：观察政事。⑰悛：悔改。⑱夷居：傲慢无礼。⑲遗：荒废，毁弃。⑳牺牲：祭祀用的牲畜。粢盛：盛在祭器中的谷物。㉑既：尽。㉒惩：制止。侮：傲慢。

［译文］

十三年春天，在孟津大会天下诸侯。

王说："啊！我友邦的诸侯国国君，和我治事的官员，仔细听我的誓词。天地是万物的父母，人是万物的灵长。真正耳聪目明的人担任天子，天子就是民众的父母。现在商纣王不尊敬上天，降灾于万民。他沉溺于酒色，胆敢施行暴政，以灭族的刑罚惩处所恨的人，以世袭的官职授予所爱的人。还有宫殿、亭台、池塘、华服，为了私欲残害百姓。他把忠诚良善的大臣活活烧死，将怀孕的妇女剖腹杀害。伟大的上天极为愤怒，命令我先父文王恭敬地奉行天降的惩罚，只是大功没能建成，所以我与你们这些友邦的国君观察商朝的政事。想不到纣王没有改过的想法，依旧傲慢无礼，不尊奉上帝等天地神灵，荒废先祖的宗庙不去祭祀。祭祀所用的牲畜和谷物，被奸人全部偷吃了。他却说："我拥有万民拥有天命！"并不知道去改变自己的傲慢的态度。

［原文］

"天佑下民，作之君，作之师，惟其克相上帝[1]，宠绥(suí)四方[2]。有罪无罪，予曷敢有越厥志[3]？同力度德[4]，同德度义。受有臣亿万，惟亿万心；予有臣三千，惟一心。商罪贯盈[5]，天命诛之；予弗顺天，厥罪惟钧[6]。予小子夙夜祇惧[7]，受命

文考，类于上帝⑧，宜于冢土⑨，以尔有众厎天之罚⑩。天矜于民⑪，民之所欲，天必从之。尔尚弼予一人⑫，永清四海。时哉！弗可失。”

［注释］

①克：能。相：辅佐，帮助。②宠：爱护，保护。绥：安定。③曷：何，怎么。越：远离。④度：度量。⑤罪贯盈：恶贯满盈，形容罪大恶极。⑥钧：通“均”，等同。⑦夙夜：整日整夜。祗惧：敬畏。⑧类：通“禷”，一种祭天礼。⑨宜：祭社礼。社即土神。冢土：大社。⑩厎：致。⑪矜：怜悯。⑫弼：辅佐。予一人：帝王的谦称。

［译文］

“上天保佑民众，选立君主治理天下，君王应该像老师一样教化万民，他应该能够辅佐上帝，按照上天的意思保卫并安定四方。讨伐有罪，赦免无罪，我怎么敢背离上天的意志呢？力量相同就要度量德行，德行相同就要度量道义。商纣王有臣民亿万，但是心思也有亿万种；我只有臣民三千，却都是一条心。商纣王罪大恶极，上天命令我消灭他；我不顺应天命，罪行就与他等同。我朝夕敬畏，接受先父文王的遗命，去祭祀上帝，又祭祀土神，率领你们众人，实施上天的惩罚。上天怜悯百姓，百姓所希望的商纣灭亡，上天一定满足百姓的愿望。你们应当辅助我，荡涤四海。把握时机啊！不可错过。”

（伪）泰誓中

［原文］

惟戊午，王次于河朔①。群后以师毕会②。王乃徇师而誓③，曰：“呜呼！西土有众④，咸听朕言。我闻吉人为善⑤，惟日不足；凶人为不善，亦惟日不足。今商王受力行无度⑥，播弃犁老⑦，昵比罪人⑧，淫酗肆虐。臣下化之，朋家作仇⑨，胁权相灭⑩。无辜吁天⑪，秽德彰闻⑫。

[注释]

①次：驻扎。河朔：黄河以北。②群后：诸侯。③徇师：检阅军队。④西土：指西方各国。周位于商的西方，同盟的诸侯也大多来自西方，所以称西土。⑤吉人：善良的人。⑥力行：努力去做。无度：不合法度的事情。⑦播弃：抛弃。犁老：也作犂老、黎老，指老臣。⑧昵比：亲昵，亲近。⑨朋家：各自树立党羽。⑩胁：挟持。⑪吁天：向上天呼吁。⑫秽德：污秽的恶行。

[译文]

戊午日，王驻扎在黄河以北，诸侯率领军队都前往会和。王于是检阅军队并誓师，说："啊！西方来的将士们，都仔细听我的话。我听说善人行善，整天都忙不过来；恶人行不善，也是整天都做不够。现在商纣王竭力做不合法度的事情，抛弃老臣，亲近小人，嗜酒无度，暴虐恣睢。大臣受此影响，各自树立朋党，互为仇敌，仰仗权力，自相残杀。无罪受害的人向上天呼告，纣王污秽的恶行天下皆知。

[原文]

"惟天惠民①，惟辟奉天②。有夏桀弗克若天③，流毒下国④。天乃佑命成汤⑤，降黜夏命⑥。惟受罪浮于桀⑦，剥丧元良⑧，贼虐谏辅⑨。谓己有天命，谓敬不足行，谓祭无益，谓暴无伤⑩。厥鉴惟不远⑪，在彼夏王⑫。天其以予乂民，朕梦协朕卜⑬，袭于休祥⑭，戎商必克⑮。受有亿兆夷人⑯，离心离德；予有乱臣十人⑰，同心同德。虽有周亲⑱，不如仁人。

[注释]

①惠：仁爱。②辟：君主。奉：承奉。③若：顺从。④流毒：传布灾祸。⑤成汤：商朝的开国君主。⑥降黜：贬降废黜。命：国运。⑦浮：超过。桀：夏朝的末代君主。⑧剥丧：迫害。剥，伤害。丧，流亡，这里作动词，意思是迫使人流亡。元良：大善之人。⑨贼虐：残害。⑩无伤：没有损害。⑪鉴：镜子，引申为儆戒、教训。⑫在：察。⑬协：符合。⑭：袭：重合。休祥：吉兆。⑮戎：征伐。克：攻克，战胜。⑯夷人：才能平庸的人。

⑰乱臣：有治国之才的大臣。乱，治理。⑱周亲：至亲。

[译文]

“上天爱护民众，君主应该承奉天意。夏桀不能顺应天命，使灾祸传遍全国。上天于是护佑成汤，降下灾难终止夏朝的命数。纣王的罪恶远超夏桀，他迫害大善之人，残害进谏的辅臣，认为自己拥有天命，认为敬天不值得实施，认为祭祀没有好处，认为残暴没有损害。他的教训距今也不远，而且他的罪过与夏桀一样大。上天或许要让我来治理万民，我的梦境符合占卜的结果，二者都显示吉兆，讨伐商朝一定会胜利。纣王有亿万个庸人，都离心离德；我只有十个能臣，却同心同德。即使有至亲，也比不上仁人志士。

[原文]

“天视自我民视，天听自我民听。百姓有过[1]，在予一人。今朕必往。我武惟扬[2]，侵于之疆，取彼凶残[3]。我伐用张[4]，于汤有光！勖哉夫子[5]！罔或无畏，宁执非敌[6]。百姓懔懔[7]，若崩厥角[8]。呜呼！乃一德一心，立定厥功，惟克永世。”

[注释]

①过：错误，过失。②武：武力。扬：发扬。③取：擒拿。④张：大的战果。⑤勖：勉力。夫子：指将士。⑥非敌：敌不过，指不是对手。⑦懔懔：恐惧的样子。⑧崩：山崩塌。厥角：叩头。

[译文]

“上天听取的意见都是从臣民中得来的，上天观察的问题也是从臣民中得来的。百姓有过失，责任在我一人，现在我一定前去讨伐殷商。我们的武力应当发扬，要进入敌人的疆界，擒获那凶残的人；我们的征伐必定大获全胜，比成汤讨伐夏桀更加光辉。将士们努力啊！不要有无所畏惧的思想，宁可保持可能不是敌人对手的想法。百姓畏惧纣王，叩头犹如山崩。啊！你们同心同德，建功立业，才能永远使百姓生活安定。”

（伪）泰誓下

［原文］

时厥明，王乃大巡六师[1]，明誓众士。

王曰："呜呼！我西土君子，天有显道[2]，厥类惟彰[3]。今商王受狎(xiā)侮五常[4]，荒怠弗敬，自绝于天，结怨于民。斫(zhuó)朝涉之胫[5]，剖贤人之心[6]。作威杀戮，毒痡(bū)四海[7]。崇信奸回[8]，放黜师保[9]。屏弃典刑，囚奴正士[10]。郊社不修，宗庙不享[11]，作奇技淫巧以悦妇人[12]。上帝弗顺，祝降时丧[13]。尔其孜孜奉予一人[14]，恭行天罚！

［注释］

①六师：六军。按照礼制，天子有六军。②显道：明白的道理。③厥类：这里指法则。④狎侮：轻慢侮辱。五常：指父义、母慈、兄友、弟恭、子孝五种伦理道德。⑤斫：砍。朝涉之胫：早晨涉水之人的小腿。⑥贤人：指纣王的叔父比干。⑦痡：伤害。⑧奸回：奸邪。⑨放黜：流放罢免。师保：官名，负责辅佐和教导帝王，即太师、太保之类，这里指微子、箕子。⑩囚：囚禁。奴：奴役。正士：正直的人。⑪不享：不祭祀。⑫奇技淫巧：过于奇巧而无益处的技艺和器物。妇人：指妲己。⑬祝：断然。丧：指惩罚。⑭孜孜：勤勉的样子。奉：事奉。

妲己害政

妲己是商朝方国有苏氏的女子，以美色受到商纣王的宠幸。《史记·殷本纪》记载，纣王"好酒淫乐，嬖于妇人。爱妲己，妲己之言是从"，"以酒为池，县（悬）肉为林，使男女裸，相逐其间，为长夜之饮"。纣王不听大臣的多次劝谏，还制造炮烙等酷刑残害忠良，终于招致国灭身死的下场。

［译文］

天亮时分，王于是大规模检阅六军，向众将士誓师。

王说："啊！我西方的将士们，上天有明白的道理，那些法则应该彰显。现在商纣王违背伦常，荒废懈怠，极度不敬，自弃于上天，又与民众结下仇怨。他砍断早晨涉水之人的小腿，挖出贤能之士比干的心，滥施威刑，杀戮无度，荼毒天下。他任用奸佞小人，放逐贬黜辅臣，抛弃常法，囚禁、奴役正直的人。郊祭天地的典礼不能举行，也不去祖庙祭祀，用过于奇巧而无益处的技艺和器物来取悦妲己。上帝不满，断然降下惩罚。你们要勤勉侍奉我，恭敬地遵行上天对商纣王的惩罚。

［原文］

"古人有言曰：'抚我则后[①]，虐我则仇。'独夫受洪惟作威[②]，乃汝世仇。树德务滋[③]，除恶务本[④]。肆予小子诞以尔众士[⑤]，殄歼乃仇[⑥]。尔众士其尚迪果毅以登乃辟[⑦]！功多有厚赏，不迪有显戮[⑧]。呜呼！惟我文考，若日月之照临，光于四方，显于西土。惟我有周，诞受多方[⑨]。予克受，非予武，惟朕文考无罪；受克予，非朕文考有罪，惟予小子无良。"

［注释］

①抚：安抚。后：君主。②独夫：众叛亲离的统治者。洪：大。③滋：增加，推广。④本：根本。⑤诞：语助词，无实在意义。⑥殄歼：消灭。⑦迪：进。果：果敢。毅：坚决。⑧显戮：明显的惩罚。⑨多方：诸侯国。

［译文］

"古人有句话说：'安抚我们的是君主，虐待我们的是仇人。'唯独纣王大肆滥用酷刑，他是你们的世仇。树立美德务求推广弘扬，除去恶行务求铲掉祸根，所以我率领你们，前去诛灭仇敌。你们要果断坚毅地前进来辅助你们的君主啊！功劳多的人有重赏，迟疑不前的将遭到惩罚。啊！我先父文王的德政犹如日月照耀大地，光芒遍及四方，显扬于西方，才使我周国受到各国的爱戴。我若战胜了纣王，并非我勇武，只因为我先父文王没有罪过；纣王若打败了我，不是因为我先父文王有过错，只是我德行不足。"

牧誓

[原文]

书序：武王戎车三百两①，虎贲三百人②，与受战于牧野③，作《牧誓》。

[注释]

①戎车：兵车。两：同“辆”，车的量词。②虎贲：勇士。③受：即纣。牧野：商都朝歌郊野，在今河南淇县南。

[译文]

书序：武王率领战车三百辆，勇士三百人，与纣王在牧野交战，作《牧誓》。

[原文]

时甲子昧爽①，王朝至于商郊牧野②，乃誓。王左杖黄钺③，右秉白旄(máo)以麾(huī)④，曰：“逖(tì)矣⑤，西土之人！”王曰：“嗟！我友邦冢君、御事⑥，司徒、司马、司空⑦，亚旅、师氏⑧，千夫长、百夫长⑨，及庸、蜀、羌、髳(máo)、微、卢、彭、濮(pú)人⑩，称尔戈⑪，比尔干⑫，立尔矛⑬，予其誓。”

神授玉简

商朝在纣王的统治下，政治腐败，连年对外用兵，民不聊生，内部贵族之间矛盾重重，整个国家的统治动荡不安。牧野之战中，周武王在吕尚等人辅佐下，攻打商都朝歌，击败纣王的军队，灭亡商朝。此图所描绘的是周武王伐纣第二年的甲子日，东、南、西、北四海之神与河伯、雨师、风伯前来相助的传说故事。

[注释]

①昧爽：日出前，拂晓。②商：商都，即朝歌。③杖：执，拿。黄钺：铜钺，用于刑杀，是王权的象征。④秉：执，拿。旄：装饰旄牛尾的旗帜。麾：

通“挥”，指挥。⑤逖：遥远。这里是慰问之词。⑥冢君：诸侯国君。御事：治理政事的大臣。⑦司徒：官名，主管教化。司马：官名，主管军旅。司空：官名，主管工程。⑧亚旅：官名，上大夫。师氏：官名，中大夫。⑨千夫长、百夫长：分别为师、旅的指挥官。⑩庸、蜀、羌、髳、微、卢、彭、濮：当时西方的八个诸侯国。庸，在今湖北房县境内。蜀，在今四川省西部。羌，在今甘肃省东南。髳，在今甘肃、四川两省交界处。微，在今陕西眉县境内。卢，在今湖北南彰境内。彭，在今甘肃镇原东。濮，在今湖北江汉地区。⑪称：举。戈：戟。⑫比：排列。干：盾牌。⑬矛：兵器。

［译文］

当时是甲子日拂晓，王率领军队到商都郊外的牧野，于是誓师。王左手持铜钺，右手持装饰白色旄牛尾的旗帜来指挥，说：“辛苦了，从西方远道而来的将士们！”王说：“啊！我友邦的国君、诸位官员，司徒、司马、司空，亚旅、师氏，千夫长、百夫长，以及庸、蜀、羌、髳、微、卢、彭、濮的将士们，举起你们的戈，排好你们的盾，立起你们的矛，我将要在此誓师。”

［原文］

王曰：“古人有言曰：‘牝(pìn)鸡无晨[1]。牝鸡之晨，惟家之索[2]。’今商王受惟妇言是用[3]，昏弃厥肆祀弗答[4]，昏弃厥遗王父母弟不迪[5]。乃惟四方之多罪逋(bū)逃[6]，是崇是长[7]，是信是使[8]，是以为大夫卿士[9]，俾暴虐于百姓[10]，以奸宄(guǐ)于商邑[11]。今予发惟恭行天之罚[12]。今日之事，不愆(qiān)于六步、七步[13]，乃止齐焉[14]。勖(xù)哉夫子[15]！不愆于四伐、五伐、六伐、七伐[16]，乃止齐焉。勖哉夫子！尚桓桓[17]。如虎如貔(pí)[18]，如熊如罴[19]，于商郊[20]。弗迓(yà)克奔以役西土[21]，勖哉夫子！尔所弗勖，其于尔躬有戮[22]！”

［注释］

①晨：晨鸣。②索：败落。③妇：指妲己。④昏：一说为昏乱，一说

通“泯”，轻蔑。这里采用后一说法。⑤迪：进用。⑥逋逃：逃走。⑦崇：尊敬。⑧信：信任。使：用。⑨卿士：官名，即前文所说的御事。⑩俾：使。⑪奸宄：犯法作乱。⑫发：武王的名，自称名以示谦虚。恭行：恭敬地执行。⑬愆：超过。⑭止齐：整顿军队。⑮勖：勉力。夫子：指将士。⑯伐：击打。⑰尚：应当。桓桓：威武的样子。⑱貔：貔貅，传说中的一种猛兽。⑲罴：熊的一种。⑳于：往。㉑迓：禁止。役：帮助。㉒躬：身。戮：惩治。

[译文]

王说：“古人有句话说：‘母鸡不应该在早晨啼鸣。如果母鸡在早晨啼鸣，这个家庭就要败落了。’现在商纣王只听信妲己的话，轻蔑地抛弃了对祖宗的祭祀而不闻不问，昏庸地抛弃了同宗长辈兄弟而不加进用，竟然重用四方众多逃亡的罪人。纣王崇敬他们，提拔他们，宠信他们，任用他们，安排他们做大夫卿士。这种做法使残暴施加于百姓，他们在商都犯法作乱。现在我恭敬地奉行上天的意志惩罚商纣王。今天的战斗，在行进中不超过六步、七步，就停下来整顿阵型。将士们努力吧！在刺杀中不超过四次、五次、六次、七次，就停止下来整顿阵型。努力吧，将士们！要威武雄壮，像虎像貔，像熊像罴，在商都郊外大战一场。不要杀掉敌军前来投奔的人，以便使这些人为我们服务。努力吧，将士们！你们不努力作战，我就要惩治你们！”

（伪）武　成

[原文]

书序：武王伐殷，往伐归兽①，识其政事②，作《武成》。

[注释]

①归兽：将作战时使用的马、牛放归山野，以示不再行征伐之事。②识：记识。

[译文]

书序：武王征讨殷商，作战返回后将牛马放归山野，记识当时的政事，史官于是作《武成》。

［原文］

惟一月壬辰旁死魄①。越翼日②，癸巳，王朝步自周③，于征伐商④。厥四月哉生明⑤，王来自商，至于丰⑥。乃偃武修文⑦，归马于华山之阳⑧，放牛于桃林之野⑨，示天下弗服⑩。丁未，祀于周庙，邦甸、侯、卫⑪，骏奔走⑫，执豆、笾(biān)⑬。越三日，庚戌，柴、望⑭，大告武成⑮。既生魄，庶邦冢君暨百工⑯，受命于周⑰。

［注释］

①旁死魄：指月亮大部分没有光亮。古人称月亮有光的部分为明，无光的部分为魄，月初朔日以后月明渐增，月魄渐减，称死魄，月中望日以后相反，称生魄。旁，普遍，广泛。②越：到。翼日：翌日，次日。③朝：早晨。周：宗周，即周都镐京，在今陕西西安北的沣河东岸。④于：往。⑤哉：通“才”，开始。生明：与死魄意思相同。⑥丰：丰京，周文王时的都城，在今陕西西安北的沣河西岸。⑦偃武修文：收起武器，修治文教。⑧阳：山的南面。⑨野：郊野，野外。⑩服：使用。⑪甸、侯、卫：指天下诸侯。周代王畿以外的诸侯国分为六等，按远近分为侯服、甸服、男服、采服、卫服、蛮服。这里以甸服、侯服、卫服代指六服。⑫骏：迅速。⑬豆：形似盘的木器，有盖，高脚，常用于盛放祭品。笾：形似碗的竹器，也有陶制的，有高脚，用于盛放祭品。⑭柴：烧柴祭天的仪式。望：遥祭山川的仪式。⑮大告：普遍宣告。⑯庶邦：诸侯国。暨：和，同。百工：百官。⑰受命：接受策命。

［译文］

一月壬辰日，月亮大部分都没有光亮。到了第二天，是癸巳日，王在早上从宗周镐京出发，率军讨伐殷商。这一年四月，月亮开始放出光芒，王从商都归来，抵达丰京。于是他下令收起武器，开始修治文教，将马放归到华山以南，把牛放回到桃林郊外，向天下显示不再使用它们行征伐之事的决心。丁未日，王在周朝宗庙祭祀，天下诸侯都手持豆、笾等祭器赶来参加祭祀。到了第三天，是庚戌日，举行烧柴祭天、望祭山川的仪式，遍告天地神灵征伐大事已成。月亮由盈转亏以后，诸侯国君和百官都来接受周朝的任命。

[原文]

王若曰：“呜呼！群后[1]。惟先王建邦启土[2]，公刘克笃前烈[3]。至于大王肇基王迹[4]，王季其勤王家[5]。我文考文王克成厥勋，诞膺天命[6]，以抚方夏。大邦畏其力，小邦怀其德。惟九年，大统未集[7]。予小子其承厥志。厎（dǐ）商之罪[8]，告于皇天后土[9]，所过名山大川，曰：‘惟有道曾孙周王发[10]，将有大正于商[11]。今商王受无道，暴殄天物，害虐烝民[12]，为天下逋（bū）逃主[13]，萃渊薮（sǒu）[14]。予小子既获仁人，敢祇承上帝，以遏乱略。华夏蛮貊（mò）[15]，罔不率俾[16]。恭天成命[17]，肆予东征，绥厥士女[18]。惟其士女，篚（fěi）厥玄黄[19]，昭我周王[20]。天休震动，用附我大邑周[21]。惟尔有神，尚克相予以济兆民，无作神羞！’”

泰伯

周太王有三子，长子是泰伯，次子是仲雍，三子是季历。由于季历之子昌天生聪颖，因此周太王想要立季历为嗣，以便将来传位于昌。泰伯不想因此伤害兄弟情谊，于是离开岐周，南下荆蛮，仲雍也随其前往。相传二人入乡随俗，像当地人一样断发文身，在那里建立了吴国。春秋时，孔子崇尚周道，称赞泰伯有谦让的美德。

[注释]

①群后：诸侯。②先王：指周朝始祖后稷。建邦启土：建立国家，开拓疆土。③公刘：周朝先祖，后稷曾孙。笃：厚。烈：功业。④大王：也作太王，古公亶父，周文王祖父。周朝追尊其为太王。肇基：开创基业。⑤王季：古公亶父第三子季历，周文王之父。⑥膺：接受。⑦大统：基业。集：成功。⑧厎：致。⑨皇天后土：对天地之神的敬称。⑩曾孙：祭祀时面对神灵的自谦之词。⑪大正：大事。正，通“政”，政事。⑫烝民：平民百姓。⑬逋逃主：指商纣王。逋逃，逃亡。这里以纣王为天下逃亡罪

人的魁首。⑭萃：聚集。渊薮：水潭和草地，指鱼类和兽类聚集的地方。这里指天下有罪的人都去投靠纣王，就像鱼和鸟兽聚集在渊薮之中。⑮蛮貊：华夏民族对周边少数民族的蔑称。⑯率俾：顺从。⑰成命：已经确定的命运。⑱士女：泛指民众。⑲篚：一种圆形的竹器，这里作动词，意思是用篚盛物。玄黄：黑色和黄色，这里指黑色和黄色两种丝帛，象征天与地。⑳昭：彰显。㉑大邑：大国。

［译文］

王这样说：“啊！诸侯。先王建立国家，开拓疆土，公刘能够继承先人的伟大功业，到太王时开始创立王业，王季对于王室尽心尽力。我先父文王能够成就功勋，大受天命，安抚天下。大国畏惧其威力，小国感怀其德行。历经九年，基业没能建成，我就继承了他的遗志。将商朝的罪恶告知皇天后土以及名山大川，我说：‘顺承天道的曾孙周王发，将要做讨伐商朝的大事。现在商纣王残暴无道，残害生灵，祸害百姓，是天下的罪魁祸首，罪人都聚集在他身边。我已经得到仁人的帮助，冒昧地恭奉上帝的旨意，来终结混乱的时局。华夏大国与四方部族，无不顺从。我恭敬地遵行上天的命令，所以起兵东征，安定那里的百姓。百姓用圆篚装上玄黄丝帛，彰显我周王之德。上天受到感动，因此百姓归附我大周。希望众神可以帮助我来救助天下万民，不要让神灵受到侮辱啊！’”

［原文］

既戊午，师逾孟津。癸亥，陈(zhèn)于商郊①，俟天休命②。甲子昧爽③，受率其旅若林，会于牧野。罔有敌于我师，前徒倒戈④，攻于后以北⑤，血流漂杵。一戎衣⑥，天下大定。乃反商政⑦，政由旧。释箕子囚，封比干墓⑧，式商容闾⑨。散鹿台之财⑩，发钜桥之粟⑪。大赉(lài)于四海⑫，而万姓悦服。

列爵惟五⑬，分土惟三⑭。建官惟贤，位事惟能⑮。重民五教⑯，惟食、丧、祭。惇信明义⑰，崇德报功⑱。垂拱而天下治⑲。

［注释］

①陈：同“阵”，列阵。②俟：等到。③昧爽：日出前，拂晓。④前徒：阵前的士兵。倒戈：用武器攻打自己一方。⑤北：败北，败逃。⑥戎衣：穿上戎装，这里指出兵伐纣。⑦反商政：以商先王旧政取代纣王暴政。反，同“返”，恢复。⑧封：堆土加高坟冢。⑨式：通“轼”，车前用人凭倚的横木，这里指凭轼致敬的礼仪。闾：里巷的大门，代指居所。⑩鹿台：台名，在商都朝歌南，纣王在此贮藏珠玉钱帛。⑪钜桥：商末粮仓名，在今河北曲周东北。⑫赉：赏赐。⑬列爵惟五：将爵位分为五等，即公、侯、伯、子、男。⑭分土惟三：将诸侯国的封地面积分为三等，公、侯之国方圆一百里，伯之国方圆七十里，子、男之国方圆五十里。⑮位事：处理政事。⑯五教：指父义、母慈、兄友、弟恭、子孝五种伦常教化。⑰惇：厚。⑱崇：推崇。报：回报。⑲垂拱：垂衣拱手，即无为而治。圣人治天下不用亲理政务，只需垂衣拱手，大臣则各尽其职。

［译文］

戊午日，大军从孟津渡河。癸亥日，在商都的郊外排兵布阵，等候上天降下进攻的命令。甲子日拂晓时分，纣王率领的士兵排列如林，双方在牧野相遇。对方没有愿意与我军为敌的，前面的士兵掉转武器，攻击后面的部队，因此商军大败，血流遍地，可以使舂杵漂浮起来。我军一穿上戎装，天下就安定太平了。于是废除商纣王的暴政，恢复历代先王的旧政。释放被囚禁的箕子，修缮比干的坟墓，拜谒商容的居所。大规模赏赐天下，将贮藏在鹿台的财物散发给百姓，用囤积在钜桥的粮食赈济百姓，万民都心悦诚服。

王设立五等爵位，分封三等土地。设置官职只任用贤德的人，安排官吏只任用有才能的人。重视对百姓的各种教化，以及民食、丧礼、祭祀之事。敦厚诚信，彰显忠义，尊崇有德之人，报答有功之臣。王垂衣拱手，天下大治。

洪　范

［原文］

书序：武王胜殷，杀受①，立武庚②，以箕子归③，作《洪范》④。

［注释］

①受：即纣。②立：立为后嗣，主持宗庙祭祀。武庚：商纣王之子，周武王命其管理殷商遗民，后来起兵作乱。③箕子：商纣王的叔父。归：返回周都镐京。④洪：宏大。范：法则。

［译文］

书序：武王战胜殷商，纣王自杀，立武庚为殷商后嗣管理殷民，武王带箕子返回国都，史官于是作《洪范》。

箕子

箕子，名胥余，纣王的叔父，任太师。他因进谏而被纣王囚禁，在周武王灭商后才被释放。武王向其询问治国之道，他将商朝先王之道归纳为《洪范》。相传后来箕子带领一批殷商遗民东渡到朝鲜半岛北部。

［原文］

惟十有三祀①，王访于箕子。王乃言曰："呜呼！箕子，惟天阴骘（zhì）下民②，相协厥居③，我不知其彝伦攸叙④。"

［注释］

①祀：年。②阴骘：不知不觉中安定。③协：协和。④彝伦：常理。攸：所。叙：排定次序，规定。

［译文］

十三年，王咨询箕子。王于是说道："啊！箕子，上天在不知不觉中使下民安定，使他们和睦地居住在一起，我不知道上天对世间常理是如何规定的。"

［原文］

箕子乃言曰："我闻在昔，鲧(gǔn)陻(yīn)洪水[1]，汩(gǔ)陈其五行[2]，帝乃震怒，不畀洪范九畴[3]，彝(yí)伦攸斁[4]。鲧则殛(jí)死[5]，禹乃嗣兴，天乃锡禹洪范九畴[6]，彝伦攸叙。初一曰五行，次二曰敬用五事，次三曰农用八政[7]，次四曰协用五纪，次五曰建用皇极[8]，次六曰乂用三德[9]，次七曰明用稽疑[10]，次八曰念用庶征[11]，次九曰向用五福[12]，威用六极[13]。

［注释］

①鲧：夏禹之父，在尧舜时因治水不利而被处死。陻：堵塞。②汩：扰乱。陈：列举。③畀：给予。畴：种类。④斁：败坏。⑤殛：诛杀。⑥锡：赐予。⑦农：努力。⑧皇极：至高无上的原则。⑨乂：治理。⑩稽疑：用卜筮考察疑难。⑪念：考察。庶征：各种征兆。⑫向：通"飨"，勉励。⑬威：威刑，这里指惩戒。

［译文］

箕子于是说道："我听说在上古的时候，鲧采取堵塞的办法治理洪水，扰乱五行排列的规律。上帝于是大怒，不授予他九种宏大的法则，世间常理因而败坏。鲧被杀死后，禹继承父业，上天于是赐予他九种宏大的法则，世间常理因而和顺。第一种叫五行，第二种叫恭敬地做好五事，第三种叫努力地办好八政，第四种叫调和五纪，第五种叫建立皇极，第六种叫治民所用的三德，第七种叫明辨是非的稽疑，第八种叫考察事情的庶征，第九种叫劝勉所用的五福，以及惩戒所用的六极。

［原文］

"一，五行：一曰水，二曰火，三曰木，四曰金，五曰土。水曰润下[1]，火曰炎上[2]，木曰曲直，金曰从革[3]，土爰稼穑(yuán)[4]。润下作咸，炎上作苦，曲直作酸，从革作辛，稼穑作甘。

［注释］

①曰：语助词。润：浸润。②炎：火苗升腾，燃烧。③从革：指金属

的形状可以随人的意愿而改变。从，顺从。革，改变。④爰：与“曰”意思相同。稼穑：播种和收获。

［译文］

“一，五行：第一种叫水，第二种叫火，第三种叫木，第四种叫金，第五种叫土。水向下浸润，火向上燃烧，木或曲或直，金随意变形，庄稼在土地生长。向下浸润的水是咸的，向上燃烧的火是苦的，或曲或直的木是酸的，随意变形的金是辣的，生长庄稼的土是甜的。

［原文］

“二，五事：一曰貌①，二曰言，三曰视②，四曰听，五曰思。貌曰恭，言曰从③，视曰明，听曰聪，思曰睿④。恭作肃⑤，从作乂⑥，明作哲⑦，聪作谋⑧，睿作圣⑨。

［注释］

①貌：态度。②视：观察。③从：指言辞合理而使人易于接受。④睿：通达，有远见。⑤肃：庄重。⑥乂：安定。⑦哲：有智慧。⑧谋：精于谋划。⑨圣：圣明。

［译文］

“二，五事：第一种叫态度，第二种叫语言，第三种叫观察，第四种叫听闻，第五种叫思考。态度要恭敬，语言要合理，观察要明白，听闻要聪敏，思考要通达。态度恭敬就庄重，语言合理就安定，观察明白就有智慧，听闻聪敏就有主意，思考通达就圣明。

［原文］

“三，八政：一曰食①，二曰货②，三曰祀③，四曰司空④，五

周武王

周武王名发，周文王次子，周朝的建立者。商纣王末年，周已得天下的大半，由于殷商命数未尽，文王并未出兵讨伐。武王继位后，继承父志，重用太公望、周公旦等人，曾在孟津会盟天下诸侯，也因商朝气数未尽而退兵。后来纣王的统治越发黑暗，武王于是抓住时机，在牧野之战中一举灭商。武王尊敬贤人，释放了被纣王囚禁的箕子，并向他询问治国之道。

曰司徒[5]，六曰司寇[6]，七日宾[7]，八曰师[8]。

［注释］

①食：民食，这里指农业。②货：货财，这里指工商业。③祀：祭祀。④司空：管理土木工程。⑤司徒：管理教化民众。⑥司寇：管理防盗治安。⑦宾：接见宾客。⑧师：军旅事务。

［译文］

“三，八政：第一种叫农业，第二种叫工商业，第三种叫祭祀，第四种叫土木工程，第五种叫教化民众，第六种叫防盗治安，第七种叫接见宾客，第八种叫管理军务。

［原文］

“四，五纪：一曰岁，二曰月，三曰日，四曰星辰[1]，五曰历数[2]。

［注释］

①星：星宿，指二十八宿。辰：指十二辰。②历数：历法。

［译文］

“四，五纪：第一种叫年，第二种叫月，第三种叫日，第四种叫星辰，第五种叫历法。

［原文］

“五，皇极：皇建其有极[1]。敛时五福[2]，用敷锡厥庶民[3]，惟时厥庶民于汝极，锡汝保极[4]。凡厥庶民，无有淫朋[5]，人无有比德[6]，惟皇作极。凡厥庶民，有猷(yóu)有为有守[7]，汝则念之。不协于极，不罹(lí)于咎[8]，皇则受之[9]。而康而色[10]，曰：‘予攸好德。’汝则锡之福。时人斯其惟皇之极[11]。无虐茕(qióng)独而畏高明[12]，人之有能有为，使羞其行[13]，而邦其昌。凡厥正人[14]，既富方谷[15]，汝弗能使有好于而家[16]，时人斯其辜[17]。于其无好德，汝虽锡之福，其作汝用咎。无偏无陂(pō)[18]，遵王之

义；无有作好，遵王之道；无有作恶，遵王之路；无偏无党，王道荡荡[19]；无党无偏，王道平平[20]；无反无侧[21]，王道正直。会其有极，归其有极。曰：‘皇极之敷言[22]，是彝是训[23]，于帝其训[24]。凡厥庶民，极之敷言，是训是行，以近天子之光。’曰：‘天子作民父母，以为天下王。’

[注释]

①建：立，设立。极：中正之道。②敛：收聚，集中。③敷：普遍。④保：安。⑤淫朋：奸党。⑥人：指官员。比德：相互勾结。⑦猷：谋略。为：作为。守：操守。⑧罹；遭逢不幸。咎：罪过。⑨受：接受，宽容。⑩康：平和。色：容貌温润。⑪斯：则，就。⑫茕独：指鳏寡孤独，即无依无靠的弱者。高明：地位显赫的人。⑬羞其行：施展才能。羞，进献。⑭正人：官员。正，通“政”，为政。⑮谷：俸禄。⑯家：国家。⑰辜：怪罪。⑱陂：不正，偏颇。⑲荡荡：宽广的样子。⑳平平：平坦的样子。㉑反：违反正道。侧：偏离正轨。㉒敷：陈述。㉓训：训诫。㉔训：遵从。

[译文]

“五，皇极：建立伟大的中正之道。聚集这五福，普遍赏赐给平民，这样平民就会在你那里获取中正之道，同时让你安于中正之道。大凡平民没有奸党，官员不相互勾结，就是伟大的中正之道。大凡平民，有谋略、有作为、有操守，你就要重视他们。不符合原则，却又没有犯错误，就要宽容地接受他们。神色平和而容貌温润，说：‘我所喜好的是美德。’你就赐给他们福运。这人就会遵守伟大的中正之道。不虐待无依无靠的人而畏惧地位显赫的人，官员有才能有作为，就让他们施展才能，国家就能昌盛。大凡官员，已经获得了丰厚的俸禄，你却不能让他们对国家有所贡献，这人就会怪罪你。对于没有美好德行的人，你即使赐给他福运，也会为你实施恶政。无所偏颇，是遵循先王的大义；无所偏爱，是遵循先王的大道；不行恶政，是遵循先王的道德之路；不营私结党，先王之道宽宏广大；不结党营私，先王之道平坦开阔；不偏离正轨，先王之道端正刚直。天下会集于中正之道，最终也会归于中正之道。所以说：‘伟大的中正之道陈说之言，是法则、是训诫，可以遵从于上帝。对于大凡平民来说，中正之道陈说之言，是训诫、是准则，可以接

近天子的光辉。’所以说：‘天子是臣民的父母，是天下的王。’

举贤贡能

周武王灭商后，在安抚殷商遗民的问题上，向太公望征询意见。武王问太公：“民心未安，贤者未定，怎么办呢？”太公说：“散尽殷商的财物，发放给殷商的民众，这样就能使人民各得其所。一只眼睛无法明察，一只耳朵无法兼听，一只脚无法行走，只有选贤任能为股肱之臣，才能安定天下。”

［原文］

“六，三德：一曰正直，二曰刚克①，三曰柔克②。平康正直③，强弗友刚克④，燮(xiè)友柔克⑤。沈潜刚克⑥，高明柔克⑦。惟辟作福，惟辟作威，惟辟玉食⑧。臣无有作福、作威、玉食。臣之有作福、作威、玉食，其害于而家，凶于而国。人用侧颇僻，民用僭忒(jiàn tè)⑨。

［注释］

①刚克：以刚强取胜。克，战胜，取胜。②柔克：以柔弱取胜。③平康：平和。④友：亲近。⑤燮：和顺。⑥沈潜：深沉，指大地之德。⑦高明：指上天之德。⑧玉食：美味佳肴。⑨僭忒：僭越失度。僭，超越本分。忒，差错。

［译文］

“六，三德：第一种叫端正刚直，第二种叫以刚强取胜，第三种叫以柔弱取胜。对于中正平和的人就用端正刚直之德，对于强硬不易亲近的人就用以刚强取胜之德，对于和顺易于亲近的人就用以柔弱取胜之德。深沉的大地也有刚强的一面，高明的上天也有柔弱的一面。只有君主有权赐予福运，施以威刑，享有美食。大臣不可以有赐予福运、施以威刑、享受美食的权力。大臣如果有赐予福运、施以威刑、享受美食的权力，不但是自己家邑受到祸害，也是国家的大患。官员背离先王之道，民众也会僭越失度。

［原文］

“七，稽疑：择建立卜筮人①，乃命卜筮。曰雨②，曰霁③，

曰蒙[4]，曰驿[5]，曰克[6]，曰贞[7]，曰悔[8]，凡七。卜五，占用二，衍忒[9]。立时人作卜筮，三人占，则从二人之言。汝则有大疑，谋及乃心，谋及卿士，谋及庶人，谋及卜筮。汝则从，龟从，筮从，卿士从，庶民从，是之谓大同。身其康强，子孙其逢[10]，吉。汝则从，龟从，筮从，卿士逆，庶民逆，吉。卿士从，龟从，筮从，汝则逆，庶民逆，吉。庶民从，龟从，筮从，汝则逆，卿士逆，吉。则从，龟从，筮逆，卿士逆，庶民逆，作内吉[11]，作外凶[12]。龟筮共违于人，用静吉，用作凶。

[注释]

①卜：用龟甲经烧灼后产生的裂纹判断吉凶。筮：用蓍草奇偶多少判断吉凶。②雨：形似雨的兆象。③霁：兆象如雨雪后天放晴。④蒙：兆象阴暗。⑤驿：兆象稀疏不相交错。⑥克：兆象相交错。⑦贞：内卦。卦的下三爻称内卦，上三爻称外卦。⑧悔：外卦。⑨衍忒：推算差错。⑩逢：昌盛，繁盛。⑪作内：处理内事，如祭祀、婚丧。⑫作外：处理外事，如朝聘、征伐。

[译文]

“七，稽疑：选拔任命掌管卜筮的官员，于是命令他卜筮。卜筮的兆象形似雨，形似雨后初晴，形似满天阴霾，纹络稀疏，纹络相交，卦的下三爻为内卦，上三爻为外卦，一共七种。前五种是兆象，后两种是卦象，以此推算误差。任用这些人从事卜筮，三个人占卦，应当信从其中两个人的判断。你遇到重大疑难，首先在自己心里思考，然后和卿士商量，再和庶民商量，最后才用卜筮。你自己同意，龟卜同意，筮占同意，卿士同意，庶民同意，这就叫大同。这样你健康强壮，子孙也会繁荣昌盛，这是大吉。你自己同意，龟卜同意，筮占同意，卿士不同意，庶民不同意，也是吉。卿士同意，龟卜同意，筮占同意，你自己不同意，庶民不同意，也是吉。庶民同意，龟卜同意，筮占同意，你自己不同意，卿士不同意，也是吉。你自己同意，龟卜同意，筮占不同意，卿士不同意，庶民不同意，只

是内事吉，而外事凶。龟卜、筮占都和众人谋划的不一致，安守常规是吉，轻举妄动是凶。

［原文］

“八，庶征：曰雨，曰旸(yáng)①，曰燠(yù)②，曰寒，曰风。曰时五者来备，各以其叙③，庶草蕃庑(wǔ)④。一极备⑤，凶；一极无，凶。曰休征⑥：曰肃，时雨若⑦；曰乂，时旸若；曰晢(zhé)⑧，时燠若；曰谋，时寒若；曰圣，时风若。曰咎征⑨：曰狂⑩，恒雨若；曰僭，恒旸若；曰豫⑪，恒燠若；曰急⑫，恒寒若；曰蒙⑬，恒风若。曰王省惟岁⑭，卿士惟月，师尹惟日⑮。岁月日时无易，百谷用成。乂用民，俊民用章⑯，家用平康。日月岁时既易，百谷用不成。乂用昏不明，俊民用微⑰，家用不宁。庶民惟星，星有好风⑱，星有好雨。日月之行，则有冬有夏。月之从星，则以风雨。

［注释］

①旸：晴。②燠：暖。③叙：次序。④蕃庑：草木丰茂。⑤一极备：指雨、旸、燠、寒、风五种征兆中的一种极其频繁地出现。⑥休征：吉兆。⑦若：像。⑧晢：通“哲”，明哲。⑨咎征：凶象。⑩狂：狂傲。⑪豫：逸乐。⑫急：为政严酷。⑬蒙：昏庸。⑭省：视察和处理政务。⑮师尹：官长。⑯俊民：有才能的人。章：同“彰”，显明，这里指受任用。⑰微：隐没，不显。⑱好：喜好。

［译文］

“八，庶征：第一种叫雨，第二种叫晴，第三种叫暖，第四种叫寒，第五种叫风。这五种征兆在一年中都能出现，而且各自符合特定的规律，各种草木就能生长得丰茂。其中一种频繁出现，是凶年；其中一种很少出现，也是凶年。有几种吉兆：君主庄重，就像雨下得适当；君主善治，就像天晴得适当；君主明哲，就像天暖得适当；君主能谋，就像天寒得适当；君主圣明，就像风吹得适当。有几种凶象：君主狂傲，就像阴雨不绝；君主失度，就像久旱无雨；君主逸乐，就像酷热不止；君主严酷，就像严寒不断；君主昏庸，就像狂风不停。王为政就像年，卿士就像月，官长就像日。年月日的关系毫无改变，各种庄稼才能丰收。政治清明，人才得以受到任用，国家才能安定太平。日月年的关系发生了变化，各种庄稼就不能成熟。政治昏庸不明，人才被埋没，国家也不得安宁。平民就像星星，有的星喜欢风，有的星喜欢雨。日月的运行，产生了四季交替的现象。月如果顺从于星，或多风，或多雨。

［原文］

“九，五福：一曰寿，二曰富，三曰康宁，四曰攸好德①，五曰考终命②。六极：一曰凶、短、折③，二曰疾，三曰忧，四曰贫，五曰恶，六曰弱④。”

［注释］

①攸好德：遵行美德。②考终命：年老而得善终。考：同“老”，年老。③凶：儿童没到换牙的年龄就死去。短：少年未满二十岁就死去。折：青年未结婚就死去。④弱：懦弱。

［译文］

“九，五福：第一种叫长寿，第二种叫富贵，第三种叫健康安宁，第四种叫遵行美德，第五种叫年老而得善终。六种惩罚：第一种叫年幼早殇、年少早夭、年轻早死，第二种叫疾病，第三种叫忧患，第四种叫贫困，第五种叫邪恶，第六种叫懦弱。”

（伪）旅　獒

［原文］

书序：西旅献獒①，太保作《旅獒》②。

［注释］

①西旅：周初的一个西方国家。獒：大狗。②太保：官名，这里指召公奭，周武王异母弟。

［译文］

书序：西方的远国进献獒犬，太保于是作《旅獒》。

［原文］

惟克商，遂通道于九夷、八蛮①。西旅厎贡厥獒(ào)②，太保乃作《旅獒》，用训于王③。曰："呜呼！明王慎德④，西夷咸宾⑤。无有远迩⑥，毕献方物⑦，惟服、食、器用。王乃昭德之致于异姓之邦⑧，无替厥服⑨；分宝玉于伯叔之国⑩，时庸展亲⑪。人不易物⑫，惟德其物！德盛不狎(xiá)侮⑬。狎侮君子⑭，罔以尽人心；狎侮小人⑮，罔以尽其力。不役耳目⑯，百度惟贞⑰。玩人丧德⑱，玩物丧志。志以道宁，言以道接。不作无益害有益，功乃成；不贵异物贱用物⑲，民乃足。犬马非其土性不畜⑳，珍禽奇兽不育于国。不宝远物㉑，则远人格㉒；所宝惟贤，则迩人安。呜呼！夙夜罔或不勤㉓，不矜细行㉔，终累大德㉕。为山九仞(rèn)㉖，功亏一篑(kuì)㉗。允迪兹㉘，生民保厥居㉙，惟乃世王㉚。"

［注释］

①通道：打通道路。夷：泛指东方少数民族。蛮：泛指南方少数民族。②厎：来。③训：教导。王，指周武王。④慎德：注重道德修养。⑤宾：宾服，归顺。⑥无有远迩：无论远近。迩，近。⑦方物：本地特产。⑧昭：昭示。德之致：因为德行美好而得到的东西，指四方进献方物之事。⑨替：毁弃，荒废。服：职事。⑩伯叔之国：对应上文提到的"异姓之邦"，指同姓之国。按照礼制，周天子尊称同姓诸侯大国之君为伯父，小国之君为叔父。⑪庸：用以。展：显示。亲：亲近，亲情。⑫易：改变。⑬德盛：德行盛大。狎侮：轻慢侮辱。⑭君子：指国中的大臣。⑮小人：指平民百姓。⑯不役耳目：不会受耳目的役使，指不会沉溺于声色之中。⑰百度：各种事情。贞：正。⑱玩人：戏弄他人。⑲异物：珍奇而不实用的器物。用物：平时常用的器物。⑳土性：适应某地的自然环境而形成的生活习性。畜：畜

养。㉑宝：这里作动词，意思是以之为宝，珍视。㉒格：来。㉓夙夜：整日整夜。勤：倦怠。㉔矜：谨慎，小心。细行：小节。㉕累：连累，损害。㉖九仞：形容很高。九，概数。仞，古代长度单位，周制八尺为一仞。㉗功亏一篑：缺少一筐土而未能成功。篑，盛土的竹器。㉘允：确实。迪：遵行。㉙生民：百姓。㉚世王：世代称王。

［译文］

周打败了商朝，就打通了与周边部族来往的道路。西方远国进献了獒犬，太保于是作《旅獒》，来劝谏于王。他说："啊！圣明的王注重道德修养，西方部族都来归顺。无论远近，都来进献当地物产，多为日常使用的器物。王于是向异姓之国昭示美德而得到贡品，因此他们不荒废职事；又把宝玉赏赐给同姓之国，这用来彰显亲情。人们不会改变的东西，只有德行啊！德行高就不会轻慢，轻慢君子，就不能让他们尽心做事；轻慢百姓，就不能让他们尽力做事。不贪恋声色之娱，任何政务都会处理好。戏弄他人会丧失德行，把玩器物会损害意志。意志靠正道得以安定，言辞靠正道得以应对。不做无益的事，去做有益的事，功业才可以成功；不看重奇珍异宝而重视日用器物，百姓才得以富足。犬马不是在所产的地方就不要畜养，珍禽异兽也不在国都里饲养。不看重边远地区的物产，远方之人就会归附；所尊重的就是贤才，近处的人才会安定。啊！从早到晚都不能倦怠，在小的方面不谨慎，终将会损害大的德行。犹如堆起高高的土山，只差一筐土也不算完成。王如果能遵行这些劝谏，就可以世代称王于天下。"

金　縢

［原文］

书序：武王有疾，周公作《金縢》①。

［注释］

①周公：名旦，周文王之子，周武王之弟。武王死后，周公辅佐年幼的成王，平定叛乱，制礼作乐，分封诸侯，被儒家奉为圣人。金縢：用金属缄封的匣子，周公作书藏在里面。

［译文］

书序：武王患了重病，周公于是作《金縢》。

［原文］

既克商二年，王有疾，弗豫[1]。二公曰[2]：“我其为王穆卜[3]。”周公曰：“未可以戚我先王[4]。”公乃自以为功，为三坛同墠(shàn)[5]。为坛于南方，北面，周公立焉。植璧秉珪[6]，乃告太王、王季、文王。

［注释］

①弗豫：又称不豫，这是对帝王病重的婉转说法。豫，安。②二公：指太公望和召公奭。③穆：敬。④戚：悲戚，忧伤。⑤三坛：太王、王季、文王各为一坛。墠：祭祀的场地。⑥植：放置。璧：圆形呈环状的玉。珪：长条形而上圆下方的玉。

［译文］

战胜殷商的第二年，王得了重病，身体不适。太公和召公说：“我们将要为王恭敬地卜问。”周公说：“不能因这件事让我先王忧伤。”周公于是以此为自己的事情，在同一块祭祀场地筑起三座祭坛。祭坛筑在南方，面朝北方，周公站在那里。他把璧放在祭坛前，手里拿着圭玉，于是向太王、王季、文王祷告。

［原文］

史乃册[1]，祝曰：“惟尔元孙某[2]，遘(gòu)厉虐疾[3]。若尔三王，是有丕子之责于天[4]，以旦代某之身！予仁若考[5]，能多材多艺[6]，能事鬼神[7]。乃元孙不若旦多材多艺，不能事鬼神。乃命于帝庭[8]，敷佑四方[9]，用能定尔子孙于下地[10]。四方之民罔不祗(zhī)畏[11]。呜呼！无坠天之降宝命[12]，我先王亦永有依归。今我即命于元龟[13]，尔之许我，我其以璧与珪归，俟尔命[14]；尔不许我，我乃屏璧与珪[15]。”

[注释]

①册：祷告的策文，这里作动词，意思是书写策文。②元孙：长孙。某：指周武王，名发。史官避讳，未直书其名。③遘：遇。厉：危。虐：暴。④丕子：家族的大儿子。丕，大。⑤考：死去的父亲，指文王。⑥多材多艺：有多种才能和技艺。⑦事鬼神：祭祀鬼神。⑧命：受命。⑨敷：布施教化。⑩下地：人间。⑪祗：敬。⑫坠：失去。宝命：大命，指上天授予的命数。⑬元龟：占卜用的大龟。⑭俟：等待。⑮屏：收藏。

[译文]

于是史官书写策文，祷告说："你们的长孙周武王，突然罹患重病。你们三位先王，大儿子如果受到上天的责备，就让我代替他受罚吧！我的仁德就像先父，有多种才能和技艺，能祭祀鬼神。你们的长孙不像我有那么多的才能和技艺，也不能祭祀鬼神。你们在天庭里承受了大命，教化和护佑四方，因此能将你们的子孙安定于人间。四方的民众没有不敬畏的。啊！不要丧事上天降下的大命，我先王也就永远有所依归了。现在我听命于卜筮，你们答应我，我就带着璧和圭玉回去等候你们的命令；你们不答应我，我就藏起璧和圭玉。"

[原文]

乃卜三龟，一习吉①。启籥(yuè)见书②，乃并是吉。公曰："体③！王其罔害。予小子新命于三王④，惟永终是图⑤。兹攸俟，能念予一人⑥。"公归，乃纳册于金縢(téng)之匮中⑦。王翼日乃瘳(chōu)⑧。

[注释]

①一：都，全。习：反复。②籥：钥匙。③体：占卜的兆象。④予小子：我，谦称，意思与下文"予一人"相同。⑤永终：永远。⑥念：顾念。⑦册：书写祷告文的策书。⑧翼日：翌日，明天。瘳：病愈。

[译文]

于是卜问了三卦，反复得到吉兆。用钥匙打开匣子看占卜书，也都是吉兆。周公说："这是兆象啊！王大概没有危险了。我刚接受三位先王的命令，只想着让国家长治久安。现在所等待的，只是先王能顾念我。"周公回

去，于是将策书放在用金属缄封的匣子里。王第二天就病愈了。

［原文］

武王既丧①，管叔及其群弟乃流言于国②，曰："公将不利于孺子③。"周公乃告二公曰："我之弗辟④，我无以告我先王。"周公居东二年⑤，则罪人斯得⑥。于后，公乃为诗以贻(yí)王，名之曰《鸱鸮(chī xiāo)》⑦，王亦未敢诮(qiào)公⑧。

［注释］

①丧：死。②管叔：名鲜，武王之弟，被封于管。群弟：指蔡叔度、霍叔处。管、蔡、霍负责监视殷商遗民，称三监，因反对周公而叛乱，后来被周公平定。③孺子：孩子，指刚继位的成王。④辟：以法惩治。⑤居东：在东方，指东征。⑥斯：乃。⑦《鸱鸮》：《诗经·豳风》中的一篇。⑧诮：责备，怪罪。

［译文］

武王去世后，管叔和弟弟们就在国都散布流言，说："周公将对天子不利。"周公于是告知太公和召公说："我不以法惩治他们，就没法告慰我先王。"周公东征二年，就把罪魁祸首的人擒获了。在此之后，周公就作了一首诗献给王，名叫《鸱鸮》，王也不敢责备周公。

［原文］

秋，大熟①，未获，天大雷电以风②，禾尽偃③，大木斯拔，邦人大恐④。王与大夫尽弁(biàn)⑤，以启金縢之书，乃得周公所自以为功代武王之说。二公及王乃问诸史与百执事⑥。对曰："信⑦。噫！公命，我勿敢言。"

［注释］

①大熟：丰收。②以：与，和。③偃：倒伏，倒下。④邦人：国人，居住在国都里的人。⑤弁：一种礼冠，分为爵弁、皮弁两种。这里作动词，指戴上弁冠。⑥百执事：百官。⑦信：真实。

［译文］

秋季，庄稼长得很好，还没有收割，天上就电闪雷鸣并伴有大风。庄稼都被吹倒，大树也被拔起，国人非常害怕。王和大夫都戴上弁冠，打开用金属缄封的匣子里的策书，才看到周公自愿代武王受上天惩罚的祷告文。太公和召公以及王于是询问史官和百官。他们回答说："真有这件事。唉！这是周公的命令，我们不敢说。"

［原文］

王执书以泣曰："其勿穆卜！昔公勤劳王家，惟予冲人弗及知①。今天动威以彰周公之德，惟朕小子其新逆②，我国家礼亦宜之。"王出郊，天乃雨，反风③，禾则尽起。二公命邦人，凡大木所偃，尽起而筑之④。岁则大熟。

［注释］

①冲人：年幼的人。②新：自新。逆：迎接。③反风：风向逆转。④筑：培土夯实。

［译文］

王拿着策书哭泣说："不要卜问了！以前周公就为王室而辛勤操劳，只是我这个年幼的人来不及知晓。现在上天动怒来彰显周公的德行，我要改过自新去迎接周公，我国家的礼仪就该这样。"王来到郊外，天空于是下雨，风向逆转，倒下的庄稼都站立起来。太公和召公命令国人，凡是倒下的大树，都扶起来培土夯实根基。于是这一年仍然大丰收。

大　诰

［原文］

书序：武王崩，三监及淮夷叛①，周公相成王②，将黜殷③，作《大诰》。

［注释］

①三监：武王之弟管叔鲜、蔡叔度、霍叔处负责监视殷商遗民，称三

监。淮夷：淮泗流域的东方部族，如徐、奄等国。②相：辅佐。成王：名诵，武王之子。③黜：消灭。殷：叛乱的殷人。

［译文］

书序：武王去世，三监和淮夷叛乱，周公辅助成王，将要消灭叛乱的殷人，史官于是作《大诰》。

齐太公

齐太公，姜姓，吕氏，名尚，相传在渭水边垂钓时受周文王赏识而被任用。文王死后，他又辅佐武王，被尊为师尚父。武王伐纣灭商，太公功劳显赫，被封于齐，与周公、召公位居三公之列。

［原文］

王若曰①："猷(yóu)大诰尔多邦越尔御事②。弗吊③！天降割(hài)于我家④，不少延⑤。洪惟我幼冲人⑥，嗣无疆大历服⑦。弗造哲⑧，迪民康⑨，矧(shěn)曰其有能格知天命⑩！已⑪！予惟小子若涉渊水，予惟往求朕攸济⑫。敷(bēn)贲敷前人受命⑬，兹不忘大功。予不敢闭于天降威⑭，用宁王遗我大宝龟⑮，绍天明⑯。即命曰⑰：'有大艰于西土，西土人亦不静，越兹蠢⑱。'殷小腆(tiǎn)诞敢纪其叙⑲。天降威，知我国有疵(cī)⑳，民不康，曰：'予复！'反鄙我周邦㉑，今蠢今翼日㉒，民献有十夫予翼㉓，以于敉(mǐ)宁武图功㉔。我有大事，休㉕？朕卜并吉。

［注释］

①王若曰：周公以成王的名义发布文诰。②猷：大道。多邦：天下诸侯。越：与，和。御：治。③吊：善。④割：通"害"，灾害。⑤延：间断，停息。⑥洪惟：发语词。幼冲人：年幼的人，这里指成王。⑦大历服：伟大久远的事业。历，久。服，事。⑧造：遇。哲：明智的人。⑨迪：引导。康：安。⑩矧：况且，何况。格知：知道，了解。⑪已：叹词。⑫济：渡。⑬敷：布施。贲：文采，这里指大道。前人：指先王。⑭闭：隐藏，隐瞒。威：威刑，

太 任

太任是王季之妻，文王之母，她勤俭知礼，相传她在怀孕时就对文王进行胎教。文王一降生就被祖父太王认定为兴盛周人的圣贤，因此舍长子泰伯，立三子季历为继承人，只为日后传位于文王。文王天资聪颖，宽厚仁德，与母亲太任的教育是分不开的。

灾难。⑮宁王：安定天下的王，指文王。遗：遗留。⑯绍：继承。天明：即天命。⑰即命：问卜。⑱蠢：蠢蠢欲动，伺机作乱。⑲小腆：指商纣王之子武庚。腆，主。纪其叙：指武庚承载殷商的帝王统绪，即打算恢复商朝。叙，通“绪”，统绪。⑳疵：毛病，过失。成王年幼，周公被疑，三监散布流言，武庚认为周有过失。㉑鄙：鄙夷，轻视。㉒翼日：翌日，明天。㉓献：贤能。翼：帮助，辅佐。㉔敉宁：平定。图功：谋划建立功业。㉕休：美善，吉利。

[译文]

王这样说：“我顺应大道向你们天下诸侯和治事大臣发布诰命。不幸啊！上天降下灾祸到我的国家，不曾间断。我这个年幼的人，继承了永无穷尽的伟大事业。我没有遇到明智的人，引导民众走向安康，更谈不上什么能知天命！唉！我就想跋涉深水，我只想去寻求让我渡过深水的办法。布施大道和先王所受的天命，我在这里不会忘记伟大的功勋。我不敢隐藏上天降下的威刑，用文王留给我的大宝龟，继承天命。问卜说：‘我西方之国有大难，西方之人也不安宁，正蠢蠢欲动。’殷商少主妄图继承帝王统绪。上天降下威刑，他们知道我的国家有过失，人民不安康，说：‘我要复国！’他们反而轻视我周国，现在蠢蠢欲动，第二天，就会有贤者十人前来辅佐我，用武力平定叛乱，谋划建立功业。我有重大的事情，应该是吉兆吧？我问卜的结果都很吉利。

[原文]

“肆予告我友邦君越尹氏、庶士、御事①，曰：‘予得吉卜，予惟以尔庶邦于伐殷逋（bū）播臣②。’尔庶邦君越庶士、御事罔

不反曰：‘艰大，民不静，亦惟在王宫、邦君室[3]。越予小子考翼[4]，不可征，王害不违卜[5]？’肆予冲人永思艰，曰：‘呜呼！允蠢，鳏寡[6]，哀哉！’予造天役，遗大投艰于朕身[7]。越予冲人不卬自恤[8]，义尔邦君越尔多士、尹氏、御事绥予曰[9]：‘无毖于恤[10]，不可不成乃宁考图功[11]。’已！予惟小子不敢替上帝命[12]。天休于宁王，兴我小邦周。宁王惟卜用，克绥受兹命。今天其相民，矧亦惟卜用？呜呼！天明畏，弼我丕丕基！”

［注释］

①肆：所以。尹氏：大夫。庶士：众卿士。②逋播臣：指武庚。逋，逃亡。播，迁徙。③在王宫邦君室：指责任在天子和诸侯。④翼：恭敬。⑤害：通“曷”，何。⑥鳏寡：年老而无妻和无夫的人，指贫苦百姓。⑦遗大投艰：委以重任。⑧卬：我。恤：忧虑，顾虑。⑨义：宜，应当。多士：即庶士。绥：安慰，劝解。⑩毖：操劳。⑪宁考：指文王。⑫替：废弃。

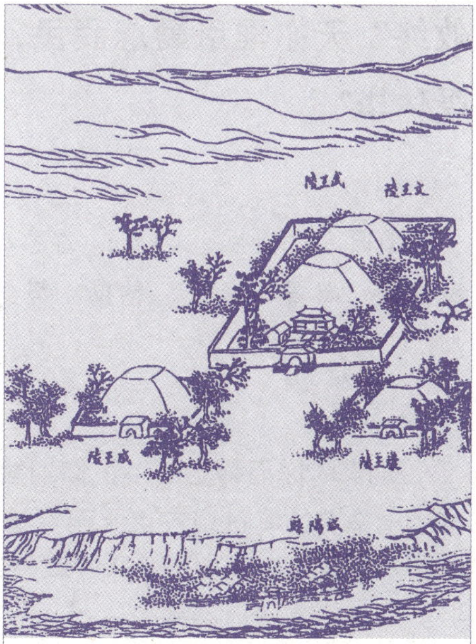

西周王陵

西周是历史上地位十分重要的一个王朝，其政治制度、社会伦理、宗教祭祀、婚丧礼仪都对后世产生了深远的影响，主导中国文化两千多年的儒家学说更是发端于此。

［译文］

“所以我告诉我友邦的国君和大夫、卿士、治事的官员，说：‘我问卜得到了吉兆，我要和你们各国去讨伐逃亡的罪臣。’你们这些诸侯和卿士、治事的官员无不反对说：‘困难太大，民心不定，责任在天子和诸侯。我们恭敬地思考过，不可以征伐，王为什么不违背占卜的结果呢？’我这个年幼的人长久地考虑各方面的困难，说：‘啊！罪臣蠢蠢欲动确实伤害了贫苦百姓，痛心啊！’我受上天的役使，上天对我委以重任。我这个年幼的人不能只为自己考虑。你们这些诸侯和卿士、大夫、治事的官员应该安慰我说：‘如果不要为这些顾虑而操劳，就不能成就你先父的功绩。’唉！我不敢废弃上帝的命令。上天降下福运给文王，使我小国周兴旺，文王只用占卜，就能安受天命。现在上天帮助民众，何止用占卜呢？啊！天命可畏，你们要辅佐我建立伟大的基业！”

[原文]

王曰：“尔惟旧人①，尔丕克远省②，尔知宁王若勤哉？天閟（bì）毖我成功所③，予不敢不极卒宁王图事④。肆予大化诱我友邦君⑤：天棐（fěi）忱辞⑥，其考我民⑦，予曷其不于前宁人图功攸终？天亦惟用勤毖我民，若有疾，予曷敢不于前宁人攸受休毕？”

[注释]

①旧人：老臣。②省：省察。③閟：慎重。所：所在。④卒：尽。⑤化诱：教导。⑥棐：辅助，帮助。忱辞：诚恳的说辞，指问卜所得的吉兆。⑦考：成就功业。

[译文]

王说：“你们都是老臣，你们能够省察过去的事情，你们知道文王是如何付出辛劳的吗？现在上天已经慎重把成功的道理教给我了，我不敢不极尽文王谋划之事。所以我广泛教导我友邦的国君：我周王室有大化诚辞，为天所辅，将要成就我民众的大功，我为什么不继承先父文王的功业而使其永远延续下去？上天也谨慎地役使我的民众，就像自己生病一样小心，我怎么敢不继承先父文王所受的大命而使其有个好结局？”

[原文]

王曰：“若昔朕其逝①，朕言艰日思②。若考作室，既底

法[3]，厥子乃弗肯堂，矧肯构[4]？厥父菑(zī)[5]，厥子乃弗肯播[6]，矧肯获？厥考翼，其肯曰：'予有后弗弃基[7]？'肆予曷敢不越卬敉(mǐ)宁王大命[8]？若兄考[9]，乃有友伐厥子[10]，民养其劝弗救[11]？"

［注释］

①昔：指武王伐纣时。逝：往。②艰日：艰难的日子。③底：定。④堂：堂基，这里作动词，意思是打地基。矧：何况。构：构筑房屋。⑤菑：开垦土地。⑥播：播种。⑦其：岂，难道。⑧敉：安抚。⑨兄：指周武王。考：终，死。⑩友：群，指群弟，即三监。⑪民：指父兄，即家长。

［译文］

王说："就像当初我随军出征，我说些艰难日子里想到的事情。就像父亲盖房子，已经定下方法，他的儿子却不肯打地基，何况是搭架梁椽呢？父亲开垦土地，他的儿子却不肯播种庄稼，怎么能有收获呢？父亲敬重自己的事情，他会说：'我的后代不会废弃我的基业吗？'所以我怎么敢不亲自继承文王的大命呢？就像武王去世了，他的弟弟们竟然攻打他的儿子，家长会劝别人不去营救吗？"

［原文］

王曰："呜呼！肆哉[1]！尔庶邦君越尔御事。爽邦由哲[2]，亦惟十人，迪知上帝命越天棐忱[3]，尔时罔敢易法[4]！矧今天降戾(lì)于周邦[5]？惟大艰人诞邻胥伐于厥室[6]，尔亦不知天命不易？予永念曰：'天惟丧殷，若穑夫[7]，予曷敢不终朕亩？'天亦惟休于前宁人，予曷其极卜[8]？敢弗于从率宁人有指疆土？矧今卜并吉！肆朕诞以尔东征。天命不僭[9]，卜陈惟若兹[10]！"

［注释］

①肆：努力，尽力。②爽：明。③迪：遵循。④易：更改。⑤戾：罪

过。⑥大艰人：大发难的人，指三监。诞：大。邻：邻国，指武庚。胥：相与。⑦穑夫：农夫。⑧极：尽。⑨僭：差错。⑩陈：示。

[译文]

王说："啊！努力吧！你们这些诸侯和治事的官员。明白治国之道的就是明智的人，也就是那十个人，遵守并知晓上帝的大命就会得到真诚的帮助，你们没人敢改变这一法则！何况现在上天降罪于周国呢？发难的大罪人、强大的邻国共同攻打王室，你们也不知道天命不会改变吗？我长久地挂念说：'上天灭亡了殷商，就像农夫，我怎么不敢在我的田里斩草除根呢？'上天也降下大命给先父文王，我为什么不穷尽所能去问卜？我怎么敢不遵从文王的旨意保卫疆土？何况我现在问卜得到了吉兆！所以我要率领你们东征。天命没有差错，卜辞就是这样说的！"

（伪）微子之命

[原文]

书序：成王既黜殷命①，杀武庚②，命微子启代殷后③，作《微子之命》。

[注释]

①黜：废除，断绝。②武庚：商纣王之子，在周灭商后负责治理殷商遗民，趁周武王去世勾结三监叛乱，被周公平定。③微子启：商纣王的庶兄，在三监之乱后被封于宋国。

[译文]

成王断绝了殷商的命数，杀死武庚，册命微子启接替武庚管理殷商后嗣，史官于是作《微子之命》。

[原文]

王若曰："猷(yóu)①！殷王元子②。惟稽古③，崇德象贤④。统承先王，修其礼物⑤，作宾于王家⑥，与国咸休⑦，永世无穷。呜

呼！乃祖成汤，克齐圣广渊[8]，皇天眷佑[9]，诞受厥命。抚民以宽，除其邪虐。功加于时[10]，德垂后裔。尔惟践修厥猷[11]，旧有令闻[12]。恪慎克孝[13]，肃恭神人[14]。予嘉乃德，曰笃不忘[15]。上帝时歆[16]，下民祗(zhī)协，庸建尔于上公[17]，尹兹东夏[18]。钦哉[19]！往敷乃训[20]，慎乃服命[21]，率由典常，以蕃王室[22]。弘乃烈祖，律乃有民[23]，永绥厥位，毗予一人[24]。世世享德，万邦作式[25]，俾我有周无斁(yì)[26]。呜呼！往哉！惟休！无替朕命[27]。”

[注释]

①猷：大道。②元子：长子。微子启是帝乙的庶长子。③稽古：考察古代历史。④象：效仿。⑤礼物：礼乐制度。⑥宾：微子启为前代帝王后裔，周王室待以宾礼，而不用臣礼，以示敬重。⑦休：美好。⑧齐圣广渊：聪明睿智，广大深远。⑨眷佑：眷顾护佑。⑩功加于时：功业建立在当世。⑪践：履行。⑫令闻：美好的名声。⑬恪：恭敬。⑭肃：庄重。⑮笃：厚。⑯歆：享用祭品。⑰上公：周朝官爵的最高等级，高于三公一等。⑱东夏：中原各国统称诸夏，而宋国都城在今河南商丘，位于周都的东方，所以称东夏。⑲钦：敬。⑳敷：发布。训：命令。㉑服命：天子赐予的服饰和命数，代指职责。㉒蕃：通“藩”，屏障，捍卫。㉓律：约束。㉔毗：辅佐，帮助。㉕式：范式，榜样。㉖俾：使。斁：厌弃。㉗替：废弃。

孔子

孔子是微子启后裔旁支，他的祖先是宋国贵族。孔子推崇周礼，认为天下大乱的根源就是统治者的不仁和礼乐制度的崩坏。他主张恢复到周初的社会组织结构，而对殷商文化，孔子也很感兴趣，他曾通过宋国典籍考察殷商礼制，并且称赞微子、箕子、比干是殷商末年的三位仁者。

[译文]

王这样说：“遵行大道啊！殷王的

长子。考察古代历史，尊崇美德，效法贤人。继承先王的统绪，修治他们的礼乐制度，作为王室的宾客，与国家共享福运，世代无穷尽。啊！你的祖先成汤能够聪明睿智，广大深远，伟大的上天眷顾护佑他，让他领受大命。他用宽厚的仁德安抚民众，为他们铲除暴虐。在当时建立功业，德行垂范于后世。你履行和修治祖先的治国之道，早就有美好的名声，恭敬谨慎地持守孝道，庄重恭顺地对待神灵和百姓。我嘉奖你的美德，印象深刻而难以忘怀。上帝能按时享用祭品，民众也能恭敬和睦，因此我任命你为上公，治理东夏地区。要恭敬啊！去发布你的命令，谨慎地履行你的职责，遵行日常法令来捍卫王室。弘扬你祖先伟大的美德，约束你的民众，永远安居在这个位置辅佐我。世代享有功德，作为天下万国的典范，使我周朝永不厌弃你。啊！去施行美好的政令吧！不要废弃我的命令。”

康　诰

［原文］

书序：成王既伐管叔、蔡叔，以殷余民封康叔①，作《康诰》《酒诰》《梓材》。

［注释］

①康叔：名封，周武王同母弟，被封于卫国。

［译文］

书序：成王讨伐管叔、蔡叔之后，将殷商遗民所在之地封给康叔，史官于是作《康诰》《酒诰》《梓材》。

［原文］

惟三月哉生魄①，周公初基作新大邑于东国洛②，四方民大和会，侯、甸、男邦、采卫、百工、播民和见③，士于周④。周公咸勤⑤，乃洪大诰治⑥。

王若曰：“孟侯⑦，朕其弟小子封⑧。惟乃丕显考文王⑨，

克明德慎罚[10]，不敢侮鳏寡，庸庸[11]，祗祗[12]，威威[13]，显民[14]，用肇造我区夏[15]，越我一二邦以修我西土[16]。惟时怙冒[17]，闻于上帝，帝休[18]，天乃大命文王殪（yì）戎殷[19]，诞受厥命越厥邦厥民。惟时叙[20]，乃寡兄勖（xù）[21]，肆汝小子封在兹东土[22]。”

［注释］

①哉：通“才”，开始。生魄：古人称月亮有光的部分为明，无光的部分为魄，月初朔日以后月明渐增，月魄渐减，称死魄，月中望日以后相反，称生魄。②基：谋划。大邑：王城。③侯、甸、男邦：王畿附近的诸侯国。周代王畿以外的诸侯国分为六等，按远近分为侯服、甸服、男服、采服、卫服、蛮服。百工：百官。播民：迁徙之民，指殷商遗民。和见：会见。④士：侍奉。⑤咸：全。勤：慰劳。⑥洪：一说为代替，一说为宏大。这里采用前一说法。治：治国之道。⑦孟侯：诸侯之长，这里指康叔。孟，长。⑧朕其弟：康叔是周公之弟，成王之叔，可见这篇诰是周公代成王发布的。⑨乃：你的。丕显：伟大英明。考：死去的父亲。⑩克：能够。明德：崇尚德教。慎罚：慎用刑罚。⑪庸庸：任用可以任用的人。庸，用。⑫祗祗：尊敬值得尊敬的人。祗，敬。⑬威威：惩罚应该惩罚的人。威，刑罚。⑭显民：明示于民众。⑮用：因此，所以。肇造：始建。肇，开始。区夏：华夏。中原诸国又称诸夏。⑯修：治理。⑰时：这。怙：大。冒：通“勖”，勤勉。⑱休：高兴，喜。⑲殪：死，这里指灭亡。戎殷：大国殷。⑳叙：通“绪”，事业。㉑寡兄：一说为少有之兄，强调其贤能，一说为长兄。指周武王。㉒东土：卫国最初定都商朝旧都朝歌，位于周都的东方。

［译文］

三月望日以后月亮开始转亏，周公开始谋划在东方洛水流域建造新王城，四方民众前来聚会，侯甸男的诸侯、采卫的百官、被迁徙来的殷商遗民都来会见，侍奉周王室。周公慰劳全部人员，于是代替天子发布文诰阐述治国之道。

王这样说：“诸侯之长，我的弟弟康叔。你伟大英明的先父文王，能够崇尚德教，慎用刑罚，不敢欺侮贫困之人，他任用可以任用的人，尊敬值得尊敬的人，惩罚应该惩罚的人，明示民众，因此始建我华夏之国，和我诸侯共同治理我西方之国。他勤勉治国的大功被上帝得知，上帝欣喜，上天于是降下大命于文王灭亡了大国殷商，领受大命和天下诸侯、民众。这一事业，是你兄长努力创建的，所以你要到东方去。”

［原文］

王曰：“呜呼！封，汝念哉！今民将在祗遹(yù)乃文考[1]，绍闻衣德言[2]。往敷求于殷先哲王，用保乂民[3]。汝丕远惟商耇(gǒu)成人[4]，宅心知训[5]。别求闻由古先哲王，用康保民[6]，弘于天[7]。若德裕乃身[8]，不废在王命[9]！”

［注释］

①在：考虑，思考。遹：遵循。②绍：继。衣德言：遵从德教之言。衣，这里作动词，意思是穿衣，引申为领受、遵从。③敷：普遍。保乂：养育安定。④耇成人：年老德高之人。⑤宅心：放在心上。训：指训诫民众。⑥别：另。康保：安定。⑦弘：大。⑧若：顺承。裕：富。⑨废：指废黜爵位。

［译文］

王说：“啊！封，你要记得啊！现在民众将要考虑恭敬地遵循你先父文王的德教，继承所听到的，遵从德教之言。你要去遍访殷商圣明先王的治国之道，用来养育安定民众。你要长远地思虑殷商年老德高之人的为政之法，把教化民众的事放在心上。另求古代圣明先王的保民之术，用来安定民众，这比上天还要宏大。顺承德教会使你受益，永远领受王命而不被废黜。”

商汤桑林祷雨

商汤在位时，有一年久旱无雨，于是他沐浴斋戒，乘着素车白马，身上披着白茅，将自己作为祈雨的牺牲，到桑林旷野中向天神祷告。不久，方圆数千里内就下起了大雨。商汤的后裔由于不遵从祖先的盛德而众叛亲离，最终亡国。周公在册封康叔时，劝诫他效法殷商先王，以德治国，才能安抚殷商遗民。

[原文]

王曰："呜呼！小子封，恫瘝(guān)乃身①，敬哉②！天畏棐(fěi)忱③，民情大可见，小人难保。往尽乃心，无康好逸豫④，乃其乂民。我闻曰：'怨不在大，亦不在小；惠不惠⑤，懋(mào)不懋⑥。'已！汝惟小子，乃服惟弘王应保殷民⑦，亦惟助王宅天命，作新民⑧。"

[注释]

①恫瘝：病痛。②敬：慎重。③畏：通"威"，威严。棐：辅助，帮助。忱：真诚的人。④逸豫：安乐。⑤惠：顺从。⑥懋：努力。⑦服：职责，责任。应：顺应天意。保：安定。⑧作新民：使殷商遗民改过自新。

[译文]

王说："啊！封，治国就像身患疾病，要谨慎啊！上天的威严会帮助真诚的人，民众的情况都能很容易看到，百姓是难以安定的。去竭尽你的心力，不要安于逸乐，去治理你的民众。我听说：'怨恨不在于大，也不在于小；使不顺从的顺从，使不努力的努力。'唉！你作为年轻人，职责就是弘扬王道，顺应天意安定殷商遗民，也要帮助王安于天命，使殷商遗民改过自新。"

[原文]

王曰："呜呼！封，敬明乃罚①。人有小罪，非眚(shěng)②，乃惟终③，自作不典④，式尔⑤，有厥罪小，乃不可不杀。乃有大罪，非终，乃惟眚灾⑥，适尔⑦，既道极厥辜⑧，时乃不可杀。"

[注释]

①明：严明。②眚：小过失。③终：经常。④典：常法。⑤式尔：一直这样。⑥眚灾：因为过失造成的灾祸。⑦适尔：偶然这样。⑧道：指常法。极：尽。辜：罪过。

[译文]

王说："啊！封，谨慎严明地对待你的刑罚。有人犯了小罪，不是无意犯下的过失，而是经常这样，自己不遵守常法，一直如此，犯的罪虽然小，也不可以不杀。有人犯了大罪，不是经常这样，而是因过失造成的灾祸，偶然如此，在按照常法穷究其罪之后，是不可以杀的。”

［原文］

王曰：“呜呼！封，有叙①，时乃大明服，惟民其勑懋和②。若有疾，惟民其毕弃咎③。若保赤子④，惟民其康乂。非汝封刑人杀人，无或刑人杀人；非汝封又曰劓(yì)刵(èr)人⑤，无或劓刵人。”

［注释］

①叙：次序。②勑：告诫，勉励。③咎：错误。④赤子：婴儿。⑤刵：割掉耳朵的刑罚。

［译文］

王说：“啊！封，按照次序做事，这样就会为政清明而使人信服，民众自勉而协和。就像身患疾病，民众要祛除它。就像保育婴儿，民众安定太平。不是你要以刑罚惩处罪人，别人就无权以刑罚惩处罪人；不是你说要对人施以劓刵之刑，别人就无权对人施以劓刵之刑。”

［原文］

王曰：“外事①，汝陈时臬(niè)②，司师③，兹殷罚有伦④。”又曰：“要囚⑤，服念五六日至于旬时⑥，丕蔽要囚⑥。”

［注释］

①外事：一说指外藩诸侯遵行王命之事，一说指外朝刑狱之事。这里采用前一说法。②陈：公布。臬：箭靶，引申为法度。③司：治理。师：众人，这里指民众。④伦：有序。⑤要囚：审核囚犯的供词。⑥服念：反复思考。⑥蔽：断案。

［译文］

王说：“外藩诸侯遵行王命之事，你公布这一法度，治理民众，这样使殷商遗民的刑罚就能井然有序。”又说：“审核囚犯的供词，反复思考五六天，直到十天，就能根据供词完全断案。”

［原文］

王曰："汝陈时臬事罚。蔽殷彝[1]，用其义刑义杀[2]，勿庸以次汝封[3]。乃汝尽逊，曰时叙，惟曰未有逊事[4]。已！汝惟小子，未其有若汝封之心。朕心朕德，惟乃知。凡民自得罪[5]，寇攘奸宄[6]，杀越人于货[7]，暋(mǐn)不畏死[8]，罔弗憝(duì)[9]。"

［注释］

①蔽殷彝：用殷商的法律断案。彝，法。②义：适宜，合理。③勿庸：不用。次：依从，顺从。④逊：顺。⑤自得罪：因此获罪。⑥寇攘：劫掠。奸宄：违法作乱。⑦杀越人于货：杀人抢劫。越，颠越，坠落。⑧暋：强横。⑨憝：憎恨。

［译文］

王说："你公布这些法度用来实施惩罚。用殷商的法律断案，适当地处以刑罚，不要随心所欲。你完全遵循法度就会有序，还要自认为没有做到完全遵循。唉！你作为年轻人，切不可顺从你个人意志。我的心意，我的德教，你都知道。大凡民众因此获罪，如劫掠作乱，杀人抢劫，强横不怕死，没有不憎恨的。"

［原文］

王曰："封，元恶大憝(duì)[1]，矧惟不孝不友[2]。子弗祗服厥父事，大伤厥考心；于父不能字厥子[3]，乃疾厥子[4]；于弟弗念天显[5]，乃弗克恭厥兄；兄亦不念鞠子哀[6]，大不友于弟。惟吊兹[7]，不于我政人得罪[8]，天惟与我民彝大泯乱[9]。曰：'乃其速由文王作罚，刑兹无赦。'不率大戛(jiá)[10]，矧惟外庶子、训人[11]，惟厥正人越小臣诸节[12]。乃别播敷造民[13]，大誉弗念弗庸，瘝(guān)厥君[14]，时乃引恶[15]，惟朕憝。已！汝乃其速由兹义率杀。亦惟君惟长不能厥家人越厥小臣、外正，惟威惟虐，大放王命[16]，乃非德用乂。汝亦罔不克敬典，乃由裕民[17]，惟文

王之敬忌[18]。乃裕民曰：'我惟有及[19]。'则予一人以怿[20]。"

［注释］

①元恶：首恶，大恶。②矧：也。友：善待兄弟。③字：爱。④疾：厌恶。⑤天显：上天显示的旨意。⑥鞠子：幼子，孩童。⑦吊：至。⑧政人：为政的官员。⑨泯乱：混乱。⑩率：遵循。戛：常法。⑪庶子：官名，负责教导诸侯和卿大夫的庶子。训人：官名，负责教导贵族子弟。⑫正人：即政人。小臣诸节：掌管各种符节的小官。⑬播敷：散布，传播。造：鼓动。⑭瘝：损害。⑮引恶：助长罪恶。⑯放：放弃，背离。⑰裕：教导。⑱敬忌：敬畏。⑲及：沿袭。⑳怿：高兴，欣喜。

［译文］

王说："封，首恶之人遭人憎恨，不孝顺父母和不友爱兄弟的人也一样。子女不恭敬地侍奉父母，让父母非常伤心；父母不能爱护子女，却厌恶子女；弟弟不念及上天降下的旨意，不能恭敬地对待兄长；兄长也不念及幼子的哀伤，对弟弟非常不友爱。到了这一步，他们不在我的为政官员那里受到惩罚，上天赐予我治民的常法就会大混乱。所以说：'你要赶快用文王的法令实施惩罚，对这些人用刑而不能赦免。'不遵循国家常法的，也有外藩诸侯的庶子、训人，还有为政的官员和掌管符节的小官。他们发布政令鼓动民众，大肆赞誉不念及不采用国家政教的人，损害国君的权威，这是助长罪恶的做法，我很憎恶。唉！你要赶快根据情况实施刑罚。也有君长不能教导好家人、小臣和外朝官员，滥用刑罚，施虐国家，大肆违背王命，是背离德教的做法。你切不可不谨慎遵行常法，由此教导民众，这是文王所敬畏的事情。你教导民众说：'我只沿袭文王的教化。'那么我就很欣慰了。"

［原文］

王曰："封，爽惟民迪吉康[1]，我时其惟殷先哲王德，用康乂民作求[2]。矧今民罔迪[3]，不适[4]；不迪，则罔政在厥邦[5]。"

［注释］

①爽：明。迪：道。吉康：吉祥安康。②求：通"逑"，匹配。③迪：

引导。④适：遵从。⑤政：指善政。

[译文]

王说："封，明白治民之道才会吉祥安康，我们要考虑殷商圣明先王的美德，用来安治民众以匹配这一美德。况且现在的民众不加以引导，就不会遵从王道；不加以引导，这个国家就不会有善政。"

[原文]

王曰："封，予惟不可不监①，告汝德之说于罚之行②。今惟民不静，未戾厥心③，迪屡未同④，爽惟天其罚殛我⑤。我其不怨，惟厥罪无在大，亦无在多，矧曰其尚显闻于天⑥？"

[注释]

①监：考察。②于：与。③戾：安定。④屡：屡次。同：和同。⑤殛：诛杀。⑥闻：听闻，了解。

[译文]

王说："封，我们不可以不考察历史，告诉你德政如何推行以及刑罚如何实施。现在民众不安分，不能安定他们的心，屡次引导也不能和同民意，要明白这是上天对我们降下的惩罚。我们不要怨恨，不要在意他们罪行的大小，也不要在意多少，何况说这些事情还被上天所了解呢？"

[原文]

王曰："呜呼！封，敬哉！无作怨①，勿用非谋非彝蔽时忱②。丕则敏德③，用康乃心，顾乃德，远乃猷④，裕乃以⑤。民宁，不汝瑕殄⑥。"

卫宣公夫人

周武王之弟康叔封被封为卫侯，建国于殷商旧都朝歌，受命治理境内殷商遗民。周公嘱咐康叔，要他继承商汤的美德，不要像纣王一样因酒色失德，然而康叔的后代却未能牢记祖先遗训。春秋时，卫宣公为太子伋求取齐国新娘，却因新娘貌美而将其据为己有，立为夫人，是为宣姜。宣姜心肠歹毒，为立自己的儿子为太子，派人将太子伋暗杀。卫宣公死后，卫国因此一度陷入大乱。

［注释］

①作怨：做出引发怨恨的事情。②蔽：遮蔽，掩盖。③丕则：一说为副词于是，一说为伟大的法则。这里采用前一说法。敏德：努力推行德政。④猷：谋划。⑤裕：富。以：用。⑥瑕殄：因有瑕疵而抛弃。

［译文］

王说："啊！封，要谨慎啊！不要做出引发怨恨的事情，不要用不合理的谋划和不合法的行为蒙蔽这真诚的美德。于是努力推行德政，用来安定你的心灵，顾念你的德行，规划你的谋略，富足你的财用。民众安定了，就不会因为小毛病而抛弃你。"

［原文］

王曰："呜呼！肆汝小子封，惟命不于常①，汝念哉！无我殄享②，明乃服命③，高乃听④，用康乂民。"

［注释］

①命：指天命。常：永恒不变。②享：祭祀。③服命：责任和使命。④高：广大。

［译文］

王说："啊！所以你作为年轻人，要想到天命不会永恒护佑一人，你要记住啊！不要让我祖先的祭祀断绝，明确你的职责和使命，广大你的视听，用来安治民众。"

［原文］

王若曰："往哉！封，勿替敬①，典听朕告，汝乃以殷民世享。"

［注释］

①替：舍弃。

［译文］

王这样说："去吧！封，不要舍弃谨慎之德，经常听我的教导，你就能凭借殷商遗民世代享有诸侯之位。"

酒　诰

［原文］

王若曰："明大命于妹邦[1]。乃穆考文王[2]，肇国在西土[3]。厥诰毖庶邦庶士越少正御事朝夕曰[4]：'祀兹酒。'惟天降命，肇我民，惟元祀[5]。天降威[6]，我民用大乱丧德[7]，亦罔非酒惟行；越小大邦用丧，亦罔非酒惟辜[8]。文王诰教小子有正有事[9]，无彝酒[10]；越庶国[11]，饮惟祀，德将无醉[12]。惟曰我民迪小子惟土物爱[13]，厥心臧[14]。聪听祖考之彝训[15]，越小大德，小子惟一妹土，嗣尔股肱[16]，纯其艺黍稷[17]，奔走事厥考厥长[18]。肇牵车牛，远服贾[19]，用孝养厥父母。厥父母庆[20]，自洗腆(tiǎn)[21]，致用酒[22]。庶士、有正越庶伯、君子，其尔典听朕教[23]！尔大克羞耇(gǒu)惟君[24]，尔乃饮食醉饱。丕惟曰：尔克永观省[25]，作稽中德[26]。尔尚克羞馈祀[27]，尔乃自介用逸[28]。兹乃允惟王正、事之臣[29]，兹亦惟天若元德[30]，永不忘在王家。"

［注释］

①妹邦：指卫国。妹，通"沬"，地名，即朝歌，曾为商纣王时的都城，西周初为卫国都城，在今河南淇县。②穆：壮美，伟大。③肇：开始，开创。西土：周都在商都西方，所以称西土。④诰毖：教导，告诫。庶邦：诸侯。越：与，和。少正：官名，正人的副手。御事：治理政事的官员。⑤元：大。⑥威：惩罚。⑦用：因。⑧辜：罪过。⑨小子：指子孙。有正有事：指各级官员。⑩彝：经常。⑪越：于，在。⑫德将：以德相辅。将，辅助。⑬迪：教导。土物：土地生长之物。爱：爱惜。⑭臧：善良，美好。⑮聪：听觉敏锐。祖考：指文王。彝训：日常的训诫。⑯嗣：继续。股肱：得力的大臣，这里指股肱的劝谏。⑰纯：专一。艺：种植，耕种。⑱事：事奉。厥考厥长：指父兄。⑲服贾：经商。⑳庆：高兴，喜悦。㉑洗腆：准备丰盛的膳食。㉒致：可以。㉓典：经常。㉔克：能够。羞：进献。耇：年老

德高的人，这里指长者之道。㉕观省：反省，反思。㉖稽：考察。中德：中正之德。㉗馈祀：用酒食祭祀鬼神。㉘介：大。用逸：指饮酒作乐。㉙允：诚信。㉚若：顺从。元德：大德。

[译文]

王这样说："在卫国明宣大命。你伟大的先父文王，在西方的土地上创建国家。他早晚教导诸侯、卿士和各级官员说：'祭祀时才能饮酒。'上天降下大命，开始让我民众举行盛大的祭祀。上天降下惩罚，我民众因此混乱失德，无非是喝酒造成的过错；以及大小国家的灭亡，也没有不是因为饮酒有罪过的。文王教导子孙和各级官员，不要经常饮酒；在诸侯国，只有祭祀时才能饮酒，用德行辅助自己不要醉酒。教化我民众并引导子孙爱惜土地生长之物，使他们心地善良。明白地聆听祖先日常的训诫，全国上下都顾念德教，子孙专一治理卫国。你继续采纳股肱之臣的劝谏，专心从事耕作，奔走侍奉父兄。开始牵引车畜，远行经商，用来孝顺奉养父母。父母高兴了，就准备丰盛的膳食，可以饮酒。众卿士和诸侯君子，你们要经常听我的教导！你们能进献长者之道就能为君，你们才能满足饮食之欲。我郑重教导你们：要一直反思，考察中正之德，你们能进献酒食祭祀鬼神，你们还能大行饮酒之乐。这才是值得王信任的治事大臣，这也是上天顺应大德的表现，王室永远不忘记你。"

卫灵公夫人

周公告诫被封于卫国的康叔，为君一定要明德慎罚，敬天保民，不要沉溺于酒色，以免重蹈殷商亡国的覆辙。然而康叔的子孙却未能像祖先一样励精图治。春秋末期，卫灵公好色，夫人南子权倾朝野，即使是孔子，游历至卫国也不得不屈尊去见她。后来卫灵公太子蒯聩行刺南子未遂，逃往晋国。卫灵公死后，蒯聩率兵回国夺权，在卫国做官的子路死于兵乱。

[原文]

王曰："封，我西土棐（fěi）徂（cú）①，邦君、御事、小子，尚克用文王教，不腆于酒②，故我至于今，克受殷之命。"

王曰："封，我闻惟曰；在

昔殷先哲王迪畏天[3]，显小民[4]，经德秉哲[5]。自成汤咸至于帝乙[6]，成王畏相。惟御事厥棐有恭，不敢自暇自逸，矧(shěn)曰其敢崇饮[7]？越在外服[8]，侯、甸、男、卫邦伯[9]；越在内服，百僚、庶尹、惟亚、惟服、宗工、越百姓、里居[10]，罔敢湎于酒[11]。不惟不敢，亦不暇。惟助成王德显，越尹人、祗(zhī)辟[12]。我闻亦惟曰：在今后嗣王[13]，酣身[14]，厥命罔显于民祗，保越怨不易[15]。诞惟厥纵[16]，淫泆(yì)于非彝[17]，用燕丧威仪[18]，民罔不衋(xì)伤心[19]。惟荒腆于酒，不惟自息乃逸。厥心疾很[20]，不克畏死。辜在商邑，越殷国灭，无罹[21]。弗惟德馨香[22]，祀登闻于天[23]。诞惟民怨，庶群自酒[24]，腥闻在上。故天降丧于殷，罔爱于殷，惟逸。天非虐，惟民自速辜[25]。”

[注释]

①棐：帮助。徂：往，这里指往日。②腆：厚，引申为沉溺。③迪：遵从大道。④显：明。⑤经：行。秉：持。⑥帝乙：商朝倒数第二位帝王，商纣王之父。⑦矧：何况。崇：聚会。⑧外服：王畿以外称外服，以内称内服。⑨侯、甸、男、卫：泛指天下诸侯。周代外服诸侯国分为六等，按远近分为侯服、甸服、男服、采服、卫服、蛮服。⑩百僚：百官。庶尹：众官长。亚：次。服：任事的官。宗工：高官。百姓、里居：指年老回乡居住的官员。⑪湎：沉湎。⑫祗：敬。辟：法。⑬嗣王：指纣王。⑭酣：尽情饮酒。⑮易：改变。⑯诞：大。纵：放纵。⑰淫泆：纵情逸乐。⑱燕：通“宴”，宴饮。⑲衋伤：伤痛。⑳很：凶狠。㉑罹：忧虑。㉒馨香：芳香。㉓登闻：上达。㉔自酒：私自饮酒。㉕速：招致。

[译文]

王说：“封，我西方之国往日辅助君王的诸侯和治事官员，都能接受文王的教化，不沉溺于饮酒，所以我们到现在，能够在殷商之后接受天命。”

王说：“封，我听说，从前殷商圣明的先王遵从大道敬畏上天，惧怕小民的力量，推行德教，秉持智慧。从成汤到帝乙，都能成就王道。敬畏辅臣，治事官员恭敬辅佐，不敢独自闲暇逸乐，何况是聚会饮酒呢？在外服，诸侯不敢这样；在内服，在任的各级官员和年老回乡的官员，也没有敢沉溺于饮酒的。不只是不敢，也没有闲暇。他们只想着辅助、成就王的德教而使之显扬，还有长官敬奉法令。我还听说，以后纣王在位，总是尽情饮酒，大命不在敬重民众之事中显扬，人们只安于怨恨从不改变。纣王大为放纵，非同寻常地纵情逸乐，宴饮损害礼仪制度，民众没有不伤透心的。他沉溺于饮酒，不考虑节制自己的逸乐。他心肠狠毒，不怕灭亡。他为害商都，对于国家灭亡毫不忧虑。他不考虑芳香的美德，以及上达于天的祭祀。民众大为不满，百官都私自饮酒，腥臭上达于天。所以上天降下灾祸灭亡殷商，不再爱护殷商，就是因为饮酒逸乐。上天并不暴虐，只是下民自己招致罪过。"

［原文］

王曰："封，予不惟若兹多诰。古人有言曰：'人无于水监①，当于民监。'今惟殷坠厥命，我其可不大监抚于时②？予惟曰：'汝劼毖(jié bì)殷献臣③，侯、甸、男、卫，矧太史友、内史友④？越献臣百宗工，矧惟尔事，服休、服采⑤？矧惟若畴(qí)圻父薄违⑥？农父若保⑦？宏父定辟⑧？矧汝刚制于酒⑨？'厥或诰曰：'群饮。'汝勿佚⑩，尽执拘以归于周⑪，予其杀。又惟殷之迪诸臣惟工，乃湎于酒，勿庸杀之，姑惟教之⑫。有斯明享⑬，乃不用我教辞，惟我一人弗恤、弗蠲(juān)⑭，乃事时同于杀⑮。"

王曰："封，汝典听朕毖，勿辩乃司民湎于酒⑯。"

［注释］

①监：低头看水中的影子，引申为借鉴。②时：这。③劼毖：谨慎。献臣：贤臣。献，贤能。④太史：官名，负责记事、修史、起草，兼管典籍文献和天文历法等。友：同僚。内史：官名，协助天子管理官爵的任免。⑤服休：侍宴的近臣。服采：朝祭的近臣。⑥若畴：你们。若，你。畴，通"俦"，同辈，同僚。圻父：司马的尊称。薄违：镇压反叛。薄：迫。违：背离。⑦农父：司徒的尊称。若：顺。保：安。⑧宏父：司空的尊称。

⑨刚制：强行制止。⑩佚：放纵。⑪执拘：逮捕，缉拿。周：指周都镐京。⑫姑：姑且。⑬明享：明白的劝诫。⑭恤：怜惜。蠲：免除罪过。⑮杀：死罪。⑯司民：治民的官员。

［译文］

王说：“封，我不想如此详细地告诫了。古人有句话说：‘人不要以水为鉴，要以民为鉴。’现在殷商丧失了天命，我们怎么能不借鉴这些呢？我只想说：‘你要谨慎对待殷商的贤臣，以及天下诸侯，何况是太史、内史的同僚呢？还要各级贤能的官员，何况是你身边侍宴和朝祭的近臣呢？何况是你们镇压反叛的司马呢？何况是顺应天命教化民众的司徒呢？何况是制定法令的司空呢？何况是你还要强制禁酒呢？’有人会告诉你说：‘有一群人在饮酒。’你不要放纵他们，要把他们全部逮捕押送到都城，我要杀死他们。如果是殷商遵从旧俗的官员，仍然沉溺于饮酒，不要杀他们，姑且教导他们。有这些明白的劝诫，仍然不接受我的教导，我是不会怜惜、不会赦免的，做出这样的事情等同于犯死罪。”

王说：“封，你要经常听我讲我所慎重的事情，不要让你治民的官员沉溺于饮酒。”

梓　材

［原文］

王曰：“封，以厥庶民暨厥臣达大家[1]，以厥臣达王，惟邦君[2]，汝若恒[3]，越曰我有师师[4]：司徒、司马、司空、尹旅[5]。曰：‘予罔厉杀人[6]。’亦厥君先敬劳[7]，肆徂(cú)厥敬劳[8]。肆往[9]，奸宄(guǐ)、杀人、历人[10]，宥[11]；肆亦见厥君事，戕(qiāng)败人[12]，宥。王启监[13]，厥乱为民[14]，曰：‘无胥(xū)戕[15]，无胥虐，至于敬寡[16]，至于属妇[17]，合由以容[18]。’王其效邦君越御事，厥命曷以[19]？引养、引恬[20]。自古王若兹监，罔攸辟[21]。惟曰：若稽田[22]，既勤敷菑(zī)[23]，惟其陈修[24]，为厥疆畎(quǎn)[25]。若作室

家，既勤垣墉㉖，惟其涂塈(jì)茨㉗。若作梓(zǐ)材㉘，既勤朴斫(zhuó)㉙，惟其涂丹雘(huò)㉚。今王惟曰：‘先王既勤用明德，怀为夹㉛。庶邦享作㉜，兄弟方来㉝，亦既用明德。后式典集㉞，庶邦丕享。皇天既付中国民越厥疆土于先王。’肆王惟德用，和怿(yì)先后迷民㉟，用怿先王受命。已！若兹监，惟曰：‘欲至于万年，惟王子子孙孙永保民。’”

孟子

孟子，名轲，战国时期儒家学派的代表人物，被后世尊为亚圣。孟子继承孔子的学说，指出武王、周公继承了文王之德，才使之大行于天下，并由周公明德慎罚的思想提出了仁政学说。明德慎罚是周公通过殷商的灭亡总结出的教训，《梓材》篇集中体现了这一政治思想。

［注释］

①暨：和，与。达：至，到。大家：指卿大夫。②邦君：国君。③若：遵从。恒：常法。④越：语助词。师师：众位官长。⑤尹：正，指大夫。旅：众，指众士。⑥厉杀：虐杀，即杀戮无罪的人。⑦敬劳：尊敬慰劳。⑧肆：所以。徂：前往。⑨往：往日。⑩奸宄：犯法作乱。历：一说是藏匿罪犯，一说是俘虏。这里采用前一说法。⑪宥：宽恕。⑫戕败人：摧残人的身体。戕，残害。⑬启：建立，设立。监：诸侯。⑭乱：治理。⑮胥：相互。⑯敬寡：敬养鳏寡。⑰属妇：照顾妇女。属，同“嘱”，嘱托，引申为照顾。⑱合由以容：共同教导，以大道包容。⑲曷：何，什么。⑳引：长。恬：安。㉑攸：所。辟：罪行。㉒稽：治理。㉓敷菑：一说是播种耕作，一说是除草。这里采用前一说法。㉔陈修：修整。㉕疆畎：田垄沟渠。㉖垣：矮墙。墉：高墙。㉗涂：涂抹。塈：用泥土涂抹屋顶。茨：用茅草遮盖屋顶。㉘梓材：优质木材。㉙朴斫：砍削。㉚雘：红色颜料。㉛怀：安抚。夹：近。㉜享作：献祭和劳作。㉝兄弟方：兄弟之国，即同姓诸侯。方，方国，诸侯。㉞后：指诸侯。式：用。典：常。集：聚会。㉟和怿：和悦。先后：教导。迷民：指尚未归顺的殷商遗民。

［译文］

王说："封，从殷商遗民和官员到卿大夫，从官员到王和诸侯，你要遵从常法行事，以至我的众位官长；包括司徒、司马、司空、大夫和众士。所以说：'我不能滥杀无辜。'国君要率先尊敬、慰劳民众，所以前去用尊敬、慰劳来争取民心。所以往日里，犯法作乱的人、杀人害命的人、藏匿罪犯的人，都被宽恕了；所以也就能察见为君之道，即使伤害他人，也要宽恕。王封建诸侯，治理民众，所以说：'不要相互伤害，不要相互虐待，推广到敬养鳏寡，推广到照顾妇女，共同教导他们，以大道包容。'王教导国君和官员，他的命令是怎样的呢？是长养、长安。自古以来帝王都能这样治理民众，就不会犯错。就像管理田亩，要努力耕种，修整农田，挖掘田垄沟渠。就像建造房屋，要努力筑墙，用泥土和茅草覆盖屋顶。就像用良材制作器物，要努力砍削木材，涂刷颜料。现在王说：'先王努力施行明德，怀远及近。使诸侯献祭和劳作，兄弟之国前来朝会。也因为施行明德，诸侯经常聚会，各国才能大行祭祀。伟大的上天就把中国的民众和疆土交付给了先王。'所以王只推行德政，教导迷失的殷商遗民来使其和悦，因先王接受天命而和悦。唉！这样治理民众，希望国运延长至千万年，让王的子子孙孙永远安保民众。"

召诰

［原文］

书序：成王在丰[①]，欲宅洛邑[②]，使召公先相宅[③]，作《召诰》。

［注释］

①丰：丰京，周文王时的都城，在今陕西西安北。②宅：居。洛邑：西周陪都，后来为东周都城，在今河南洛阳。③相宅：择地而居。

［译文］

书序：成王在丰京，想要迁居洛邑，派召公先去选址，史官于是作《召诰》。

召公

召公，名奭，周文王之子，周武王之弟，最初被封于召。他与周公辅助武王灭商，又辅佐幼主成王，为周初三公之一，因功被封于燕，为燕国始祖。

［原文］

惟二月既望①，越六日乙未②，王朝步自周③，则至于丰。

惟太保先周公相宅④。越若来三月⑤，惟丙午朏（fěi）⑥。越三日戊申，太保朝至于洛⑦，卜宅⑧。厥既得卜⑨，则经营⑩。越三日庚戌⑪，太保乃以庶殷攻位于洛汭（ruì）⑫。越五日甲寅⑬，位成⑭。

若翼日乙卯⑮，周公朝至于洛，则达观于新邑营⑯。越三日丁巳⑰，用牲于郊⑱，牛二。越翼日戊午⑲，乃社于新邑⑳，牛一，羊一，豕一。越七日甲子㉑，周公乃朝用书㉒，命庶殷侯、甸、男邦伯。厥既命殷庶，庶殷丕作㉓。

［注释］

①二月：成王七年二月。既望：指阴历每个月的十六日。②越：至，到。③王：周成王。步：步行。周：指西周都城镐京，在今陕西西安西南。④太保：官名，周成王时期召公为太保。先周公：先于周公，意思是在周公的前面。⑤越若：句首语助词。来三月：承接上文的“二月既望”，指二月后的三月。⑥朏：新月初现光明，指农历每月初三。⑦朝：早晨。⑧卜宅：龟卜问住址的吉凶。⑨得卜：得到吉卜。⑩经营：测量、规划地基。⑪庚戌：三月七日。⑫以：率领。庶殷：众殷民。攻位：划定宗庙、宫室、朝市的方位。攻，管理、治理。洛汭：洛水流入黄河的地方。汭，河流的汇合处。⑬甲寅：三月十一日。⑭位成：位置确定了。⑮若：等到。翼日：明日，第二天。乙卯：三月十二日。⑯达观：浏览一遍，通看一遍。

达，通。营：所经营的区域。⑰丁巳：三月十四日。⑱郊：南郊。周代祭天在都城的南郊。⑲戊午：农历三月十五日。⑳社：祭祀土神。㉑甲子：三月二十一日。㉒用书：发布文告，分配任务。㉓丕：大。作：动工。

［译文］

二月十六日以后，第六天乙未这天，王早晨从周朝的都城镐京出发，到了丰。

太保召公在周公之前到达洛地勘察、营建宫室宗庙的地址。到了三月初三，新月大放光辉。在过了第三天的戊申日，太保早晨便到达洛地，占卜所选宫室、宗庙的基地的吉凶。在占卜中得到吉兆，于是开始营建。过了三天到庚戌这天，太保便率领众多殷民在洛水入黄河处测量、规划宗庙宫室的基地。过了五日到甲寅这天，建筑物的位置都确定了。

到了第二天乙卯日，周公早上就来到洛水，全面视察了新邑的规模。过了三天是丁巳日，在南郊进行牲祭，用两头牛祭天。次日戊午，在新邑立社庙祭祀土神，祭祀用一头牛、一只羊、一只猪。又过了七天在甲子日，周公在早上便向殷民和各诸侯国的首领分配了营建洛邑的任务。当向殷民宣布命令之后，殷民便大举动工了。

［原文］

太保乃以庶邦冢君出取币[1]，乃复入锡周公[2]。曰[3]：“拜手稽首旅王[4]，若公诰告庶殷越自乃御事[5]。呜呼！皇天上帝改厥元子[6]，兹大国殷之命[7]。惟王受命，无疆惟休[8]，亦无疆惟恤[9]。呜呼！曷其奈何勿敬[10]？天既遐终大邦殷之命[11]，兹殷多先哲王在天，越厥后王后民[12]，兹服厥命[13]。厥终[14]，智藏瘝(guān)在[15]。夫知保抱携持厥妇子[16]，以哀吁天[17]，徂(zǔ)厥亡[18]，出执。呜呼！天亦哀于四方民，其眷命用懋(mào)[19]。王其疾敬德[20]！

［注释］

①以：与，和。冢君：长君。币：用于馈赠和祭祀的玉帛。将要陈言，

进献玉帛表示敬意。②锡：进献。③曰：指召公说的话，前面省略了主语召公。④拜手稽首：古代的一种跪拜扣头礼。旅王：向王陈述。旅，陈述，述说。⑤若：遵从、依从。自：用。⑥元子：首子，指天子。⑦兹：通“已”，完成、终止。命：指的是治理天下的使命。⑧休：吉祥，美好。⑨恤：忧患，忧虑。⑩曷其奈何：都是怎么的意思。此处连在一起使用，是为了加强语气。⑪遐：远，久。⑫越：语首助词，没有实在意义。⑬服：受。厥：其。命：大命。⑭厥终：后王之终，就是纣的末年。⑮瘝：病，指害人的人。在：在位，掌权。⑯夫：男子。保：背负。⑰吁：呼告，呼唤。⑱徂：通“诅”，诅咒的意思。⑲眷：眷顾，关怀，爱护。懋：通“贸”，转移，改变。⑳疾：加速，加快。

[译文]

太保和诸侯国的国君取出玉帛等礼品，再入内进献给周公。召公说：“跪拜叩头向我们的王禀告，请遵从周公的意见并用来告诫殷民和任用殷商时期的旧臣。啊！皇天上帝改换了天子，结束了大国殷商统治天下的命数。我王接受了上天的大命，无限美好，但也有无限的忧患。唉！怎么能够不小心谨慎呢？天早就想结束大国殷商的命数，殷商许多圣明的先王都在天上，后来的国君和臣民，才能够接受大命。等到了纣王末年，明智的人都退匿藏起来，害人的人掌管了政权。男子怀抱扶持他们的妻子、孩子，在一起悲痛地呼唤苍天，诅咒殷纣快点灭亡，以求逃离灾难。唉！上天也怜悯四方百姓，所以顾视天下寻觅一位勤勉有德之人交付天命！王要赶快敬重有德行的人啊！

伯夷

伯夷，子姓，墨胎氏，商纣王末期孤竹国君的长子。他曾劝阻武王伐纣，武王不听，不久周灭商，他与其弟叔齐不食周粟，以表明对殷商的忠心，最终隐居在原殷商荒芜之地首阳山，采野菜为食，最终饿死。

[原文]

“相古先民有夏①，天迪从子保②；面(miǎn)稽天若③，今时既坠厥

命④。今相有殷，天迪格保⑤；面稽天若，今时既坠厥命。今冲子嗣⑥，则无遗寿耇(gǒu)⑦，曰其稽我古人之德⑧，矧(shěn)曰其有能稽谋自天⑨！呜呼！有王虽小，元子哉！其丕能諴(xián)于小民⑩。今休⑪：王不敢后⑫，用顾畏于民碞(yán)⑬；王来绍上帝⑭，自服于土中⑮。

［注释］

①相：观察，察看。②迪：启迪，引导。从：顺从，依从。子保：指贤人。③面：通“勔”，努力。天若：上天的命令。④坠：丧失，失去。⑤格保：指贤人。⑥冲子：年轻人，这里指成王。⑦遗：多余。寿耇：德高望重的老年人。⑧曰：句首语助词。古人：先祖。⑨矧：何况，况且。⑩丕：大。⑪休：美事，善事。⑫后：迟缓，延误。⑬用：因。民碞：就是民险，意思是百姓难以治理。碞，通“岩”，险。⑭绍：继承。⑮服：治理，管理。土中：指洛邑，因为洛邑在九州的中心。

［译文］

“观察古代的夏人，上天引导顺从贤人；努力考察上天的命令，如今已经失去了王命。现在再观察殷人，上天启迪贤人；努力考察上天的命令，如今也已经失去了王命。现在这个年幼的孩子继承了王位，还没有德高望重的长者辅佐他，现在还不能说可以寻求古人的德政，更不必说能上窥天道了。啊！王虽然年幼，但他责任重大！他可以很好地治理百姓。如今可喜的是：王不敢延误建造洛邑的大事，因为他看到百姓难治而忧心忡忡；王继承上帝的大命，亲自在天下的中央处理政务。

［原文］

“旦曰①：‘其作大邑，其自时配皇天②，毖(bì)祀于上下③，其自时中乂④。王厥有成命治民⑤。’今休：王先服殷御事⑥，比介于我有周御事⑦，节性⑧，惟日其迈⑨。王敬作所⑩，不可不敬德。我不可不监于有夏⑪，亦不可不监于有殷。我不敢知曰⑫：有夏服天命⑬，惟有历年⑭。我不敢知曰：不其延⑮。惟不敬厥

德[16]，乃早坠厥命。我不敢知曰：有殷受天命，惟有历年。我不敢知曰：不其延。惟不敬厥德，乃早坠厥命。

［注释］

①旦：周公的名。②自时：从此。配皇天：指祭天时用周朝的祖先配享。③毖：谨慎，小心。上下：指天神和地神。④时中：这个中心，指的是洛邑。乂：治理。⑤厥：用于句中的助词。成命：定命。⑥先：尚，重视。服：用。⑦比介：亲近的意思。介，同“迩”，近。⑧节：和。⑨惟：乃。迈：进，增进，加强。⑩作：工作，做事。⑪监：借鉴，鉴于。⑫敢：表示敬意的副词。⑬服：受。⑭历年：就是多年。历，久，长。⑮其：助词。延：延长。⑯惟：只。

［译文］

“周公旦说：‘营建大都邑，从此以后祭天用先祖配享，谨慎地祭祀天神和地神，从此便可以在天下之中治理国家了。王已经有了定命来治理百姓。’如今可喜的是：王重视任用殷商的旧臣，让他们能够亲近我们并和我周国治事诸臣一样为国效劳，要使和谐的感情一天天加强。王也应恭敬谨慎地做事，不可不敬重德行。我们不能不借鉴夏，也不能不借鉴殷。我不敢想象：夏后氏接受上天的大命，能够经历长久；我也不敢想像：夏后氏的国运不能经历长久。只是因为不敬重德行，才早早地丧失从上天那里接受来的大命。我不敢想象：殷商接受上天的大命，能够经历长久。我也不敢想像：殷商的国运不能经历长久。只是因为不敬重德行，才早早地丧失从上天那里接受来的大命。

寝门视膳

周朝统治者十分重视以夏商的灭亡为鉴，提高自身的德行。周文王在身为嗣子时，每天早、午、晚三次探望父亲，虽然身居高位也一如既往。寝门视膳是关于周文王实践孝道的一段佳话。儒家认为，只有先治理好家庭才有资格治理好国家。

［原文］

“今王嗣受厥命[1]，我亦惟

兹二国命，嗣若功[2]。王乃初服[3]。呜呼！若生子[4]，罔不在厥初生，自贻哲命[5]。今天其命哲，命吉凶[6]，命历年。知今我初服[7]，宅新邑[8]，肆惟王其疾敬德[9]！王其德之用，祈天永命。其惟王勿以小民淫用非彝[10]，亦敢殄戮，用乂民[11]，若有功。其惟王位在德元[12]，小民乃惟刑用于天下[13]，越王显[14]。上下勤恤[15]，其曰我受天命，丕若有夏历年[16]，式勿替有殷历年[17]！欲王以小民受天永命[18]。”

［注释］

①嗣：继承。②若：代词，他们的。③初服：刚刚处理政务。服，任事，治理。④生：养，教导。⑤命：给、给予。⑥吉凶：偏义复词，实际上指的是吉祥。⑦知：闻知，知道。⑧宅：动词，居住。⑨肆：现在。疾：加速，加快。⑩其：但愿。彝：法。⑪乂：治理。⑫位：立。元：首。⑬刑：取法，效法。用：行。⑭越：发扬。显：明显。⑮上下：在这里指的是君臣。⑯丕：语首助词，没有实在的意义。⑰式：语首助词，没有实在的意义。替：止。⑱以：连词，与，和。

［译文］

“当今的王继承了上天赐予的大命，我也希望你们能够借鉴这两个国家灭亡的命运，继承他们的大功。王刚刚处理政务。啊！好像教导一个孩子，没有不在刚开始教导的时候，亲自传授给他明智的道理。现在上天把大命赐给那些明智而有道德的人，给予吉祥，给予永年。现在知道王刚刚处理政务，居住在新都，现在希望王能够赶快敬重德行。王只有根据道德行事，才能祈求天命的长久。希望王不要放纵百姓多行不遵法度的事情，也不要用刑罚杀戮的办法治理百姓，这样才能获得成功。希望成王树立大德的榜样，百姓才能够效法并施行于天下，更好地发扬王的美好品德。君臣上下勤劳并时常把忧虑放在心里，这样才可以说我们接受上天的大命，才能够像夏那样久远，不要像殷国年数虽长而突然废弃了！我们希望王和百姓一起从上天那里接受永久的大命。”

［原文］

拜手稽首曰：“予小臣敢以王之雠（chóu）民、百君子越友民①，保受王威命明德②。王末有成命③，王亦显④。我非敢勤⑤，惟恭奉币，用供王能祈天永命⑥。”

［注释］

①雠民：指殷商遗民。百君子：指殷商的众多官员。越：和，与。友民：依从周的臣民。②保：安。③末：终。成命：指成王营建洛邑的决定。④亦显：指成王也与文王、武王一样功德显赫。⑤勤：慰劳，犒劳。⑥能祈：善祈，就是用德行来祈求。

［译文］

召公跪拜磕头说：“小臣我冒昧地率领殷商遗民、旧臣和归顺的臣民，共同捍卫接受王的威严之命和圣明之德。王最终决定营建洛邑，与先人一样功德显赫。我不敢慰劳王，只不过是恭敬地奉上玉帛，以供王祈求上天给予永久的大命。”

洛　诰

［原文］

书序：召公既相宅，周公往营成周①，使来告卜，作《洛诰》。

［注释］

①成周：洛邑。西周时镐京又称宗周，洛邑又称成周。

［译文］

书序：召公已经选好建造都邑的位置，周公前去营建成周，派使者向天子报告占卜结果，史官于是作《洛诰》。

［原文］

周公拜手稽首曰①：“朕复子明辟②。王如弗敢及天基命定

命[3]，予乃胤(yìn)保大相东土[4]，其基作民明辟[5]。予惟乙卯[6]，朝至于洛师[7]。我卜河朔黎水[8]，我乃卜涧水东、瀍(chán)水西[9]，惟洛食[10]；我又卜瀍水东，亦惟洛食。伻(bēng)来以图及献卜[11]。”

[注释]

①拜手稽首：跪拜叩头。②朕：我。复：归还。子：对男子的敬称，这里指成王。明辟：明君。③如弗敢：王似乎不敢，意思是说成王谦逊。及：接受，参与，参加。基：谋。命：动词，告诉。定命：指周公作洛。④胤：继。保：太保，就是召公。相：视察，看。东土：在这里就是指洛邑。⑤基：始。⑥乙卯：成王七年三月十二日。⑦洛师：就是洛邑。⑧河朔：黄河以北。黎水：卫河和淇水合流到黎阳故城叫黎水，在今天的河南浚县东北。⑨涧水：发源于今河南渑池，到洛阳西南流入洛水。瀍水：发源于今河南孟津，向东流入洛水。⑩惟：只。食：指好的兆头。⑪伻来：使成王来洛邑。伻，使，让。图：谋划，商议。

[译文]

周公跪拜叩头说：“我要将明君之位归还于您。王谦逊而似乎不敢参与上天命周王室居住在洛邑的大事，我继召公之后东去查看洛邑，始为民众行明君之治。我在乙卯日，一早到了洛邑。我占卜了黄河以北的黎水，我又占卜了涧水以东、瀍水以西的地方，只有洛邑吉利；我又占卜了瀍水以东的地方，还是只有洛邑吉利。于是请王来商量并且献上卜兆。”

[原文]

王拜手稽首曰：“公不敢不敬天之休[1]，来相宅，其作周匹[2]，休！公既定宅，伻来，来，视予卜[3]，休恒吉[4]，我二人共贞[5]。公其以予万亿年敬天之休！拜手稽首诲言[6]。”

[注释]

①休：美好，指上天所赐予的好的预示。②周匹：与镐京相匹配的。③视予卜：示我以卜，拿出卜兆给我看。视，通“示”。④恒吉：都很吉利。恒，永恒。⑤贞：正。⑥诲：教诲，教导。

［译文］

王跪拜叩头之后说："您不敢不尊重上天所赐予的福祥，亲自来洛邑视察宫室宗庙的基地，建成了与镐京相匹配的新都洛邑，这是一件大好事！您已经选定了宫室宗庙的基地，让我来到这里，我来以后，您将卜兆展示给我看，卜兆都很吉利，让我们二人共处正位。希望您和我永久敬重上天所赐予的吉祥！跪拜叩头感谢您的教导。"

［原文］

周公曰："王肇称殷礼①，祀于新邑，咸秩无文②。予齐百工③，伻从王于周④，予惟曰⑤：'庶有事⑥。'今王即命曰⑦：'记功，宗以功作元祀⑧。'惟命曰⑨：'汝受命笃弼⑩，丕视功载⑪，乃汝其悉自教工⑫。'孺子其朋⑬，孺子其朋，其往！无若火始焰焰⑭；厥攸灼叙⑮，弗其绝。厥若彝及抚事如予⑯，惟以在周工往新邑⑰。伻向即有僚⑱，明作有功⑲，惇大成裕⑳，汝永有辞㉑。"

［注释］

①肇：开始。称：举行，用。②咸：都，全。秩：次序，在这里指安排。文：通"紊"，紊乱。③齐：率领，带领。百工：百官。④从：跟随，跟从。周：镐京。⑤惟：思。⑥庶：大概，也许，表估计或者猜测。事：指祭祀。⑦即：就。⑧宗：宗人，管理礼乐的官。以：带领。作：进行，举行。元祀：大祀。⑨惟：有。⑩受命：接受武王的顾命。笃：通"督"，督导。弼：辅助，辅佐。⑪功载：记载功劳的书。⑫乃：于是，那么。悉：尽心，尽力。自：亲自。教：指导，教导。⑬孺子：指成王。朋：振奋，奋起。⑭若：好像。焰焰：火力微小的样子。⑮灼：燃烧。叙：绪。⑯彝：常法。抚事：治理国事。⑰在周工：在旧都镐京的官员。⑱向即：趋就。有：词头。僚：官职。⑲明：努力，尽力。⑳惇：重视，厚待。成裕：完成大事，这里是指举行祭祀和殷礼。裕，宽、大，指大事。㉑辞：赞美之辞，传颂的话。

［译文］

周公说："王开始时要用殷礼接见诸侯，在新都洛邑进行祭祀，这些礼节都安排得有条不紊。我带领百官，使他们在旧都镐京跟从王前往新邑。我想：‘也许会有祭祀。’当今的王就命令说：‘记下功劳，让宗人率领那些有功的人举行大祀就可以了。’又命令说：‘你接受先王的命令，督导我、辅助我治理国家。既已奉命查阅记功的文献，那么你就亲自尽力教导这些事情。’王啊，你应该振奋起来啊！你应当振奋起来啊！到洛邑来吧！不要像火刚刚烧起来那样气势微弱；那燃烧的火，不能让它熄灭。希望你像我一样遵守常法治理国事，希望你率领那些在旧都镐京的百官一起到新邑来。使他们各司其职，努力建功立业，重视祭祀，成就大业，你就可以永久地被后人称道了。”

［原文］

公曰：“已①！汝惟冲子②，惟终③。汝其敬识百辟享④，亦识其有不享。享多仪⑤，仪不及物⑥，惟曰不享。惟不役志于享⑦，凡民惟曰不享，惟事其爽侮⑧。乃惟孺子颁⑨，朕不暇听⑩。朕教汝于棐(fěi)民彝⑪，汝乃是不蘉(máng)⑫，乃时惟不永哉⑬！笃叙乃正父罔不若予⑭，不敢废乃命⑮。汝往敬哉！兹予其明农哉⑯！彼裕我民⑰，无远用戾⑱。”

［注释］

①已：感叹词，唉。②惟：为。冲子：幼子，指成王。③惟终：思终，思考完成前人没有完成的功业。④敬：认真地。识：察识，查看。百辟：众诸侯。享：享礼，朝见的礼节。⑤多仪：重视礼仪。⑥仪不及物：礼仪赶不上进贡的物品。⑦役志：用心。志，心思。⑧爽：差错，过失。侮：轻慢，怠慢。⑨颁：分。⑩暇：空闲的。听：听政。⑪于：以。棐：辅助，辅佐。彝：法。⑫乃：若。蘉：勉力，努力。⑬时：善，指善政。永：推广的意思。⑭笃：通“督”，监督，督导。叙：升。正：长。父：指的是同姓的官员。⑮废：废弃，荒废。乃：代词，你的。⑯明农：努力从事农业的意思。明，勉。⑰彼：往。裕：教导，教育。⑱无：句首语气助词。用：因此，因。戾：至。

［译文］

周公说：“唉！你虽然年幼，也应当考虑前人没有完成的功业。你

要仔细察看诸侯朝见的礼节，也要知道那些未曾做到朝见时的礼节的诸侯。享礼应重视礼仪，如果礼仪赶不上贡品，那么就可以说是没有享礼。这就是说他们在贡品上没有用心，要是百姓知道了也就会认为可以不重礼仪，这样他们就会轻慢你的号令，使政事错乱。希望你赶快前来分担政务，我没有闲暇处理这么多的政事了。我教给你的治理百姓的方法，你如果不努力去做，就不能将你的善政推广了！要像我一样督导升迁同姓的官员，他们便不敢废弃你的命令。你到了新邑可要恭谨啊！我要解除职务努力从事农业生产了！你能宽待我们的百姓，远方的百姓也会因此而归顺了。”

周公

周公，名旦，周文王之子，周武王之弟，最初被封于周。武王伐纣后不久就去世了，周公受命辅佐年幼的成王，在此期间平定叛乱、大封诸侯、制礼作乐，他的政治思想对儒家学说的形成影响很大。相传他礼贤下士，接见贤臣时，“一沐三捉发，一饭三吐哺”。

［原文］

王若曰：“公！明保予冲子①。公称丕显德②，以予小子扬文武烈③，奉答天命，和恒四方民④，居师⑤；惇宗将礼⑥，称秩元祀⑦，咸秩无文⑧。惟公德明光于上下⑨，勤施于四方。旁作穆穆⑩，迓(yà)衡不迷⑪。文武勤教⑫，予冲子夙夜毖祀⑬。”

王曰：“公功棐(fěi)迪⑭，笃罔不若时⑮。”

王曰：“公！予小子其退⑯，即辟于周⑰，命公后⑱。四方迪乱未定⑲，于宗礼亦未克敉(mǐ)⑳。公功迪将㉑，其后监我士、师、工㉒，诞保文、武受民㉓，乱为四辅㉔。”

王曰：“公定㉕，予往已㉖。以功肃将祗欢㉗，公无困哉！我惟无斁(yì)其康事㉘。公勿替刑㉙，四方其世享㉚。”

［注释］

①明：勉力，努力。予冲子：我这个年轻人，成王自己的谦称。②称：发扬，称颂。丕：大。③以：使，让。扬：继续，继承。烈：功业、事业。④和恒：和悦的意思。⑤师：就是京师洛邑。⑥宗：尊。将：大。⑦称：举行。秩：安排。元祀：大祀。元，大。⑧文：通“紊”，紊乱。⑨上下：指天和地。⑩旁：普遍，全部的。穆穆：美，美好的。⑪迓：逆。衡：通“横”。迷：乱。迓衡不迷，就是说治理天下大局但却不产生差错。⑫文武：就是指的文武百官。⑬夙夜：早晚。毖：谨慎，慎重。⑭迪：辅导，教导。⑮笃：信。若：顺从，引申为接受。⑯退：离开洛邑，退回旧都镐京。⑰即辟：就君位。周：指周的旧都镐京。⑱后：后续，指继续治理洛邑。⑲迪：教导，指导。乱：治理。⑳宗礼：宗人礼典。敉：通“弭”，终，完成，结束。㉑功：善。将：扶持。㉒监：监督，指挥。士、师、工：指的是各级官员。㉓诞：语首助词。保：安。受民：所受之民。㉔乱：治理。四辅：辅佐天子的四位大臣，在前面的叫“疑”，在后面的叫“丞”，左面的叫“辅”，右面的叫“弼”，统称四辅。㉕定：止，留下来。㉖往：去镐京。已：矣。㉗肃：通“速”，快速。将：行。祗：敬。㉘斁：厌倦，懈怠。康：学习处理政事。㉙替：止，停止，废除。刑：通“型”，示范。㉚享：朝享，朝拜，朝贡。

［译文］

王这样说：“周公啊！请努力辅佐我这年幼无知的人。您发扬前人的大德，让我继承文王和武王的事业，尊奉上天的命令，使四方百姓和悦，并让他们居住在京师；忠实大礼，安排举行大的祭祀，全都进行得有条不紊。您的大德照亮天地，辛勤地治理四方臣民。您普天之下推行美好的政事，操纵治理天下的大权而不产生差错。文武百官实行您的教化，我这年幼无知的人，只有早晚谨慎地进行祭祀了。”

王说：“您善于教导，我没有不顺从接受的。”

王说：“周公啊！我这个年轻人就要回旧都镐京即位了，你仍旧留在新邑。现在四方经过教导还没有完全治理好，宗人礼仪也没有完成。您善于教导扶持百姓，还要监督百官大臣，安定文王、武王从上天那里接受来的臣民，担任我的辅政大臣。”

王说：“您留下来，我回镐京了。您要尽快施行敬重团结殷民的工作，不要觉得困苦！我要坚持不懈地学习处理政事。您要不停地做示范，使四方臣民世代朝拜王室。”

［原文］

周公拜手稽首曰：“王命予来，承保乃文祖受命民，越乃光烈考武王弘①，朕恭②。孺子来相宅③，其大惇典殷献民④，乱为四方新辟⑤，作周恭先⑥。曰：‘其自时中乂⑦，万邦咸休⑧，惟王有成绩。予旦以多子越御事⑨，笃前人成烈⑩，答其师⑪，作周孚先⑫。’考朕昭子刑⑬，乃单文祖德⑭。伻(bēng)来毖(bì)殷⑮，乃命宁予以秬(jù)鬯(chàng)二卣(yǒu)⑯，曰：‘明禋(yīn)⑰，拜手稽首休享⑱。’予不敢宿⑲，则禋于文王、武王。惠笃叙⑳，无有遘(gòu)自疾㉑，万年厌于乃德㉒，殷乃引考㉓。王伻殷，乃承叙万年，其永观朕子怀德㉔。”

［注释］

①越：光大。烈：功业，有功。考：先父。弘：宏大。②恭：奉行，履行，这里指奉行继续治洛的命令。③相宅：视察洛邑。相，看。④其：通“基”，谋划。典：礼。献：同“贤”。⑤乱：语气助词。辟：法。⑥作：兴。周恭：周的法令。⑦乂：治理、管理。⑧休：美好的。⑨多子：指众卿大夫。子，对对方的尊称。⑩笃：理，治理。烈：业。⑪答：通“合”，集合。师：众人。⑫周孚：周都的城郭，指洛邑。孚，通“郛”，城郭。⑬考：成。昭：通“诏”，告，示。刑：法。⑭单：大，光大。⑮伻：在这里做动词用，派遣使者。毖：慰劳，犒劳。⑯宁：问安，问候。秬鬯：黑黍香酒。卣：盛酒的器具。⑰禋：祭祀的名称，烧着柴浇上酒升烟来祭祀。⑱休：庆幸。享：献。⑲宿：经宿，隔夜。⑳叙：顺。㉑有：或。遘：遇。自疾：罪疾，灾祸。㉒厌：饱。乃：能够。㉓引：延长的意思。考：成功。㉔朕子：我民。怀：思。

［译文］

周公跪拜叩头说：“王命令我到洛邑，继续保护你先祖文王从上天那里接受下来的百姓，发扬光大你立下功业的父亲武王的伟大，我奉行继续治洛的命令。王来视察洛邑，计划以厚礼对待殷商贤良的百姓，制定治理四方的新的法律，作创立周的法令的先导。我曾说：‘如果能够居在洛邑去理天下，诸侯国也就都能认为这是件好事，王也建立了自己的功业。我率领众卿大夫以及掌握政事的百官，治理先王已成的伟大事业，集合众人，作修建洛邑的先导。’实现了我告诉您的法则，就光大了文王的大德。你派使者来慰劳殷民，又送来两卣黍酒问候我，使者传达命令：‘明洁地进行祭祀，跪拜叩头庆幸地进献。’我不敢隔夜进行祭祀，马上祭祀文王和武王。愿让我很顺利，不要经常遇到灾祸，万年享受你的德泽，殷事可以一直成功。王使殷民永久服从我们的统治，长久地看到我们的百姓永远怀念王的恩德。”

［原文］

戊辰①，王在新邑烝②，祭岁③，文王骍(xīng)牛一④，武王骍牛一。王命作册逸祝册⑤，惟告周公其后⑥。王宾杀禋咸格⑦，王入太室⑧，祼(guàn)⑨。

王命周公后，作册逸诰⑩，在十有二月⑪。惟周公诞保文武受命⑫，惟七年。

［注释］

①戊辰：当年十二月的最后一天。②烝：冬祭。③祭岁：报告年事。④骍：红色。⑤作册：史官名。逸：人名。⑥其：将，要。⑦王宾：助祭的诸侯。杀：杀牲。禋：祭祀的名称。格：至，到。⑧太室：太庙中央的室。⑨祼：灌祭，把酒浇到地上。⑩诰：告天下诸侯。⑪十有二月：记周公治洛的时间。⑫诞：继承。保：担任。

［译文］

戊辰日，王在洛邑进行冬祭，向先王报告年事，祭奠文王用了一头红色的牛，祭奠武王也用了一头红色的牛。王命令名字叫逸的作册官宣读册文，向文王和武王祭告周公留守洛邑的事情。助祭的诸侯在杀牲、祭祀先王的时候也都到了，王步入太室，举行灌祭。

王命周公继续治理洛邑，让名字叫逸的作册官将这件事告知天下诸侯，这件事发生在十二月。周公留在洛邑继承文王和武王所给予的使命，这一年是周公执政七年。

多　士

[原文]

书序：成周既成，迁殷顽民①，周公以王命诰，作《多士》。

[注释]

①殷顽民：指曾经参与武庚叛乱的殷商遗民。

[译文]

书序：成周建成之后，王室把不愿归顺的殷商遗民迁徙过去，周公以王的名义发布文诰，史官于是作《多士》。

[原文]

惟三月，周公初于新邑洛，用告商王士①。

王若曰："尔殷遗多士！弗吊旻(mín)天②，大降丧于殷。我有周佑命③，将天明威④，致王罚⑤，敕殷命终于帝⑥。肆尔多士⑦！非我小国敢弋殷命⑧，惟天不畀允罔固乱⑨，弼我⑩，我其敢求位？惟帝不畀，惟我下民秉为⑪，惟天明畏⑫。我闻曰：'上帝引逸⑬。'有夏不适逸⑭，则惟帝降格⑮，向于时夏⑯，弗克庸帝⑰，大淫泆(yì)有辞⑱。惟时天罔念闻⑲，厥惟废元命⑳，降致罚㉑。乃命尔先祖成汤革夏，俊民甸四方㉒。自成汤至于帝乙，罔不明德恤祀㉓。亦惟天丕建保乂有殷㉔，殷王亦罔敢失帝㉕，罔不配天其泽㉖。在今后嗣王㉗，诞罔显于天㉘，矧曰其有听念于先王勤家㉙？诞淫厥泆㉚，罔顾于天显民祇(bìng)㉛，惟时

上帝不保，降若兹大丧[32]。惟天不畀，不明厥德，凡四方小大邦丧，罔非有辞于罚[33]。”

[注释]

①商王士：殷商的旧臣。②弗吊旻天：对于上天不善的人，指的是纣王。旻天，秋天，这里指的是上天。③佑命：奉行天命。④将：奉行。⑤致：通“至”，达，行。⑥终于帝：终止了他们的帝业。⑦肆：今，现在。⑧弋：取代，代替。⑨畀：给予，给。允罔固乱：相信谎言，倚靠暴乱的人。允，信任。罔，诬。固，凭借。⑩弼：辅助，帮助，辅佐。⑪秉：持，守。为：作为。⑫明：命。⑬引：规范，制止。逸：淫逸。⑭适：节制，恰当。⑮格：通“洛”，教令。⑯向：劝。时：代词，这。⑰庸：用，采用，指听取上天的教令。⑱淫：游。泆：乐。有：又。辞：通“怠”，疑惑，疑虑。⑲惟时：因此。念：怀念。闻：通“问”，抚恤慰问。⑳厥：语首助词，没有实际意义。元命：大命，指国运。元，大。㉑致：通“至”，大。㉒俊民：杰出的人才。甸：治。㉓恤：慎重、谨慎。㉔保乂：安治。㉕罔敢失帝：不敢违背上天的旨意。㉖其：之。泽：恩泽，恩惠。㉗后嗣王：指纣王。嗣，后代。㉘罔：不。显：明。㉙矧：何况、况且。勤家：为国家而辛勤劳苦。㉚厥：语助词，无实际意义。㉛天显：即天明，就是指天命。民祗：人民的痛苦。祗，通“病”，痛苦、悲哀。㉜大丧：指亡国的灾祸。㉝辞：罪过、过失。

汤殛妹喜

桀身体强壮，可以赤手空拳与虎豹搏斗。他宠信妹喜，不但不理会政事，还残害忠良，用酷刑杀死大臣关龙逄。后商汤起兵，在鸣条之战中，桀战败，夏朝自此灭亡。后世有“殷鉴不远，在夏后之世”的说法。

[译文]

在三月，周公第一次来到新都洛邑，以王的命令告诫殷商的旧臣。

王这样说：“你们这些殷商遗民！纣王对上天不敬重，上天降下丧亡的大祸给殷商。我们周国奉行天命，奉着上天圣明而威严的意旨，行使王者的惩罚，告诫你们殷王终止了帝业。现在你们这些殷商遗民啊！不是我小国敢于取代殷商大命，因为上天不会把大命给予那些相信谎言，倚靠暴乱的人，所以才辅助我国，否则我们怎么敢谋求大位呢？上天不会把大命给予那些相信谎言，倚靠暴乱的人，我们下民的所作所为，都应该是敬畏天命的。我听说：‘上天制止淫逸。’夏后氏不节制淫逸，于是上天便降下教令，规劝夏王，但夏桀没有听从上天的教令，大肆游乐淫逸，并且对上天的教令表示怀疑。因此上天不再眷念怜悯夏桀，便结束了夏的国运，降下了惩罚。于是命令你们的先祖成汤变更夏，任用杰出的人才治理四方。从成汤到帝乙，没有不努力地施行德政，谨慎地祭祀上天的。因此上天建立安治殷商之人，殷王也不敢违背上帝的意旨，没有不配合上天施行其恩泽的。后来即位的殷王，很不明白上天的旨意，怎么能说他能听从先王的教导为国家而辛勤劳苦呢？纣王淫逸游乐，根本不顾及上天圣明的教导以及百姓的痛苦，因此上天便不再保佑殷，给殷降下了灭亡的大祸。天不会把大命赐给那些不努力施行德政的人，凡是四方小国或大国的丧亡，没有不是因为相应的罪责而招致惩罚的。”

[原文]

王若曰：“尔殷多士，今惟我周王丕灵承帝事①，有命曰：‘割（hài）殷②，告勑于帝。’惟我事不贰适③，惟尔王家我适。予其曰：‘惟尔洪无度④，我不尔动，自乃邑⑤。’予亦念天⑥，即于殷大戾⑦，肆不正⑧。”

[注释]

①丕：大。灵：善，神圣的。承：受。②割：通“害”，灭亡。③事：指征伐的事。④洪：大。度：法度。⑤邑：封邑。⑥念：思。⑦即：则，就。戾：罪过。⑧肆：所以，因此。正：治罪，指治殷商旧臣的罪。

[译文]

王这样说：“你们这些殷商遗民，现在只有我周王可以奉行上天神圣的命令，命令说：‘灭掉殷，向上天报告。’我们讨伐殷商，你们没有二心，你们王室也归顺我们了。我想要说：‘想到你们太无法度，我们并没有先进攻你们，而你们在自己的封邑首先发难。’我考虑上天的意愿，既然已经降下大祸给殷，所以也就不再治你们的罪了。”

［原文］

王曰：“猷(yóu)①！告尔多士，予惟时其迁居西尔②，非我一人奉德不康宁③，时惟天命④。无违⑤，朕不敢有后⑥，无我怨。惟尔知，惟殷先人有册有典⑦，殷革夏命。今尔又曰：‘夏迪简在王庭⑧，有服在百僚⑨。’予一人惟听用德⑩。肆予敢求尔于天邑商⑪，予惟率肆矜尔⑫。非予罪，时惟天命。”

［注释］

①猷：大道。②其：乃。迁居西尔：把你们迁居到西面。西，指成周。成周原来在商的西面，所以称西。③奉德：秉性。康宁：安定。④惟：为。⑤无：不要。⑥有：或。后：迟延，推后。⑦有册有典：册和典是记载史实的典籍。⑧迪：辅，指的是辅臣。简：选择，选拔。⑨服：事，这里指职务、职位。百僚：百官。⑩听：受，接受，采纳。德：有德的人。⑪肆：今。求：招揽，招来。天邑：大邑。⑫率：用。肆：缓，宽大。矜：怜惜，怜悯。

［译文］

王说：“遵行大道啊！告诉你们这些殷商遗民，我之所以把你们迁到西面去，并非是我个人秉性好动不喜安定，实在是上天的意思。我不能违抗，也不敢有所拖延，千万不要因此而怨恨我。你们知道，殷的先人有记载历史的文献，殷变更了夏的大命。现在你们又说：‘殷商选拔了许多夏人进入朝庭，在百官之中担任各种官职为殷王服务。’我只任用有德的人。现在我冒昧地将你们从大国殷商招揽过来，只是赦免你们的罪过，怜悯你们。这不是我的过错，这是上天的命令。”

［原文］

王曰：“多士，昔朕来自奄①，予大降尔四国民命②。我乃明致天罚，移尔遐逷(tì)③，比事臣我宗多逊④。”

［注释］

①奄：商代诸侯国，都城在今山东曲阜。②降：下达。四国：指管、蔡、商、奄四国。命：命令。③遐逖：远方，远处，指四国，因为他们来自四国，所以才称远方。④事：服务。我宗：指周王朝。逊：恭顺，顺从。

［译文］

王说："殷商遗民们，过去我从奄国来，我曾广泛地对你们四国民众下达过命令。我是奉行上天的命令征伐你们的，把你们从远方迁到这里，最近你们很顺从地侍奉臣服我们周王朝。"

［原文］

王曰："告尔殷多士，今予惟不尔杀①，予惟时命有申②。今朕作大邑于兹洛，予惟四方罔攸宾③，亦惟尔多士攸服奔走臣我多逊④。尔乃尚⑤有尔土，尔乃尚宁干止⑥。尔克敬，天惟畀(bì)矜迩⑦；尔不克敬，尔不啻(chì)不有尔土⑧，予亦致天之罚于尔躬！今尔惟时宅尔邑⑨，继尔居⑩，尔厥有干有年于兹洛⑪。尔小子乃兴⑫，从尔迁。"

［注释］

①不尔杀：不杀你们。尔，你们。②时命有申：又向你们申述上面的命令。有申，重申，重复。③惟：因为。宾：朝贡。④服：服务。逊：顺从，谦恭的样子。⑤尚：犹，还，尚且。⑥宁：安。干：安。止：语气助词。⑦畀矜迩：赐给你们怜悯或同情。畀，赐给，给予。⑧不啻：不但，不只。⑨惟：思。时：好，善。宅：安。⑩居：事业。⑪有干：有安乐。有年：有丰年。⑫小子：指后代子孙。兴：兴盛，兴旺。

［译文］

王说："告诉你们这些殷商遗民，现在我不杀掉你们，我只向你们重申上面的命令。现在我修建一座大的城邑在洛这个地方，是因为四方诸侯没有地方朝贡，也是因为你们服务王事、奔走效劳，很恭顺地臣服我们。你们仍然拥有你们的土地，你们仍然会有安定的生活。只要你们谨慎敬重，上天便会赐给你们怜悯、同情；如果你们不谨慎敬重，你们不仅仅失去你们的土地，我也会把上天的惩罚降到你们身上！现在你们要安居于你们的城邑，继续你们的事业，这样你们就能够在洛邑安乐地生活并且获得丰收。从你们迁居到洛邑开始，你们子孙后代就会兴旺发达。”

［原文］

王曰又曰：“时予①，乃或言尔攸居②。”

［注释］

①时：是，赞同。②攸：所。居：遵从。

［译文］

王说完又说：“你们要赞同我，我有些话是你们所应该遵从的。”

无　逸

［原文］

书序：周公作《无逸》①。

［注释］

①无逸：不要贪图安乐。

［译文］

书序：周公作《无逸》。

［原文］

周公曰：“呜呼！君子所其无逸①。先知稼穑之艰难②，

受无逸图

宋仁宗时，龙图阁学士孙奭日侍讲读，每当讲到前代政治混乱的时候，一定会反复规讽。他将《尚书》中《无逸》篇所述帝王事迹绘成图画进献仁宗，以古帝王的勤政爱民思想进行劝谏。仁宗十分高兴，将无逸图挂在讲读阁中，每天观看。

乃逸[3]，则知小人之依[4]。相小人[5]，厥父母勤劳稼穑，厥子乃不知稼穑之艰难，乃逸乃谚[6]。既诞[7]，否则侮厥父母曰[8]：'昔之人无闻知[9]。'"

［注释］

①君子：指为官的贵族。②稼穑：耕种和收获，泛指农业生产。③乃：才，而后。④小人：百姓。依：艰难，苦衷。⑤相：看，察。⑥乃：就。谚：粗鲁，不恭敬。⑦诞：放纵。⑧否则：于是。侮：轻侮，傲慢。⑨昔之人：上了年纪的人。

［译文］

周公说："唉！君子不应该贪图安逸享乐。应该先了解农事的艰难，然后再安逸享乐，就会知道百姓的艰难。看看百姓，他们的父母辛勤劳苦地从事农业生产，他们的儿子却不知道农事的艰难，就会安逸不敬。放纵之后，于是轻视父母说：'上了年纪的人什么也不懂。'"

［原文］

周公曰："呜呼！我闻曰：昔在殷王中宗[1]，严恭寅畏[2]，天命自度[3]，治民祗(zhī)惧[4]，不敢荒宁[5]，肆中宗之享国七十有五年[6]。其在高宗[7]，时旧劳于外，爰(yuán)暨小人[8]。作其即位[9]，乃或亮阴[10]，三年不言。其惟不言[11]，言乃雍[12]。不敢荒宁，嘉靖殷邦[13]。至于小大[14]，无时或怨[15]。肆高宗之享国五十有

德灭祥桑

商中宗太戊时，有桑树与谷树庭朝中合生，一夜间就长得大如合抱，是为妖祥之象。中宗心里害怕便问伊陟，伊陟说这可能是帝王的政事有所缺失所致。于是中宗修祖宗政事，明养老礼节，三日之间，妖祥之树就枯死了。过了三年，远方各国皆慕德来朝。

九年。其在祖甲[16]，不义惟王[17]，旧为小人[18]。作其即位，爰知小人之依[19]，能保惠于庶民[20]，不敢侮鳏寡[21]，肆祖甲之享国三十有三年。自时厥后[22]，立王生则逸[23]。生则逸，不知稼穑之艰难，不闻小人之劳，惟耽乐之从[24]。自时厥后，亦罔或克寿[25]。或十年，或七八年，或五六年，或四三年。”

[注释]

①中宗：商朝第八位帝王太戊的庙号。②严恭：指外貌端庄谦敬。严，庄重。寅畏：指内心敬畏。寅，敬，尊。③度：揣度。④祗惧：敬畏，畏惧。⑤荒宁：废弃自安。⑥肆：所以，因此。享国：指处在君王的地位。有：又。⑦高宗：商朝第二十二位帝王武丁的庙号。⑧爰：于是。暨：通“惠”，爱。⑨作：等到。⑩或：有时。亮阴：也作谅阴、谅阇，守丧时居住的房子，这里指帝王守丧。⑪不言：不轻易说话。⑫雍：和。⑬嘉：善，美。靖：和。⑭小大：百姓和群臣。⑮时：代词，这个人，指高宗武丁。或：有。⑯祖甲：商朝第二十四位帝王，武丁之子。⑰惟：为，是。⑱旧：久。⑲依：隐，痛苦。⑳保：安定。惠：爱。㉑鳏寡：孤苦无依无靠的人。㉒时：代词，是，这。㉓立王：在位的君王。生则逸：意在表示强调。㉔耽乐：过度的逸乐。从：追随，追求。㉕罔：无。

[译文]

周公说：“唉！我听说：过去殷王中宗，神态端庄，心中敬畏，以天命为标准来权衡自己，治理人民谨慎恭敬，不敢懈怠，不敢贪图安乐，所以中宗在位七十五年。到了高宗，他做太子的时候长时间在外行役，于是很爱护百姓。等到他继承王位，有的时候沉默不语，三年间不轻易说话。正因为他不轻易说话，所以一旦开口说出的话便很合理。他不敢荒废政事、贪图享乐，因此殷国举国上下都很和睦。无论百姓还是大臣，没有人对他有所抱怨。因此，高宗执政达五十九年。到了祖甲，他认为代替兄长为王不合道理，于是做了很长时间的平民。等到他继位以后，便能了解百姓的疾苦，能够爱护安定百姓，甚至对那些孤独无依无靠的人也不敢轻慢，因此祖甲执政达三十三年。从这以后的国王，生来就享受安逸了。生来就享受安逸，就不了解农事的艰难，不了解百姓的疾苦，只是追求过度的享乐。

泽及枯骨

周公认为，文王心地善良，能够使百姓安居乐业。据记载，有一次文王去郊外，看到有死人的枯骨暴露在荒野上，就命随行的人将其掩埋好。随从不解，认为这是无主的枯骨，但文王说：“天子坐拥天下，就是天下共主；诸侯拥有一国，便是一国之主。我便是这枯骨的主人了。”听到这事的人们都说，西伯的恩泽惠及野外枯骨，何况活着的人呢？

从这以后的国王也没有活得长久的了。他们执政的时间，有的十年，有的七八年，有的五六年，有的三四年。”

［原文］

周公曰：“呜呼！厥亦惟我周太王、王季克自抑畏①。文王卑服②，即康功田功③。徽柔懿恭④，怀保小民⑤，惠鲜鳏寡。自朝至于日中昃(zè)，不遑(huáng)暇食⑥，用咸和万民⑦。文王不敢盘于游田⑧，以庶邦惟正之供⑨。文王受命惟中身⑩，厥享国五十年。”

［注释］

①抑：谦虚。畏：敬畏。②卑服：卑贱的工作。服，事，工作。③即：就，从事。康功：披荆斩棘、开垦荒地。④徽：和。懿：美好的。⑤怀保：保护安定。⑥遑：空闲，顾得上。暇食：安闲地吃饭。⑦咸：调和，协和。⑧盘：乐。游：游乐。田：打猎。⑨以：使。正：赋税。供：进献。⑩受命：接受天命做君主。中身：中年的时候。

［译文］

周公说：“唉！只有我们周的太王、王季做事谦虚谨慎。文王也曾从事过卑贱的劳作，披荆斩棘、开垦荒地等。他和蔼善良、态度恭谨，保护百姓使其安居乐业，他爱护关心无依无靠的人。从早晨到中午再到下午，忙得顾不上吃饭，以此来使百姓和谐。文王不敢爱好游乐狩猎，而使进献的赋税用于国事。文王在中年才接受天命即位为君主，执政达五十年。”

太姜

太姜是周太王之妻，相传她贤良淑德，而且很有智慧，经常辅佐丈夫处理政事。周人原来居住在邠，受到狄人的攻击，于是太王在与太姜商议后，率族人迁往岐山下的周原，从此发展壮大。太姜的长子泰伯、次子仲雍有谦让美德，三子季历为文王的父亲。

［原文］

周公曰："呜呼！继自今嗣王则其无淫于观、于逸、于游、于田①，以万民惟正之供。无皇曰②：'今日耽乐。'乃非民攸训③，非天攸若④，时人丕则有愆(qiān)⑤。无若殷王受之迷乱⑥，酗于酒德哉⑦！"

［注释］

①淫：过度，过分。观：观赏。②皇：通"遑"，闲暇，这里指宽解。③攸训：所顺。训，顺从。④若：顺从。⑤丕则：于是。愆：过错，罪过。⑥受：纣王的名。⑦酗：醉怒。于：为。

［译文］

周公说："唉！从今以后继位的王，但愿不要过分沉溺于观赏、享乐、游玩、田猎，不可以只是利用百姓进献的赋税。更不要自我宽解说：'只是今天享受。'这不是百姓可以允许的，也不是天意允许的，这样的人于是要犯下大错的。不要像殷王纣那样迷乱，将酗酒作为美德啊！"

［原文］

周公曰："呜呼！我闻曰：'古之人犹胥(xū)训告①，胥保惠②，胥教诲，民无或胥诪(zhōu)张为幻③。'此厥不听，人乃训之，乃变乱先王之正刑④，至于小大⑤。民否则厥心违怨⑥，否则厥口诅祝⑦。"

［注释］

①胥：相互。训告：劝导，教导。②保：安。惠：爱。③诪张：欺骗。

幻：惑乱。④正刑：政策法令。⑤小大：指小法大法。⑥否则：于是。违：怨恨，愤恨。⑦诅祝：诅咒，咒骂。

［译文］

周公说："唉！我听说：'古时候的人还彼此劝告，互相爱护，相互教诲，百姓没有相互造谣欺骗的。'如果不听从这些是话，人们就会顺从自己的心意，便改变了先王的政策法规，以至于扩及到大大小小的法令。百姓于是心存怨恨，口中就会发出诅咒了。"

［原文］

周公曰："呜呼！自殷王中宗及高宗及祖甲及我周文王，兹四人迪哲①。厥或告之曰②：'小人怨汝詈(lì)汝③。'则皇自敬德④。厥愆⑤，曰：'朕之愆允若时⑥。'不啻(chì)不敢含怒⑦。此厥不听，人乃或诪张为幻，曰小人怨汝詈汝，则信之，则若时，不永念厥辟⑧，不宽绰厥心⑨，乱罚无罪，杀无辜，怨有同⑩，是丛于厥身⑪！"

［注释］

①迪：指导。迪哲：领导的明智。②或：有的人。③詈：骂。④皇：甚，更加。⑤愆：指责过失。⑥允：确实。时：代词，这样。⑦不啻：不但，不只。⑧辟：法度。⑨绰：放宽，宽绰。⑩怨有：怨尤，怨恨。同：会同，一并。⑪丛：聚集，集中。

梦赉良弼

商高宗即位后，在居丧的房子里沉默不语，思考治理天下的道理，他的至诚至孝感动了天地。有一天他梦见上天赐给他一位贤臣，醒来后将梦中所见的人画下来，四处求访，最终寻得贤人傅说，任命其为宰相，统率百官，从此天下大治。

［译文］

周公说："唉！从殷王中宗到高宗再到祖甲直至我们的周文王，这四人都是圣明的君主。有人告诉他们说：'百姓在怨你骂你。'他们就更加谨慎地按照规则办事。有人指出他们有了过错，便毫不隐瞒地说：'确实是这样的。'他们为此也不敢发怒。不听这些话，人们之中有的就会相互欺骗惑乱，说百姓怨恨你咒骂你，你就相信了，如果是这样，没有长久地考虑法度，没有放宽自己的胸怀，胡乱地惩罚那些无罪的人，妄杀那些无辜的人，怨恨并起，最后会汇聚在你的身上。"

［原文］

周公曰："呜呼！嗣王其监于兹①！"

［注释］

①监：通"鉴"，鉴戒。

［译文］

周公说："唉！刚继位的王要以此为鉴戒啊！"

君　奭

［原文］

书序：召公为保①，周公为师②，相成王为左右。召公不说③，周公作《君奭(shì)》④。

［注释］

①保：太保。②师：太师。③说：通"悦"，高兴。④君：对男子的尊称。奭：召公的名。

［译文］

书序：成王时，召公担任太保，周公担任太师，辅佐成王担任左右大臣。召公非常不高兴，周公于是作《君奭》。

［原文］

周公若曰："君奭！弗吊①，天降丧于殷，殷既坠厥命②，

我有周既受。我不敢知曰：厥基永孚于休③。若天棐(fěi)忱④，我亦不敢知曰：其终出于不祥。呜呼！君已曰：时我，我亦不敢宁于上帝命，弗永远念天威越我民。罔尤违⑤，惟人。在我后嗣子孙⑥，大弗克恭上下，遏佚前人光在家⑦，不知天命不易⑧，天难谌⑨，乃其坠命⑩，弗克经历⑪。嗣前人，恭明德，在今。予小子旦非克有正⑫，迪惟前人光，施于我冲子⑬。又曰：天不可信，我道惟宁王德延⑭，天不庸释于文王受命⑮。”

[注释]

①弗吊：不善。吊，善。②坠：丧失，失去。③基：开始。孚：通“付”，给予。④若：顺。棐忱：谓以诚信者为辅助。棐，辅佐。忱，诚信。⑤尤：过失，错误。违：违反。⑥在：考察。⑦遏：止，抑制，终止。佚：失，消失。前人：就是先人，指的是文王、武王。光：光辉。⑧不易：不容易，艰难。⑨谌：信。⑩其：将要。坠：失去。命：指的是天命。⑪克：能够。经：长久。历：经历。⑫旦：周公的名。有正：有所改正，有所纠正。⑬施：延。冲子：幼小的孩子，这里指后辈。⑭道：当作“迪”，语助词。宁王：指文王。⑮庸释：舍弃，丢弃。受命：所接受的使命。

[译文]

周公说：“君奭！由于纣王干尽了坏事，于是上天降下了丧亡的大祸于殷商，殷商已经失去了上天所赐予的大命，我们周国已经得到了上天所授之命。但我不敢认为：王业开始的时候会给予美好的事物。顺从上天，以诚信的人作为辅国大臣，我还是不敢认为：王业最后会不吉祥。唉！您曾对我说：依靠自己，但我却不敢安于上天的大命，没有经常念及上天的威严和我们的百姓。没有过失和违背，应该依靠人。考察我们的后世子孙，大都不能敬天理民，将文王、武王的光辉在我们国家境内发扬光大，不知道天命的艰难，天意难信，就快要失去上天的大命了，国运不能长久了。继承先人，奉行明德，就在现在。我十分赞同你的说法，将前人的光辉延及到我们子孙后代的身上。又说：上天是不能相信的，我们只有努力将文王的美德发扬光大，上天就不会舍弃文王所受的大命了。”

[原文]

公曰：“君奭！我闻在昔成汤既受命，时则有若伊尹[1]，格于皇天[2]。在太甲[3]，时则有若保衡[4]。在太戊[5]，时则有若伊陟、臣扈[6]，格于上帝；巫咸乂王家[7]。在祖乙[8]，时则有若巫贤[9]。在武丁[10]，时则有若甘盘[11]。率惟兹有陈[12]，保乂有殷，故殷礼陟配天[13]，多历年所[14]。天惟纯佑命[15]，则商实百姓王人[16]，罔不秉德明恤[17]，小臣、屏侯、甸[18]，矧(shěn)咸奔走[19]，惟兹惟德称[20]，用乂厥辟[21]，故一人有事于四方[22]，若卜筮罔不是孚[23]。”

[注释]

①伊尹：商汤的大臣。②格：嘉奖，嘉许。皇天：上天的大命。③太甲：商朝第四位帝王，汤的孙子。④保衡：官名，指伊尹。⑤太戊：商朝第八位帝王。⑥伊陟、臣扈：都是太戊的贤臣。⑦巫咸：太戊的大臣。乂：治理，管理。⑧祖乙：商朝第十三位帝王。⑨巫贤：祖乙的贤臣。⑩武丁：商朝第二十二位帝王。⑪甘盘：武丁的贤臣。⑫率：用于句首的结构助词。有陈：有道的臣子，陈，道。⑬殷礼陟配天：殷人认为君主死后才可以配天称帝。陟，升。⑭历：经，过。⑮纯佑：指贤臣。命：告，教。⑯百姓：指异姓的官员。王人：指同姓官员。⑰恤：谨慎，慎重。⑱屏：并。侯、甸：侯服、甸服的官员。⑲矧：也，同样。咸：全，都。奔走：就是为

革囊射天

周公说，商汤的后代挑战上天的威严而招致灭亡。在纣王之前，商朝有位国君叫武乙，他很残暴，认为君主拥有极大的权力，但唯一的约束便是上天。因此他让人做了个人偶当作天神，与这个人偶打赌，如人偶不能胜，就把它砍碎。他又让人把装满血的皮口袋挂起来，用箭射，说是在射天。他的残暴统治未能持续几年，就在一次打猎时被雷震死了。

了王事效劳、服务的意思。⑳惟德称：推举出贤德的人。称，举，推荐。㉑乂：通“艾”，辅助、辅佐。辟：君主。㉒一人：指君主。㉓若：如同。孚：相信，信任。

［译文］

周公说：“君奭！我听说过去成汤既已接受上天的大命，当时有伊尹辅佐成汤，使成汤得到上天的嘉许接受上天的大命。在太甲时，有伊尹。太戊时，又有伊陟和臣扈，使他们得到上天的嘉许，又有巫咸辅佐治理国家。祖乙时，有巫贤。武丁时，有甘盘。正因为有这些有道之人，殷商才得以安定保全，所以殷人死后才可以配天称帝，经历了很多年。上天用那些贤臣告诫百姓，所以商朝无论异姓或是同姓的官员，没有不秉承德行、谨慎做事的。至于那些小臣和地方官员，也全都为王事奔走效劳，因为他们全都是被推举选出的，他们辅佐君主治理国家，所以一旦国王向四方发布号令，就好像相信卜筮一样，没有不相信的。”

［原文］

公曰：“君奭！天寿平格①，保乂有殷，有殷嗣②，天灭威③。今汝永念，则有固命④，厥乱明我新造邦⑤。”

［注释］

①寿：使长寿。平格：平康正直的人。②有殷嗣：殷继承夏。③天灭威：上天停止降下灾祸。④固命：定数，上天注定的命数。⑤乱：治理。明：光大。造：建立。

［译文］

周公说：“君奭！上天让那些平康正直的人长寿，安治殷商，殷商继承了夏朝的大命，上天也就不再降下惩罚了。现在你要一直记住这些，这样我们就能有上天注定的命数，以此来治理我们这个新建立的国家。”

［原文］

公曰：“君奭！在昔上帝割申劝宁王之德①，其集大命于厥躬②？惟文王尚克修和我有夏③，亦惟有若虢(guó)叔④，有若闳(hóng)夭，有若散宜生，有若泰颠，有若南宫括。”

[注释]

①割：通“害”。申：重复，多次地。劝：劝勉，规劝。②集：下。③惟：以，因为。克：能够。修和：治理、协和。有夏：指中原。④若：此，这些。虢叔：与后文中的闳夭、散宜生、泰颠、南宫括都是文王时期的贤臣。

[译文]

周公说：“君奭！过去上帝为什么反复规劝文王要注意品德修养，把大命聚集在他的身上？因为文王能够治理中国并使之和谐，也因为有虢叔，有闳夭，有散宜生，有泰颠，有南宫括等治国贤才。”

吕尚

周公说，正是因为文王有德，上天才把治理天下的任务交给他；也正是因为有许多贤臣的辅佐，文王才能够治理好天下。吕尚不能获得殷商诸侯的赏识，来到渭水钓鱼，期待可以遇见明主。文王求贤若渴，一次外出打猎，占卜时得到的结论是，他可以遇见贤臣，果然就在渭水边见到垂钓的吕尚，亲自为其拉车。正因为这样，文王才会得到许多贤臣的辅佐。

[原文]

又曰：“无能往来①，兹迪彝教②，文王蔑德降于国人③。亦惟纯佑秉德④，迪知天威，乃惟时昭文王迪见冒⑤，闻于上帝，惟时受有殷命哉！武王惟兹四人尚迪有禄⑥。后暨武王诞将天威⑦，咸刘厥敌⑧。惟兹四人昭武王惟冒⑨，丕单称德⑩。今在予小子旦，若游大川，予往暨汝奭其济⑪。小子同未在位⑫，诞无我责⑬。收罔勖不及⑭，耇(gǒu)造德不降我则⑮，鸣鸟不闻⑯，矧曰其有能格⑰？”

[注释]

①往来：效力、奔走出力。②兹：帮助、勉力。迪：倡导，宣扬。彝：常。③蔑：无。④惟：因为。⑤惟时：于是，因此。昭：帮助。冒：勉励。⑥四人：武王时，虢叔等有死去的，余四人。迪：通“犹”，还。有禄：活着。⑦暨：与，和。诞：大。将：履行。⑧咸：全，都。刘：杀。⑨冒：

通“懋”，勉力。⑩丕：大。单：尽。称：称赞，称颂。⑪济：渡水。⑫同：通“侗”，幼稚。未：同“昧”，昏暗。⑬无我责：无不是我的责任。⑭不及：做不到的事。⑮耇造德：年长而有德行的人。则：法则。⑯鸣鸟：指凤凰。⑰矧：何况，况且。

［译文］

周公又说：“如果没有这些贤臣奔走效力，帮助宣传常法，文王就没有美德传播给国人了。也正因为这些贤臣道德高尚，了解上天的威严，于是帮助和勉励文王，使他的功绩被上天知道，于是才让文王承受殷商的大命啊！在武王的时候，文王时期的五位贤臣有四位健在。后来他们与武王一起履行天命，将他们的敌人全部消灭。正是因为这四人各尽其责全力辅佐武王，武王才以德行被天下称赞。现在我就想在大河中游泳，我要和你同舟共济。现在的我幼稚昏暗不成器却身处高位，在位的官员没人来指出我的不足。年长有德的人没有为我指出治国之策，听不到凤凰的鸣声，更何况说能够被上天赞许呢？”

［原文］

公曰：“呜呼！君肆其监于兹[1]！我受命无疆惟休，亦大惟艰。告君[2]，乃猷裕我[3]，不以后人迷[4]。”

［注释］

①肆：现在。监：看，视。②告：请求。③猷裕：教导，引导。④以：使，让。迷：迷惑。

［译文］

周公说：“唉！您现在应该看到这一点！我们从上天那里接受的大命，虽然无限美好，同时也有很大的艰难。请求您，教导我，不要让后人迷惑。”

［原文］

公曰：“前人敷乃心[1]，乃悉命汝[2]，作汝民极[3]。曰：‘汝明勖偶王[4]，在亶（dǎn）乘兹大命[5]，惟文王德丕承，无疆之恤[6]！’”

［注释］

①前人：指武王。敷：宣布，表明。②悉：详尽，详细。③极：标准，

典范。④明勖：都是努力的意思。偶：协助，辅助。⑤亶：真诚、诚心。乘：承受，继承。⑥恤：忧患，忧虑。

[译文]

周公说：“武王曾经表明他的心意，他曾详细地要求你作百姓的典范。他说：‘你应该努力辅佐成王，要真诚地继承大命，继承文王功德，怀有无穷的忧虑！’”

[原文]

公曰：“君！告汝，朕允保奭①。其汝克敬以予监于殷丧大否②，肆念我天威③。予不允惟若兹诰④，予惟曰：‘襄我二人⑤，汝有合哉⑥？’言曰⑦：‘在时二人。’天休兹至⑧，惟时二人弗戡(kān)⑨。其汝克敬德，明我俊民在让⑩，后人于丕时⑪。呜呼！笃棐(fěi)时二人⑫，我式克至于今日休⑬？我咸成文王功于⑭！不怠丕冒，海隅出日⑮，莫不率俾⑯。”

[注释]

①允：信任、相信。保奭：召公担任太保的官，在此就是指的召公。②以：与。监：看、视。否：祸患，苦难。③肆：长久，反复。威：罚。④不允惟：不但。⑤襄：除，去。⑥合：志趣相合。⑦言曰：周公代召公答复的话。⑧兹：更、更加。⑨戡：胜任。⑩明：显用，指选拔。让：礼让。⑪时：是，赞同。⑫笃：信。棐：不是。⑬我：我辈。⑭咸：共同，一起，全部。⑮海隅：海边。海隅出日，指的是荒远的地方。⑯俾：顺从，依从。

[译文]

周公说：“君奭！告诉你，我信任的太保奭。希望你能够谨慎地与我一起去看殷国灭亡的大祸，反复念及上天的惩罚。我不但这样告诉你，我想说：‘除了你我二人，你还和谁能志趣相投呢？’你定会说：‘只有我们两个人。’上天降下的美好越来越多，只有我们两个人不能够胜任。希望你能够尊敬有德的人，选拔德才兼备的人，后人才能得以遵行。唉！真的不是我们两个人，我们怎么达到如今美好的境地呢？我们一同实现文王的事业！

不停地努力工作，让那荒远的地方也没有不来归顺我们的。”

［原文］

公曰：“君！予不惠若兹多诰①，予惟用闵于天越民②。”

［注释］

①惠：想。②闵：忧虑，担心。越：与，和。

［译文］

周公说：“君奭！我不想说这么多的话，我不过是担心天命和民心。”

［原文］

公曰：“呜呼！君！惟乃知民德亦罔不能厥初①，惟其终。祗若兹②，往敬用治③！”

［注释］

①德：行为。②若：美好。兹：此，指完成文王功业。③用：以。

［译文］

周公说：“唉！君奭！你知道百姓的行为开始的时候没有不好好办的，要坚持到最终就很困难了。完成文王功业这美好的事情，应该以恭敬的态度治理国家啊！”

（伪）蔡仲之命

［原文］

书序：蔡叔既没①，王命蔡仲②，践诸侯位③，作《蔡仲之命》。

［注释］

①蔡叔：名度，周武王之弟，封于蔡，由于不满周公摄政，发动三监之乱，战败后被流放。没：死。②蔡仲：名胡，蔡叔之子。③践：指帝王或诸侯即位。

[译文]

书序：蔡叔死后，王册命蔡仲即位为诸侯，史官于是作《蔡仲之命》。

圣佐元良

西周初期，管叔、蔡叔与纣王的儿子武庚联合叛乱。周公旦奉成王命东征，三年后平定叛乱，管叔、武庚被杀。蔡叔被囚致死后，其子胡“改行，率德驯善”，被周成王重新分封到蔡国。

[原文]

惟周公位冢宰①，正百工②，群叔流言，乃致辟管叔于商③；囚蔡叔于郭邻④，以车七乘；降霍叔于庶人⑤，三年不齿⑥。蔡仲克庸祗(zhī)德⑦，周公以为卿士。叔卒，乃命诸王邦之蔡⑧。

[注释]

①位：担任，位于。冢宰：周朝官职名称，是百官之首，又称大宰。②正：掌管，主管。百工：百官。③致辟：诛杀。④郭邻：地名，具体位于何处不详。⑤庶人：平民。⑥齿：录用，任用。⑦祗：敬。⑧邦：封。

[译文]

在周公担任太宰、主管百官的时候，管叔、蔡叔等人散播谣言中伤周公。周公于是在商地杀了管叔；把蔡叔囚禁在郭邻，用七辆兵车押解；把霍叔降为平民，三年内不得任用。蔡叔之子蔡仲能够恭敬地践行美德，周公便让他担任卿士。蔡叔死后，周公便禀告王把蔡仲封到蔡国。

[原文]

王若曰：“小子胡①，惟尔率德改行②，克慎厥猷(yóu)③，肆予命尔侯于东土④。往即乃封，敬哉！尔尚盖前人之愆(qiān)⑤，惟忠惟孝。尔乃迈迹自身⑥，克勤无怠，以垂宪乃后。率乃祖文王之彝训⑦，无若尔考之违王命。皇天无亲，惟德是辅；民心

无常，惟惠之怀⑧。为善不同，同归于治；为恶不同，同归于乱。尔其戒哉！慎厥初，惟厥终⑨，终以不困。不惟厥终，终以困穷⑩。懋乃攸绩⑪，睦乃四邻，以蕃王室，以和兄弟，康济小民⑫。率自中⑬，无作聪明乱旧章⑭。详乃视听⑮，罔以侧言改厥度⑯，则予一人汝嘉。”

王曰：“呜呼！小子胡，汝往哉！无荒弃朕命⑰！”

[注释]

①小子：年轻人。胡：蔡仲之名。②率：遵守。率德改行，指蔡仲能够遵守祖先留下的德行，改掉父亲的错误行为。③猷：道理。④侯：诸侯，这里指做诸侯。东土：蔡仲的封地在西周都城镐京以东，故称东土。⑤盖：掩盖。愆：罪过。⑥迈迹：迈步前进。⑦彝训：指文王经常教导后辈的话。⑧惠：仁惠。怀：归向。⑨惟：思念。⑩困穷：处境艰难、窘迫。⑪懋：勉励。攸：所。⑫康济小民：使老百姓生活安定富足。⑬率：遵循，依照。自：用。中：符合正道。⑭旧章：指先王已经制定好的现成的法度。⑮详：审查。⑯以：因为。侧言：有偏向的话语。度：法度。⑰荒弃：荒废、放弃，这里指忘记。

[译文]

王这样说：“年轻人胡，你要遵守先祖的德行，改正你父亲的错误行为，能够谨慎地遵循道理，因此命令你在东方成为诸侯。前往你的封地，要谨慎恭敬啊！你应该掩盖前人的罪过，时刻念着忠孝，你要从自身迈步前进，勤劳不懈怠地做事，给你的后人留下好的榜样。遵循你祖父周文王的教诲，不要像你的父亲那样违背王命。上天不会亲近谁，只会辅佐贤德之人；百姓心中没有固定的君主，只会归顺仁慈的君主。行善的方式不同，但都归结于天下大治；作恶的方式不同，但都归结于天下大乱。你一定要慎之又慎啊！谨慎地开始，同时也要考虑到其结局，结局就不会困窘。不考虑其结局，结局就会处境艰难。努力实行你的功业，与四邻和睦相处，以保卫周王室，使同姓诸侯之间和睦，使百姓生活安定富足。要遵循正道，不要自作聪明地改变原有的法度。要审查你的所见所闻，不要因为片面之词而更改法度，能做到这些我就会赞许你。”

成王说：“啊！年轻人胡，到你的封国去吧！不要忘记我的教导！”

多　方

［原文］

书序：成王归自奄①，在宗周②，诰庶邦③，作《多方》④。

［注释］

①奄：商代诸侯国，周初参与三监之乱，被周公所灭，都城在今山东曲阜。后来周成王封周公于奄国故地，是为鲁国。②宗周：镐京，在今陕西西安北。③庶邦：诸侯。④方：方国，即诸侯国。

［译文］

书序：成王从奄返回，在宗周，向天下诸侯发布文诰，史官于是作《多方》。

元圣周公庙

周公曾辅佐武王伐纣，并在西周初期辅佐周成王，制定了各种典章制度，是我国古代著名的政治家。后世帝王曾将周公封为“元圣”，故周公庙又称元圣庙。

［原文］

惟五月丁亥，王来自奄，至于宗周。

周公曰：“王若曰①：猷(yóu)告尔四国多方惟尔殷侯尹民②。我惟大降尔命③，尔罔不知。洪惟图天之命④，弗永寅念于祀⑤，惟帝降格于夏⑥。有夏诞厥逸⑦，不肯慼(qī)言于民⑧，乃大淫昏⑨，不克终日劝于帝之迪⑩，乃尔攸闻。厥图帝之命⑪，不克开于民之丽⑫，乃大降罚⑬，崇乱有夏⑭。因甲于内乱⑮，不克灵承于旅⑯，罔丕惟进之恭⑰，洪舒于民⑱。亦惟有夏之民，叨懫(zhì)日钦⑲，劓(yì)割(hài)夏邑⑳，天惟时求民主，乃大降显休命于成汤㉑，刑殄有夏㉒。惟天不畀(bì)纯㉓，乃惟以尔多方之义民不克

永于多享[24]；惟夏之恭多士大不克明保享于民[25]，乃胥惟虐于民[26]，至于百为，大不克开[27]。乃惟成汤克以尔多方[28]，简代夏作民主。慎厥丽[29]，乃劝[30]；厥民刑，用劝。以至于帝乙[31]，罔不明德慎罚，亦克用劝；要囚殄戮多罪[32]，亦克用劝。开释无辜，亦克用劝。今至于尔辟[33]，弗克以尔多方享天之命[34]，呜呼！”

［注释］

①王若曰：成王这样说，这里指周公代替成王所说的话。若，如此，这样。②猷告：告。四国：指管、蔡、商、奄四国。惟：与，和。尹民：治民，指治民的官员。③降：下，下达。命：教、令。④洪惟：用在句首的语助词。图天之命：夸大天命。图，大。⑤寅：敬。念：长思。⑥惟：是。格：严厉的教令。⑦诞：大。⑧慼言：安慰。慼，忧虑。⑨淫昏：淫乐，昏乱。⑩克：能。终日：一整天。劝：勉。迪：教导，引导。⑪图帝之命：即前文所说的“图天之命”。⑫开：明，明白。丽：依附，归附。民之丽，老百姓归附的道理。⑬大降罚：大肆杀戮。⑭崇：充。⑮甲：通“狎”，习。内乱：指夏桀信任妹喜。内，内宫。⑯灵：善。承：顺从，依从。旅：众人。⑰丕：同“不”。惟：只。进：财货。恭：通“供”。⑱舒：苦，这里指毒害。⑲叨：贪婪，贪。懫：忿戾、暴戾。钦：通“廞”，兴。⑳劓割：残害，伤害。劓，古代五刑之一，割鼻子。㉑显休：光明而美好。㉒刑殄：诛绝，诛灭。殄，灭绝。㉓畀：与。纯：通“屯”，众，多。㉔乂民：贤人。享：劝导，劝说。㉕恭：通“供”，供职。保享：保护，劝导。㉖惟虐：为虐。㉗开：开展。㉘简：大。㉙丽：施行，执行，指施行教令。㉚劝：勉励，鼓励。㉛帝乙：纣王的父亲。㉜要囚：囚禁。㉝辟：君主。㉞以：和。

［译文］

五月丁亥这天，王从奄国回来，到了首都镐京。

周公说：“王这样说：遵行大道啊！告诉你们四国、各地诸侯以及治理百姓的官员们。我要专门给你们下达命令，你们不可以昏昏沉沉像没有听到一样。夏桀夸大天命，违背了上天的命令，没有经常恭敬地祭祀，因此

上天对于夏降下了严格的教令。但夏桀却放纵享乐，不肯安慰百姓，而是越发淫逸昏乱，不能整天努力遵循上天的教导，这些是你们都知道的。他夸大天命，不懂得使百姓归顺的道理，于是上天降下惩罚，夏朝混乱。这是因为夏桀宠信妹喜，没有很好地顺从百姓，无不要百姓进献财货，使百姓深受其苦。也因为夏的百姓贪婪暴戾，且日益严重，也对国家造成巨大的伤害。上天便寻求好的君主，于是大肆降下光明而美好的命数给成汤，成汤于是灭掉夏朝。上天没有将诸侯和民众赐予夏桀，这是因为你们这些诸侯国的贤人没有经常劝导；因为夏朝官员不懂得保护百姓、为百姓做事，却只知残暴地对待百姓，甚至无恶不作，各种作为都不能开展。成汤因此被四方诸侯拥戴，代替夏桀被选为臣民的君主。他谨慎施展教令，勉励百姓；惩罚有罪的人也是勉励百姓。从成汤到帝乙，没有不恭敬地奉行美德，谨慎地利用刑罚的。把人民从灾难中解救出来，是为了鼓励他们走向正道。他对那些犯罪的人使用刑罚，也是为了鼓励他们走上正道。现在到了你们的国君，不能与你们一起享受上天的大命，真是可悲啊！”

［原文］

王若曰：“诰告尔多方。非天庸释有夏[1]，非天庸释有殷，乃惟尔辟以尔多方大淫[2]，图天之命屑有辞[3]。乃惟有夏图厥政，不集于享[4]，天降时丧，有邦间之[5]。乃惟尔商后王逸厥逸，图厥政不蠲（juān）烝[6]，天惟降时丧。惟圣罔念作狂[7]，惟狂克念作圣。天惟五年须暇之子孙[8]，诞作民主[9]，罔可念听。天惟求尔多方，大动以威[10]，开厥顾天[11]。惟尔多方罔堪顾之。惟我周王灵承于旅[12]，克堪用德，惟典神天[13]。天惟式教我用休[14]，简畀殷命，尹尔多方。

［注释］

①庸释：舍弃，废弃。②尔辟：你们的君主。以：和。多方：指夏、殷各国的诸侯。淫：过度放肆。③图：图谋。屑：轻率。有：又。④集：停止。⑤间：代替，取代。⑥蠲：明，显示。烝：美好。⑦圣：贤明的人。

作狂：狂妄无知的人。⑧须：等待。暇，宽容。⑨诞：大。⑩大动以威：上天降下灾难来显示其威严。⑪开：启示，开导。⑫灵：善。承：顺从，秉承。旅：众人。⑬典：善。⑭式：使用，利用。教我用休：以美好的命数指导我。

［译文］

王说："告诉你们四方诸侯。并不是上天舍弃了夏，也不是上天舍弃了殷，而是因为你们的君主和各国的诸侯过度放肆，图谋上天的大命而又有轻率的说辞。由于夏桀考虑政事，没有考虑百姓，上天便降下这样的大祸，并让成汤代替了夏桀。也因为你们商朝的继任君王贪图享乐，政治黑暗、闭塞，所以上天降下这样的亡国大祸。贤明的人如果不思考也会变成狂妄无知的人，狂妄无知的人如果思考也能变成贤明的人。上天等了五年的时候想宽恕商的子孙，作为民众伟大的君主，但是他不顾念、不听从上天的教诲。上天也这样要求你们四方诸侯，降下灾难来显示威严，让你们顾及天威。但你们四方诸侯却没有考虑和顾及上天的命令。只有我们周王，善于秉承众人的旨意，能够广布仁德，善待神、天。上天用美好的命数指导我，表明给予我们的伟大使命，让我们来治理你们四方诸侯。

［原文］

"今我曷敢多诰①，我惟大降尔四国民命②。尔曷不忱裕之于尔多方③？尔曷不夹介④，乂我周王享天之命⑤？今尔尚宅尔宅⑥，畋尔田⑦，尔曷不惠王熙天之命⑧？尔乃迪屡不静⑨，尔心未爱⑩。尔乃不大宅天命⑪，尔乃屑播天命⑫，尔乃自作不典⑬，图忱于正⑭。我惟时其教告之，我惟时其战要囚之⑮，至于再、至于三⑯。乃有不用我降尔命，我乃其大罚殛(jí)之⑰！非我有周秉德不康宁，乃惟尔自速辜⑱！"

［注释］

①曷敢：何敢，怎么敢。诰：上对下的告诫的话。②惟：只是。③忱裕：告导，劝导，劝诫。④夹：大。⑤乂：通"艾"，辅助，辅佐。⑥尚：还。宅尔宅：居住在你们的地方。前一"宅"，用作动词，居住。⑦畋：

整治田地，治理田地。⑧惠：顺从，依从。熙：广大。⑨乃：竟然。迪：教导，劝说。屡：屡次，多次。⑩爱：顺，遵从。⑪宅：度，考虑，思考。⑫屑：通“悉”，皆，全，尽。播：弃，丢弃，抛弃。⑬不典：不法。⑭图：图谋。忱：攻击。正：正长，指君主。⑮要囚：幽囚。⑯至于再、至于三：一而再、再而三。⑰殛：诛，杀。⑱速：招惹，招致。辜：罪，祸患。

[译文]

“如今我怎敢多说这些告诫的话，我只是想将命令告知你们各个国家的臣民。你们为什么不劝导四方诸侯？你们为什么不全力帮助我们，辅佐我周国治理天下，共享天命？现在你们仍旧居住在你们原来的地方，耕种着你们原来的土地，你们为什么不顺从我们的君王，将上天的命令发扬光大呢？数次教导你们还是不听从，你们的心不顺从。你们不去考虑上天的命令，你们完全不顾及上天的命令，你们完全不遵守法度，反而攻击君主。因此我一定要好好地教导你们，因此我要讨伐你们，囚禁你们，一而再、再而三。如果你们敢不听从我下达的命令，我就要重重地惩治你们！这不是我们周国不奉行德教的原则给你们和平安宁的生活，这实在是你们咎由自取。”

[原文]

王曰：“呜呼！猷告尔有方多士暨殷多士①。今尔奔走臣我监五祀②，越惟有胥伯小大多正③，尔罔不克臬(nié)④。自作不和，尔惟和哉！尔室不睦，尔惟和哉！尔邑克明⑤，尔惟克勤乃事。尔尚不忌于凶德⑥，亦则以穆穆在乃位⑦，克阅于乃邑谋介⑧。尔乃自时洛邑⑨，尚永力畋尔田，天惟畀矜尔⑩。我有周惟其大介赉(lài)尔⑪，迪简在王庭⑫。尚尔事⑬，有服在大僚⑭。”

[注释]

①猷：告诉。暨：和，与。②监：侯国，这里指的是卫康叔。五祀：五年。③胥：徭役。伯：作“赋”，赋税。正：通“政”，政事，政务。

④臬：法，守法，遵守法规。⑤明：政治清明。⑥忌：教。⑦穆穆：恭敬严肃的样子。⑧克：能够。阅：容。⑨乃：若。自：在。时：这，这个。⑩畀：赐予，给予，给。矜：怜悯，同情。⑪大介：大而好。介，善。赉：赐，赏赐。⑫迪：进。简：选择，提拔。王庭：朝廷。⑬尚：努力。⑭服：事。僚：官员，官职。

[译文]

王说："唉！遵行大道啊！告诉你们四方诸侯和殷商各位官员。现在你们奔走效劳并臣服我们已经五年了，对于徭役、赋税和各种政务，你们没有不遵循法规的。你们自己不团结，那么你们应该和睦起来！你们的家庭不和睦，那你们的家庭也应该和睦起来！你们的城邑政治清明，你们能够勤奋地做事。你们还没有被坏的道德教坏，也恭敬严肃地安于自己的官职，能够居住在城邑中谋求幸福的生活。你们如果在洛邑，就可以长久地耕种你们的田地，上天也会给予你们同情。我们周国也会给你们既多又好的赏赐，将你们选拔到朝廷。努力做好你们的事，还可以担任重要的官职。"

[原文]

王曰："呜呼！多士，尔不克劝忱我命①，尔亦则惟不克享②，凡民惟曰不享。尔乃惟逸惟颇③，大远王命，则惟尔多方探天之威④，我则致天之罚⑤，离逖(tì)尔土⑥。"

[注释]

①克：能够。劝：勉力。忱：相信，信任。②惟：就。享：享受禄位。③逸：放荡，放纵。颇：邪恶，不正。④探：试探。威：惩罚。⑤致：给予，施行。⑥逖：远。

关龙逄

关龙逄，夏桀时期的大臣，他因为夏桀昏庸暴虐，通宵达旦饮酒作乐，常常劝谏。夏桀非但不听，反而将他杀死。

［译文］

王说："唉！诸位官长，如果你们不能勉力遵行和相信我的命令，那么你们也就不能享受禄位，百姓也认为你们不能享受禄位。你们如果放荡邪恶，远离王命，那么你们各位官员是在试探上天的惩罚，我就将施行上天的惩罚，让你们远离故土。"

［原文］

王曰："我不惟多诰，我惟祗(zhī)告尔命[①]。"

又曰："时惟尔初[②]！不克敬于和，则无我怨。"

［注释］

①惟：思。祗：敬重。命：天令。②时：善。惟：谋划。初：开始。

［译文］

王说："我不愿再多说了，我只是恭敬地将上天的命令告诉给你们。"

又说："好好开始你们的计划吧！不能遵守天命和睦相处的话，就不要怨我降下上天的惩罚了。"

立　政

［原文］

书序：周公作《立政》[①]。

［注释］

①立政：设置长官。立，设立。政，通"正"，正人，即各级官署的长官。

［译文］

书序：周公作《立政》。

［原文］

周公若曰："拜手稽首[①]，告嗣天子王矣[②]。"用咸戒于王

曰[3]：“王左右常伯、常任、准人、缀衣、虎贲(bēn)[4]。”

［注释］

①拜手稽首：跪拜叩头。②嗣天子：指的就是成王。嗣：继承。王：在这里是作为动词使用的，意思是担任国王。③用：因而。④常伯、常任、准人、缀衣、虎贲：都是王周围的官员。常伯：治民官。常任：治事官。准人：执法官。缀衣：掌管国王衣服的官。虎贲：护卫王宫的武官。

［译文］

周公这样说：“跪拜叩头，报告继承大位的天子。”因而告诫王说：“您要经常教导治民官、治事官、执法官、掌管您衣服的官、护卫王宫的武官。”

［原文］

周公曰：“呜呼！休兹知恤[1]，鲜哉[2]！古之人迪惟有夏[3]，乃有室大竞[4]，吁俊尊上帝迪[5]，知忱恂于九德之行[6]。乃敢告教厥后曰[7]：‘拜手稽首后矣！’曰：‘宅乃事[8]，宅乃牧[9]，宅乃准[10]，兹惟后矣。谋面[11]，用丕训德[12]，则乃宅人[13]，兹乃三宅无义民[14]。’

［注释］

①休：美好。兹：则，而。恤：通“溢”，谨慎。②鲜：稀少，少。③迪：语气助词，没有实际意义。惟：只。夏：夏朝的先王，即夏禹。④乃：你们。有室：指卿大夫。竞：强。⑤吁：呼吁。俊：通“骏”，长。迪：教

脯林酒池

有施氏为避免与夏的战争，将妹喜进献给夏桀。夏桀对妹喜十分宠爱，为讨好妹喜，夏桀造倾宫，筑瑶台，象廊，玉床，终日饮宴淫乐，不理朝政。桀还将禽兽之肉烹烤为脯，悬挂如林，凿个大池子，装满酒。他的荒淫行为终于导致了夏朝被成汤所灭。

导，引导。⑥忱：热忱。恂：相信。九德：就是九种德。行：就是品行。⑦后：君王，诸侯。⑧宅：揣摩，考察。事：常任。⑨牧：常伯。⑩准：准人。⑪谋面：指以貌取人。⑫丕训：不顺，不依从，不遵守。⑬则：若。乃：如此，这样。宅人：任人唯亲。⑭三宅：指宅事、宅牧、宅准三种官职。

［译文］

周公说：“唉！居安思危的人，实在是太少了！古人只有夏朝的先王，他们的士大夫很强，夏王呼吁他们长久地遵从上天的教导，热忱地信奉九种德行的准则。夏王常常教导他们的诸侯：‘诸侯们跪拜叩头听我说！’王说：‘考察治事官，考察治民官，考察执法官，然后才能称为君王。以貌取人，不遵守美德，如果这样任人唯亲，这样治事官、治民官和执法官中就没有贤人了。’

［原文］

“桀德①，惟乃弗作往任②，是惟暴德③，罔后④。亦越成汤陟⑤，丕釐上帝之耿命⑥，乃用三有宅⑦，克即宅⑧，曰三有俊⑨，克即俊。严惟丕式⑩，克用三宅三俊。其在商邑⑪，用协于厥邑⑫；其在四方，用丕式见德⑬。

［注释］

①德：即帝位。②作：采用。往任：以前任用官员的法则。③是惟：是以。暴德：暴虐的行为。④罔后：无后，指的是亡国。⑤越：至，到了。陟：升。⑥丕：大。釐：赐。耿：明。⑦乃：于是。用：行。三有宅：三宅，指上文的事、牧、准。有，助词，无实际意义。⑧克即宅：在其位而不旷其职。⑨三有俊：事、牧、准的属官都任用俊杰。⑩严惟：敬念。丕式：大法，指的是上天选拔人才的大法。⑪商邑：指商都。⑫协：和洽，和谐。⑬式：法度。见：同“现”，显，明。

［译文］

“夏桀登上君位之后，他不采用之前任用官员的准则，于是有暴虐行为的人担任官职，因此夏国亡国。等到成汤登上了王位，得到上帝赐予的大命，能够任用治事官、治民官和执法官，各尽其职。担任治事官、治民官

和执法官的人也都是贤才。他敬念上天选用人才的大法，能够很好地任命各级官员。他在商都，用这些官员以及使都城和谐的百姓；他在天下四方，使大法能够很好地发扬光大。

［原文］

“呜呼！其在受德①，暋(mǐn)惟羞刑暴德之人②，同于厥邦。乃惟庶习逸德之人③，同于厥政。帝钦罚之④，乃伻(bēng)我有夏⑤，式商受命⑥，奄甸万姓⑦。亦越文王、武王，克知三有宅心⑧，灼见三有俊心⑨，以敬事上帝，立民长伯。立政⑩：任人、准夫、牧作三事⑪，虎贲、缀衣、趣马、小尹、左右携仆、百司庶府⑫，大都小伯、艺人、表臣百司⑬，太史、尹伯，庶常吉士⑭，司徒、司马、司空、亚旅⑮，夷、微、卢烝⑯，三亳(bó)、阪尹⑰。

［注释］

①受：纣王的名。德：升。②暋：强。羞刑：被刑罚所辱，指的是囚徒。③庶：众多。习：指宠幸。逸德：失去德行。④钦：重。⑤伻：使。有夏：就是指周，因为周人自称为夏。⑥式：取代、代替。⑦奄：安抚。甸：治理，管理。万姓：万民，老百姓。⑧克知三有宅心：就是说能知事、牧、准三宅的心。⑨灼：明。⑩立政：设立官职。⑪作：为。⑫趣马：负责养马的官。小尹：养马的属官。左右携仆：君王身边的近侍官员。百司庶府：负责财物、券契、府藏的官员。⑬大都小伯：大都小都的官长。艺人：征收赋税的官。表臣百司：外臣百官。⑭太史：史官之长。常：吉祥。吉：善。⑮司徒、司马、司空：就是古代的三卿。亚旅：诸大夫。⑯夷：在东方的少数民族国家。微：在南方的少数民族国家。卢：在西方的少数民族国家。烝：君。⑰三亳：南亳、西亳、北亳，都是殷商的故都。阪尹：夏的故都。

［译文］

“唉！等到了殷纣登上王位时，强行将囚徒和残暴的人，聚集在他的国家内。用众多宠幸和失去德行的人，一起处理政事。上天于是重重地惩罚他，使我们周朝代替殷商接受上天的大命，从而安抚、治理百姓。等到了文王和武王时，他们都能够知道三宅的心思，对三宅部属的心思看得也非常清楚，用敬奉上天的心，设立百姓的官长。设立如下官职：任人、准夫、牧作三种官职，护卫王宫的武官、掌管君主衣服的官、负责养马的官、负责养马的属官、近侍君主的官员、负责财物、券契、府藏的官员，大都小都的官长、征收赋税的官、外臣百官，史官之长、尹伯、庶常吉士，司徒、司马、司空、各位大夫，东方、南方、西方国家的君主，同时设立了专门管理夏国遗民的官员。

［原文］

“文王惟克厥宅心①，乃克立兹常事司牧人②。以克俊有德③。文王罔攸兼于庶言④；庶狱庶慎⑤，惟有司之牧夫是训用违⑥；庶狱庶慎，文王罔敢知于兹⑦。亦惟武王，率惟敉（mǐ）功⑧，不敢替厥义德⑨，率惟谋从容德⑩，以并受此丕丕基⑪。

［注释］

①惟：因。②常事司牧人：指上述的各官员。③俊：高大。④兼：兼包。庶言：教令。⑤庶狱：各种狱讼案件。庶慎：各种敕戒的事。⑥训：听从。⑦敢：表示谦敬的副词。⑧敉：终，完成。功：功业，指文王的事业。⑨替：舍弃、废弃。义德：善德。⑩容德：宽容的美德。⑪并：同，一起，共同。丕丕：大而又大。基：事业，伟业。

［译文］

“文王能够都知道三宅的心思，能够设立上述各官员。凭借这些人建立功德。文王不监管教令，各种狱讼案件和应该敕戒的事，都由主管的官员和管理民事的地方官指示；各种狱讼案件、

先圣小像

中国讲究尊师重道，学生只有对老师尊敬，才能更好地学习。饮水思源，中国传统文化的传承，以孔子对儒家经典的整理、编纂为基础，因此在学习之前要先感恩圣贤、感恩先师。

各种敕戒的事，文王不用过问。等到武王即位的时候，完成了文王的事业，不敢废弃文王的善德，顾及顺从文王宽容的美德，一同接受这大而又大的伟业。

［原文］

“呜呼！孺子王矣①！继自今我其立政。立事、准人、牧夫②，我其克灼知厥若③，丕乃俾乱④。相我受民⑤，和我庶狱庶慎⑥，时则勿有间之⑦，自一话一言⑧，我则末惟成德之彦⑨，以乂我受民。呜呼！予旦已受人之徽言咸告孺子王矣⑩。继自今文子文孙⑪，其勿误于庶狱庶慎，惟正是乂之⑫。

［注释］

①孺子：指成王。王：这里用作动词，即称王。②事：就是治事的官员。③灼：明，这里指知晓。若：善。④俾：使，让。乱：治理，管理。⑤相：治理。受民：接受上天和祖先所给予的民众。⑥和：平治。⑦时：代指这些事。间：代替，取代。⑧自：虽。⑨末：终。成德之彦：拥有盛德的人。彦，美士。⑩旦：周公的名。已受：以前。徽言：美言，善言。⑪文子文孙：善子贤孙。⑫正：长官，指治狱的官。

［译文］

“唉！您现在已经继位为王了！从今天开始，我们要这样治理国家事务。设立治事的官员、司法的准人、管理臣民的牧夫，我们应该知晓他们的长处，让他们治理政事。管理我们从上天和祖先那里接受的民众，受理各种诉讼和敕戒的事，这些事情不能被取代，虽然只是只言片语，我们终究会得到拥有盛德的人，来管理那些从上天和祖先那里接受的民众。唉！我已经将前人的善言全都告知您了。从今以后您的善子贤孙，一定不要在各种诉讼和敕戒的事上犯下错误，让治狱的官员去处理。

［原文］

“自古商人亦越我周文王立政，立事、牧夫、准人，则克宅之，克由绎之①，兹乃俾乂②，国则罔有③。立政用憸（xiān）人④，

不训于德⑤，是罔显在厥世⑥。继自今立政，其勿以俭人，其惟吉士，用劢(mài)相我国家⑦。今文子文孙、孺子王矣！其勿误于庶狱，惟有司之牧夫⑧。其克诘尔戎兵以陟禹之迹⑨，方行天下⑩，至于海表⑪，罔有不服。以觐文王之耿光⑫，以扬武王之大烈⑬。呜呼！继自今后王立政，其惟克用常人⑭。”

[注释]

①由绎：扶持。②俾乂：治理，管理。③罔：无，没有。有：指过失。④俭人：贪婪奸佞的人。⑤训：顺从。⑥是：于是。显：明。⑦劢：勉力，鼓励。相：治理，管理。⑧有司：管理法律的部门。⑨诘：治理，整治。戎兵：指军队。陟禹之迹：这里的意思是统一天下。⑩方行：遍行。方，遍。⑪海表：海外。⑫觐：见，指显扬。耿：明，光。⑬扬：续，弘扬。烈：功业。⑭常人：善人。

[译文]

“从古时候殷商先王到我们的文王设立官员，设立治事的官员、管理臣民的牧夫、司法的准人，都可以考察他们，可以扶持他们，然后让他们治理国事就不会出现过失。设立官员任用那些贪婪奸佞的小人，在德行上不顺从的人，于是永远都不会有显赫的政绩。从今往后设立官员，不要任用贪婪奸佞的小人，要任用贤能的人，努力治理好我们的国家。现在文王的子孙、你这年轻人，已经继位为王了！希望您不要在各种诉讼和敕戒的事上犯下错误，只让管理法律的部门和管理臣民的牧夫去处理这些事情。你只要治理好军队来统一天下，行遍天下，直到海外，都没有不服从您的。扬显文王的圣德之光，弘扬武王的功业。唉！从今往后您设立官员，一定要任用德行兼备的人。”

[原文]

周公若曰：“太史！司寇苏公式敬尔由狱①，以长我王国②。兹式有慎③，以列用中罚④。”

[注释]

①司寇：官名，掌管刑罚。式：法，这里用作动词，即制定。由：用。

②长：延长。③式：法。有：又。④列用中罚：依据条例使用适当的赏罚。列，同“例”。

[译文]

周公这样说：“太史啊！掌管刑罚的苏公规定要认真地处理狱讼案件，从而延长我国的福运。现在务必要十分谨慎，依据条例采用适当的赏罚。”

（伪）周　官

[原文]

书序：成王既黜殷命[1]，灭淮夷[2]，还归在丰[3]，作《周官》。

[注释]

①黜：废止，断绝。②淮夷：淮泗流域的东方部族，如徐、奄等国。③丰：周文王时的都城，在今陕西西安北。

[译文]

书序：成王断绝了殷商的命数，灭掉淮夷，返回到丰京，史官于是作《周官》。

[原文]

惟周王抚万邦[1]，巡侯、甸[2]，四征弗庭[3]，绥（suí）厥兆民[4]。六服群辟[5]，罔不承德[6]。归于宗周[7]，董正治官[8]。

王曰：“若昔大猷（yóu）[9]，制治于未乱[10]，保邦于未危。”

[注释]

①周王：指周成王。抚：占有。②巡：巡狩，天子巡察诸侯国。侯、甸：指侯服、甸服各国，这里泛指诸侯国。③四：四处。征：征伐。弗庭：不来朝贡，指背叛王室。庭，指朝廷。④绥：安稳，安定。厥：其。兆民：天下老百姓。⑤六服：周代把王都周围的土地根据距离远近分为侯服、甸

服、男服、采服、卫服、蛮服，统称六服。群辟：指诸侯。⑥罔：没人。承：奉承。⑦宗周：指镐京。⑧董：督，正。治官：治事官员。⑨若昔：顺从过去。猷：道，法。⑩制治：制订政教。

［译文］

周成王继位之后拥有许多国家，于是巡视诸侯，四处征讨不来朝贡的国家，安定天下的老百姓。六服的诸侯，没有人敢不奉承周王室的大德的。王返回王都，督导治事的官员。

王说："顺从过去的大法，制定政教在国家没有动乱之前，安定国家在没有出现危险之前。"

［原文］

曰："唐、虞稽古①，建官惟百②。内有百揆、四岳③，外有州牧、侯伯④。庶政惟和⑤，万国咸宁⑥。夏、商官倍⑦，亦克用乂。明王立政⑧，不惟其官，惟其人。今予小子，祗(zhī)勤于德，夙夜不逮⑨。仰惟前代时若⑩，训迪厥官⑪。立太师、太傅、太保⑫，兹惟三公。论道经邦⑬，燮(xiè)理阴阳⑭。官不必备，惟其人。少师、少傅、少保⑮，曰三孤。贰公弘化⑯，寅亮天地⑰，弼予一人⑱。冢宰掌邦治⑲，统百官⑳，均四海㉑。司徒掌邦教㉒，敷五典㉓，扰兆民㉔。宗伯掌邦礼㉕，治神、人，和上、下㉖。司马掌邦政㉗，统六师㉘，平邦国㉙。司寇掌邦禁㉚，诘奸慝(tè)㉛，刑暴乱。司空掌邦土㉜，居四民，时地利㉝。六卿分职，各率其属，以倡九牧㉞，阜成兆民㉟。六年，五服一朝㊱。又六年，王乃时巡㊲，考制度于四岳㊳。诸侯各朝于方岳，大明黜陟㊴。"

［注释］

①稽：考察，考核。②建官：建立官职。百：约数。③百揆：尧时官名，总理国政之官。四岳：尧、舜时四方部落首领。④州牧：官名，州的

军政长官。侯伯：几个或一方诸侯国的首领。⑤庶政：各种政事。和：和顺。⑥咸：都。宁：安宁。⑦官倍：官职增加一倍。⑧立政：设立官长。⑨夙夜：早晚。逮：及。⑩时：是。若：顺从。⑪训：说明。迪：设立。⑫太师、太傅、太保：三种辅助天子的官，合称三公。⑬论：阐明。道：指治国之道。经：治理。⑭燮：和。阴阳：指世间一切现象的正反两面。⑮少师、少傅、少保：官名，合称三孤，位列三公之下。⑯贰：副职，这里用作动词，即协助。弘化：弘扬道化。⑰寅：敬。亮：信。⑱弼：辅助。⑲冢宰：也叫大宰，百官之长。⑳统：统领，掌管。㉑均：平均。㉒司徒：官名，掌管国家的教育。㉓敷：遍布。五典：即父义、母慈、兄友、弟恭、子孝五种伦理道德，又叫五教。㉔扰：安。㉕宗伯：官名，掌管宗庙祭祀礼仪。㉖和：和谐。㉗司马：官名，掌管军事。㉘六师：也称六军。㉙平：平治。㉚司寇：官名，掌管刑狱。㉛诘：查纠、查办。奸慝：邪恶不正的人。㉜司空：官名，掌水利、营建之事。㉝地利：对农业生产有利的土地条件。㉞倡：倡导。九牧：指九州的州牧侯伯。㉟阜：富。成：安定。㊱五服：侯服、甸服、男服、采服、卫服。朝：朝觐。㊲时：四时。巡：巡狩。㊳考：考正。四岳：指东岳泰山、西岳华山、南岳衡山、北岳恒山。㊴黜陟：指诸侯百官的进退升降。黜，降。陟，升。

[译文]

王又说："尧、舜考察古代的典章制度，设立上百个官职。内部有总理国政之官和四方部落首领，外部有州的军政长官和诸侯国的首领。各种政事都很和顺，天下各国也都很安宁。夏商时期官职增加了一倍，也可以用来治理国家。贤明的君主设立官员，不考虑从官员的多少，只考虑任用贤人。如今小子我，恭谨而又勤奋地实施德政，从早到晚忙碌还是赶不上古人。我准备顺从古代的做法，设立我们自己的官制。设立太师、太傅、太保，这是三公。他们阐明治国之道、治邦之理，调和阴阳。三公的官职不一定要齐备，要选用合适的人。设置少师、少傅、少保，这是三孤。他们协助三公弘扬道化，敬信天地，辅助我一人。大宰掌管国家的政务，统领百官，调和四海之事。司徒负责国家的教育，散播五种伦理道德，使百姓安定。宗伯掌管国家的各项礼仪，治理神与人之间的事情，使上下尊卑和谐相处。司马掌管国家的军事，统领六军，管理诸侯。司寇掌管国家刑狱之事，查办邪恶不正之人，刑杀暴虐作乱之徒。司空掌管国家的土地，分配给天下的士、农、工、商四种民众，按照时令创造好对农业生产有利的土地条件。六卿各自有职事，分别带领自己的属官，来倡导九州的州牧侯伯，使百姓富足安定。每隔六年，五服的诸侯来京师朝觐一次。每隔十二年，君王便会外出巡视各诸侯国，到四岳之地去考正礼法制度。四方诸侯会在各自所属的山岳进行觐见，君王对各位诸侯进行升赏降罚。”

［原文］

王曰：“呜呼！凡我有官君子①，钦乃攸司②，慎乃出令。令出惟行，弗惟反。以公灭私，民其允怀③，学古入官④。议事以制⑤，政乃不迷。其尔典常作之师⑥，无以利口乱厥官⑦。蓄疑败谋，怠忽荒政⑧，不学墙面，莅事惟烦⑨。戒尔卿士⑩，功崇惟志⑪，业广惟勤，惟克果断，乃罔后艰。位不期骄⑫，禄不期侈⑬。恭俭惟德，无载尔伪⑭。作德，心逸日休⑮；作伪，心劳日拙⑯。居宠思危，罔不惟畏，弗畏入畏⑰。推贤让能，庶官乃和⑱，不和政庞⑲。举能其官⑳，惟尔之能。称匪其人㉑，惟尔不任㉒。”

［注释］

①有官君子：在位的官员。②攸：所。司：主管。③怀：归向。④学古：学习古训。⑤议事：议论政事。制：典章制度。⑥典常：旧的典章常法。⑦利口：巧言，辩言。⑧怠忽：懈怠疏忽。荒：荒废。⑨莅事：为政。⑩卿士：执政大臣。⑪崇：高。志：志向。⑫期：当。骄：骄傲。⑬禄：俸禄。侈：奢侈。⑭无：通“毋”，不。⑮日：一天天。休：美。⑯拙：笨拙。⑰弗畏入畏：指不知道畏，就会进入可畏的困境。⑱和：和睦。⑲庞：庞杂。⑳举：推荐，提拔。㉑匪：不。㉒不任：不能胜任。任，职责。

［译文］

成王说：“啊！凡是在位的官员，都要认真对待各自所担任的职务，谨慎地发布号令。命令一旦发出就必须执行，不得违抗。用公正消除私欲，百姓就会信任、归服统治者，学习古训才可以进入仕途。议论政事依照典章制度，政事才不会迷乱。你们要学习旧的典章常法，不要利用巧言干扰

官员。积疑不决破坏所谋，懈怠疏忽荒废政事，如果不学习就像面对墙壁站立，遇到事情就会慌乱。告诫你们诸位卿士，功高因为有志向，业广因为勤劳，只要能够做到果敢决断，之后就不会出现艰难困境。地位尊贵不应当骄傲，俸禄丰厚不应该奢侈。恭敬节俭是美德，不要虚伪欺诈。做好事，心安而一天天显示美好；做坏事，心苦而一天天显示笨拙。在尊崇的地位上要顾及危险，没有不该敬畏的事，如果不知道敬畏，就会进入可畏的困境。推荐贤人不与能人相争，百官就会和睦，百官不和睦的话政事就会庞杂。提拔官员，是你们的才能。选拔的官员不称职，是你们不能胜任。”

［原文］

王曰：“呜呼！三事暨大夫[①]，敬尔有官，乱尔有政[②]，以佑乃辟[③]。永康兆民，万邦惟无斁(yì)[④]。”

［注释］

①三事：指任人、准夫、牧作三种官职。②乱：治理。③佑：辅佐，辅助。④斁：厌弃。

［译文］

成王说：“啊！诸位公卿大夫们，要敬守你们的官职，治理好你们的政务，来辅佐君主。常常安抚百姓，天下才不会厌弃我们大周。”

（伪）君　陈

［原文］

书序：周公既没[①]，命君陈分正东郊成周[②]，作《君陈》。

［注释］

①没：死。②君陈：周成王的大臣，一说是周公之子。分：分居殷商遗民。正：治理。东郊：指成周洛邑是宗周镐京的东郊。

［译文］

书序：周公去世后，王命令君陈在东郊成周分治殷商遗民，史官于是作《君陈》。

[原文]

周公

周武王灭商后不久就去世了，其子成王继位，因年幼，由周公摄政。为争权夺利，三监勾结商纣王之子武庚发动叛乱。周公果断率兵东征，平定了三监之乱。他又大规模分封诸侯，并制定了一套典章制度。

王若曰：“君陈，惟尔令德孝恭[1]。惟孝、友于兄弟[2]，克施有政[3]。命汝尹兹东郊[4]，敬哉！昔周公师保万民[5]，民怀其德。往慎乃司，兹率厥常[6]。懋(mào)昭周公之训[7]，惟民其乂[8]。我闻曰：‘至治馨香[9]，感于神明。黍稷非馨，明德惟馨。’尔尚式时周公之猷(yóu)训[10]，惟日孜孜[11]，无敢逸豫[12]。凡人未见圣[13]，若不克见；既见圣，亦不克由圣，尔其戒哉！尔惟风[14]，下民惟草。图厥政[15]，莫或不艰[16]，有废有兴，出入自尔师虞[17]，庶言同则绎[18]。尔有嘉谋嘉猷，则入告尔后于内[19]，尔乃顺之于外，曰：‘斯谋斯猷[20]，惟我后之德。’呜呼！臣人咸若时[21]，惟良显哉[22]！”

[注释]

①令：美，善。孝：孝顺双亲。②友：对兄弟友善。③施：移。④尹：治理。⑤师保：安抚、教诲。⑥率：依循，循行。常：常法。⑦懋：勤勉。昭：发扬光大。⑧乂：安定。⑨至治：最好的统治。馨：散布很远的香气。⑩式：学习，效法。猷：道。训：教。⑪日：每天。孜孜：努力不懈。⑫无：通“毋”，不。逸豫：安逸享乐。⑬凡人：常人，普通人。圣：圣道。⑭惟：是。⑮图：谋，治理。⑯艰：艰难。⑰出入：反复的意思。师：众。虞：商量，商度。⑱庶言：众人的意见。绎：寻究深思。⑲后：君主。⑳斯：这。㉑：臣人：指人臣。咸：都。㉒惟良：指臣子贤良。

［译文］

王这样说：“君陈，只有你具备美好的品格，孝顺父母，对上级恭敬。因为你对父母孝顺，对兄弟友善，所以就能够来从政了。如今命你治理王都的东郊成周，一定要恭敬谨慎啊！过去周公在成周教导百姓，百姓十分怀念他的恩德。去吧，谨慎地处理你的政务，遵行周公留下的常法。努力将周公的遗训发扬光大，百姓就会安定了。我曾听人说：‘最好的统治，馨香远播，可以感动天上的神明。黍稷的香气并不是可以远播的香味，只有明德才是可以远播的香味。’你应该效法周公的训诫，每天都应该孜孜不倦地努力，不要贪图安逸享乐。普通人没有看见圣道，好像自己不能够见到；等到真的见到了圣道，却又不能应用圣道，你应该引以为戒啊！你是风，百姓就是草，风吹而草动，上行下效，千万要谨慎。治理政务，没有一件是不艰难的。有废除、有兴办，要反复与众人商讨，众人的意见相同的话，也要寻究深思，然后才能实施。你如果有很好的谋略，就要进入内廷告知你的君主，你身处外地要时刻拥戴君主，并说：‘这些谋略能得以实施，全是我们君主的恩德。’唉！人臣如果都像这样，就会臣子贤良、君主显达啊！”

［原文］

王曰：“君陈，尔惟弘周公丕训①，无依势作威，无倚法以削②。宽而有制③，从容以和④。殷民在辟⑤，予曰辟，尔惟勿辟；予曰宥，尔惟勿宥，惟厥中⑥。有弗若于汝政⑦，弗化于汝训，辟以止辟⑧，乃辟。狃（niǔ）于奸宄（guǐ）⑨，败常乱俗⑩，三细不宥⑪。尔无忿疾于顽，无求备于一夫⑫。必有忍⑬，其乃有济⑭；有容⑮，德乃大。简厥修⑯，亦简其或不修。进厥良⑰，以率其或不良。惟民生厚⑱，因物有迁⑲。违上所命，从厥攸好。尔克敬典在德，时乃罔不变。允升于大猷⑳。惟予一人膺受多福㉑。其尔之休，终有辞于永世㉒。”

［注释］

①弘：弘扬，光大。丕：大。②倚：依仗，凭借。③宽：宽容。制：法制。④从容：举止行动。⑤辟：犯罪。⑥辟：处罚。中：适中，合理。

⑦若：服从，顺从。政：政令。⑧辟以止辟：用刑罚来制止犯罪。⑨狃：习惯，经常。奸宄：违法作乱的人，这里用作动词，违法乱纪。⑩常：五常，指君臣、父子、夫妇、兄弟、朋友之间关系的五种准则。俗：风俗。⑪三细：指奸宄、败常、乱俗三种罪行中较轻的罪。宥：赦免。⑫求：求全责备。一夫：一个人。⑬忍：忍耐。⑭济：成功。⑮容：宽容。⑯简：选择，这里指的是鉴别。修：修心养德的人。⑰进：任用，良：贤良之人。⑱生：通“性”。厚：淳厚，善良。⑲迁：变迁，变化。⑳允：信，真的。㉑予一人：帝王的自称。膺受：享受，接受。㉒辞：称颂，赞扬。

［译文］

王说：“君陈，你执政发扬光大周公的伟大教诲，不要依仗权势作威作福，不要依仗法制来实施苛刻的政治。宽容有制，举止行动要和谐。殷商遗民犯了罪，我说要处罚，你不要处罚；我说要赦免，你也不要赦免，应当公平合理地裁定。有不服从你的政令，不肯接受你的教化的人，能用刑罚来制止犯罪，就用刑罚。经常违法乱纪，败坏五常、扰乱风俗的人，就算奸宄、败常、乱俗三种罪行中较小的罪，也不能赦免。你不要对那些冥顽不灵的人愤怒，不要对于一个人求全责备。必须有忍耐，才可以成功；必须宽容，德行才能广大。辨别那些修心养德的人，也要辨别那些不能修心养德的人。人的天性淳厚，因为外物才发生变化。违抗君主的命令，顺从他们的喜好。你能够重视常典、讲求德行，百姓就不能不改变，你的政教真的可以升到大道的境地。我将享受众多的福泽，你的美名，终将会被百世称颂。”

顾　命

［原文］

书序：成王将崩，命召公、毕公率诸侯相康王①，作《顾命》。

［注释］

①毕公：名高，周文王之子，封于毕。相：辅佐。康王：名钊，成王之子。

[译文]

书序：成王临终前，命令召公、毕公率领诸侯辅佐康王，史官于是作《顾命》。

[原文]

惟四月哉生魄①，王不怿（yì）②。甲子，王乃洮颒（táo huì）水③，相被冕服④，凭玉几⑤。乃同召太保奭（shì）、芮伯、彤伯、毕公、卫侯、毛公、师氏、虎臣、百尹、御事⑥。

[注释]

①哉：通“才”，开始。生魄：古人称月亮有光的部分为明，无光的部分为魄，月初朔日以后月明渐增，月魄渐减，称死魄，月中望日以后相反，称生魄。②王：指成王。不怿：就是不高兴、不喜悦，在这里指生病。怿，喜悦，高兴。③洮：洗头发。颒：洗脸。④相：君王的侍从官员。被：穿、戴。冕服：大夫以上穿戴的礼冠和礼服。冕，冠名，顶部有长方板，前后垂有珠串，称为旒，天子十二旒，诸侯九旒，大夫七旒。每逢吉礼需要戴冕。⑤凭：靠着。⑥同：周代众诸侯朝见天子。太保奭：指的是召公。召公，名奭，曾做过太保的官职。芮伯、彤伯、毕公、卫侯、毛公：他们和召公一起被称为六卿。召公、毕公、毛公以三公兼卿职。师氏：管理军队的官员。虎臣：守卫王宫的官员。百尹：百官的首领。御事：办事人员。御，治。

[译文]

四月初，月亮开始发光，王生病了。甲子这一天，王洗了头发、洗了脸，君王的侍从官员给成王穿戴好冕服，王靠着玉几。于是让众诸侯朝见天子，召见太保奭、芮伯、彤伯、毕公、卫侯、毛公、师氏、虎臣、百官之长以及办事人员。

[原文]

王曰：“呜呼！疾大渐①，惟几②，病日臻，既弥留③，恐不获誓言嗣④，兹予审训命汝⑤。昔君文王、武王，宣重光⑥，奠丽陈教⑦，则肄（yì）肄不违⑧，用克达殷，集大命⑨。在后之

侗(tóng)[10]，敬迓(yà)天威[11]，嗣守文、武大训[12]，无敢昏逾[13]。今天降疾，殆弗兴弗悟[14]，尔尚明时朕言[15]，用敬保元子钊弘济于艰难[16]，柔远能迩[17]，安劝小大庶邦[18]，思夫人自乱于威仪[19]，尔无以钊冒贡于非几[20]。”

兹既受命，还[21]，出缀衣于庭[22]。越翼日乙丑[23]，王崩[24]。

［注释］

①渐：剧。②几：危险。③弥留：即将离开人世。弥，终。④誓：谨慎。嗣：子嗣。⑤审：详细地。汝：代词，你们。⑥宣：显扬，明。重光：重明，指文王、武王明上加明的光辉。⑦奠：定。丽：法律。教：教令。⑧肄肄：努力的意思。肄，劳苦。⑨达：通“挞”，挞伐，引申为讨伐，征伐。集大命：指建立周王朝。集，成就。⑩侗：未成器的人，成王的谦称。⑪迓：迎接，奉行。⑫嗣：继续，延续。⑬昏：昏乱。逾：变更，变化。⑭殆：近乎，几乎。兴：起。悟：通“寤”，这里指说话。⑮明：勉，努力。时：承担，承受。⑯元子：太子。钊：周康王的名。弘：大。济：渡。⑰柔：安定，安抚。能：和睦。迩：近。⑱劝：教导，引导。⑲夫人：众人。威仪：礼法。⑳以：使，让。冒：冒犯。几：法。㉑还：群臣受命退出。㉒缀衣：冕服。庭：朝廷的王位。㉓越：到，达。翼日：通“翌日”，明天。㉔崩：古代天子的死讳称为崩。

［译文］

王说：“唉！我的病渐渐严重了，已经很危险了，病情还在不断地发展，即将离开人世，恐怕匆忙间来不及留下关于嗣位之事的遗言，所以我详细地教导你们。过去，文王和武王宣扬明而又明的光辉，制定法律，颁布教令，臣民都努力奉行，不敢违背，因而能够征讨殷商，建立周王朝。后来，年幼无知的我，恭敬地迎接天命，延续遵守文王和武王的德教，不敢昏乱变更。如今上天降下疾病，我病得几乎不能起身也不能说话，希望你们能尽力记住我的遗言，恭敬谨慎地保护我的太子钊，帮助他度过艰难，使远方安定、近邻和睦，安定、劝导小大各国，使康王树立威仪，你们不要让钊冒犯礼法。”

大臣们接受遗命回来之后，就退了出来，将王的冕服放在了王庭。到

了第二天乙丑日，王去世。

[原文]

太保命仲桓、南宫毛①，俾爰齐侯吕伋(jí)②，以二干戈虎贲百人逆子钊于南门之外③，延入翼室④，恤宅宗⑤。丁卯，命作册度⑥。越七日癸酉，伯相命士须材⑦。

狄设黼(fǔ)扆(yǐ)缀衣⑧。牖(yǒu)间南向⑨，敷重篾席、黼纯⑩，华玉、仍几⑪。西序东向⑫，敷重厎(dǐ)席、缀纯⑬，文贝、仍几⑭。东序西向⑮，敷重丰席、画纯⑯，雕玉、仍几。西夹南向⑰，敷重笋席、玄纷纯⑱，漆、仍几。

[注释]

①仲桓、南宫毛：成王的两个大臣。②俾：从。爰：于。齐侯吕伋：齐丁公，太公之子。③以：用，率领。二干戈：指仲桓、南宫毛各执一干一戈。干，盾，古代抵御刀枪的兵器。戈，古代的一种兵器，横刃，装有长柄。逆：迎接。④延：请。翼室：侧室。⑤恤宅：忧伤地居住。宅，居。宗：主丧。⑥作册：指太史。度：法制，这里说的是制订丧仪的法则。⑦伯相：指辅助王室的二伯召公、毕公。须：当作“颁”。材：指各种用于丧礼陈列的器物。⑧狄：主持祭礼的官员。黼扆：帝王座后的屏风，装饰有斧形花纹。⑨牖间：门和窗之间。牖，窗户。⑩敷：布置、铺设。篾席：竹席。黼纯：黑色和白色丝织品装饰的席边。黼，黑白相间。纯，席子的镶边。⑪华玉：五彩的玉。仍几：没有用油漆装饰的几案。⑫序：堂上的东西两面墙叫序。在西边

吕尚磻溪垂钓

周文王有一次外出狩猎，先让人占卦卜问吉凶，卜者说会遇到贤人。当时吕尚正在磻溪垂钓，文王与他交谈，颇为投机，于是和他乘坐同一辆车回去，任命他为太师。后来他又辅佐武王伐纣，与周公辅佐成王，在平定三监之乱后，被封于齐，是为齐太公。太公死后，其子丁公吕伋继位。

的叫西序，东边的叫东序。⑬底席：细竹篾编制而成的席子。缀：装饰。⑭文贝：有花纹的贝壳。⑮东序：堂的东墙。⑯丰席：用莞草编的席子。画纯：席子绘有云气的花边。⑰西夹：堂西边的夹室。⑱笋席：青竹皮编织的席子。笋，青竹皮。玄纷纯：黑丝线镶饰的席边。玄，黑色。

[译文]

太保命令仲桓、南宫毛，两人跟随齐侯吕伋，两人各执一干一戈率领勇士一百人，在南门外迎接太子钊，将太子钊请入侧室，忧居为丧主并主持丧务。丁卯这天，命令太史制定丧仪的法则。又过了七天，在癸酉这天，召公、毕公命令官员准备好丧礼上所需的各种器物。

主持祭礼的官员陈设装饰有斧形花纹的屏风。在门窗之间朝南的位置，布置竹席、竹席有黑色和白色丝织品装饰的席边，陈设五彩玉和没有用油漆装饰的几案。在西面墙朝东的地方，铺着双层的用细竹篾编制而成的席子、席子有彩色的花边，陈设有花纹的贝壳和没有用油漆装饰的几案。在东墙朝西的位置，铺设双层用莞草编的席子，席子有绘有云气的花边，陈列雕刻的玉器和没有用油漆装饰的几案。在堂西边的夹室中，铺设双层用青竹皮编织的席子、席子有黑丝绳装饰的席边，陈设漆器和没有用油漆装饰的几案。

致敬神祇

周康王是第三代周天子，周成王之子，姬姓，名钊。成王将崩之时，命召公、毕公率诸侯辅佐太子钊。康王即位后，敬恭神人四夷，天下安宁，进一步加强了周朝的统治，与其父周成王治理期间合称“成康之治”。

[原文]

越玉五重[1]，陈宝、赤刀、大训、弘璧、琬、琰[2]，在西序。大玉、夷玉、天球、河图[3]，在东序。胤之舞衣、大贝、鼖(fén)鼓[4]，在西房。兑之戈、和之弓、垂之竹矢，在东房。大辂在宾阶面[5]，缀辂在阼阶面[6]，先辂在左塾之

前⑦，次辂在右塾之前⑧。

［注释］

①越玉：越地进献的玉。五重：五种。②陈宝：陈列宝器。赤刀：红色的刀。赤色为周的正色。大训：记载有古代遗训的典籍。弘：大。琬：顶端为圆形的玉圭。琰：顶端为尖顶的玉圭。③大玉：华山产的玉。夷玉：东北出产的美玉。天球：玉磬。河图：本意指儒家关于《周易》卦形来源的传说。这里指地图。④胤：人名。鼖：大鼓，是古时候的军鼓。⑤大辂：也称玉辂，为天子所乘的车。宾阶：宾客站立的台阶。⑥缀辂：用金属装饰的车子。⑦先辂：用象牙装饰的车子。塾：门侧的堂屋。⑧次辂：木质没有装饰的车子。

［译文］

陈列越地进献的美玉五种，陈列宝器、赤刀、记载有古代遗训的典籍、大玉璧、琬、琰，安放在西墙向东的席前。华山产的玉、东北产的美玉，天球、地图，放在东墙向西的席前。胤制成的舞衣、大贝、军鼓，放在西房。兑所制的戈、和所制的弓、垂所制的竹矢，陈设在东房。天子所乘的车在宾客站立的台阶前，用金属装饰的车子在主人站立的台阶前，用象牙装饰的车子在门左边堂屋的前面，木质的没有装饰的车子门右边堂屋的前面。

［原文］

二人雀弁(biàn)①，执惠②，立于毕门之内③；四人綦(qí)弁④，执戈上刃⑤，夹两阶戺(shì)⑥；一人冕⑦，执刘⑧，立于东堂；一人冕，执钺⑨，立于西堂；一人冕，执戣(kuí)⑩，立于东垂；一人冕，执瞿⑪，立于西垂⑫；一人冕，执锐⑬，立于侧阶⑭。

［注释］

①雀弁：赤黑色的礼冠，又称爵弁。②惠：三棱形的矛。③毕门：庙门。④綦：青黑色。⑤上刃：刀刃向外。⑥戺：台阶两侧的斜石。⑦冕：冠名，顶部有长方板，前后垂有珠串，称为旒，天子十二旒，诸侯九旒，大夫七旒。每逢吉礼需要戴冕。⑧刘：一种形似斧的兵器。⑨钺：大斧。⑩戣：一种形似戟的兵器。⑪瞿：通“戳”，一种形似戟的兵器。⑫垂：堂

的两旁。⑬锐：一种形似矛的兵器。⑭侧阶：在堂的北面的北阶。

［译文］

两名武士戴着赤黑色的礼冠，拿着矛，立在庙门的里边；四人戴着青黑色的弁，拿着戟，刀刃向外，面对面地站立在门庭两旁台阶的斜石上；一人戴着冕，拿着似斧的兵器，站立在东堂之前；一人戴着冕，拿着钺，站在西堂前；一人戴着冕，拿着似戟的兵器，站在东堂前；一人戴着冕，拿着戣，站在西堂前；还有一人戴着冕，拿着似矛的兵器，站在北堂北面的台阶上。

［原文］

王麻冕黼裳①，由宾阶隮②。卿士、邦君，麻冕蚁裳③，入即位④。太保、太史、太宗，皆麻冕彤裳⑤。太保承介圭⑥，上宗奉同瑁⑦，由阼阶隮⑧。太史秉书⑨，由宾阶隮，御王册命⑩。曰："皇后凭玉几⑪，道扬末命⑫：命汝嗣训⑬，临君周邦⑭，率循大卞⑮，燮（xiè）和天下⑯，用答扬文武之光训⑰。"王再拜，兴⑱，答曰："眇眇予末小子⑲，其能而乱四方，以敬忌天威⑳？"

［注释］

①王：周康王。麻冕：用麻制成的礼帽。黼裳：绣有黑白斧形花纹的礼服。②隮：升上。③蚁：黑色。④即位：就位。⑤太宗：官名，即大宗伯，掌管祭祀、礼仪。彤裳：红色的礼服。⑥承：捧着，举着。介圭：大圭。⑦上宗：大宗伯的别称。同：酒杯。瑁：一种天子所执的玉器。⑧阼阶：东阶，与宾阶相对的，是主阶。因为太保当时代替成王，太宗是太保的助手，所以都从主阶升上。隮：登上。⑨秉：拿着，持。书：写有成王遗命的简册。⑩御：进，迎。⑪皇：大。后：君王，在这里指成王。⑫道扬：讲述、宣布。扬，道。末命：临终之命。⑬嗣：继承。训：指文王、武王的遗命。⑭临：治理。君：用作动词，带领的意思。⑮率循：遵循。卞：法度。⑯燮：和。⑰答：对，报。扬：发扬。光：明。⑱兴：起。⑲眇眇：形容微小的样子。末：微末，这里是康王自谦的用词。⑳其：岂，怎么。而：安。乱：治理，管理。

［译文］

王戴着麻冕，穿着黼裳，从宾阶走上堂。卿士和诸侯戴着麻冕，穿着

黑色的裳，入庙后站在相应的位置上。太保、太史、太宗，也都戴着麻冕，穿着彤裳。太保捧着大圭，太宗捧着酒杯和玉器，从东阶登上堂。太史拿着写有先王遗命的册书，从西阶走上堂，迎接康王而授以成王的遗命。册命说："大王依靠玉几，宣布临终之命：命令你继承先王的遗命，继承王位，治理带领周国，遵循先王的大法，使天下和睦，以报答并发扬文王、武王的光荣传统和遗训。"康王拜了两拜，然后起身，回答说："我这微不足道的小子，怎能像先王那样安定天下、治理四方，敬畏天威呢？"

［原文］

乃受同瑁[1]，王三宿[2]、三祭[3]、三咤[4]。上宗曰："飨[5]。"太保受同[6]，降，盥(guàn)[7]，以异同秉璋以酢(zuò)[8]，授宗人同[9]，拜[10]，王答拜。太保受同，祭、哜(jì)、宅(zhà)[11]，授宗人同，拜，王答拜。太保降[12]，收[13]。诸侯出庙门俟[14]。

［注释］

①乃受同瑁：康王接受了太保献给自己的同和瑁。②宿：动词，进。③祭：祭酒，把酒洒在地上。④咤：奠酒，把酒洒在地上以祭神灵。⑤飨：饮，指劝王饮酒。⑥太保受同：太保接受了酒杯。⑦盥：洗手。⑧异同：另一种酒杯。璋：大臣所用的用于盛酒的酒器。酢：回敬的酒。⑨授宗人同：太保把酒杯交给宗人。宗人，大宗伯的助手。⑩拜：太保拜王。⑪哜：尝。宅：也作"咤"奠酒。⑫太保降：太保从堂上下来。⑬收：撤去，撤掉各种陈设。⑭俟：等待。

感谏勤政

周宣王的王后姜氏贤惠有德行，经常务谏匡正宣王的过失。宣王有的时候睡得太早起得太晚，姜后担心他误了朝政，便先自我贬损劝谏他。宣王领会了姜后的意思，从此勤于政事。周宣王，姬姓，名静，一作靖，周厉王之子。周宣王即位后，勤政爱民、虚心纳谏，使衰落的周王室恢复权威，诸侯重新朝觐天子，四夷咸服，史称"宣王中兴"。

［译文］

于是康王接受了酒杯和玉器，前进三次，祭酒三次，奠酒三次。上宗说："王请喝酒。"王喝酒后，太保接过酒杯，历阶而下，洗手，换了一种酒杯回敬，太保把酒杯交给助手，太保拜王，王回了一拜。太保从助手那里又接受了酒杯，祭酒、尝酒、奠酒，然后将酒杯交给助手，又拜王，王回了一拜。太保从堂上下来，撤掉各种陈设。诸侯走出宗庙门恭候新王。

康王之诰

［原文］

书序：康王既尸天子[①]，遂诰诸侯，作《康王之诰》。

［注释］

①尸：主持，掌管。

［译文］

书序：康王登上天子之位，就向诸侯发布诰命，史官于是作《康王之诰》。

［原文］

王出[①]，在应门之内[②]，太保率西方诸侯入应门左[③]，毕公率东方诸侯入应门右[④]，皆布乘黄朱[⑤]。宾称奉圭兼币[⑥]，

丹书受戒

武王刚刚即位之时，曾向师尚父询问施政的方法，师尚父说：这些方法都记载在《丹书》里。武王想求得这本书，于是斋戒沐浴，端正冠冕，东面站立，恭敬地接受《丹书》。

曰：“一二臣卫，敢执壤奠[7]。”皆再拜稽首。王义嗣[8]，德答拜[9]。

［注释］

①出：走出宗庙。②应门：天子五门，最外面是皋门，依次是库门、雉门、应门，内为路门。③太保：召公，当时为西伯，所以率领西方诸侯。④毕公：当时为东伯，也是率领着东方诸侯之首。⑤布乘：当作黼黻，诸侯的朝服。黄朱：按黄朱指芾，诸侯礼服上的蔽膝。这是用颜色代指事物。⑥宾：通“傧”。专门接待诸侯和赞礼的官员。称：呼。奉：献。圭：命圭。币：贡品。⑦壤：土产。奠：贡献。⑧义嗣：以礼辞谢，不坚决拒绝。嗣，继。⑨德答拜：王礼辞之后，又升上台阶进行答拜。

［译文］

康王走出宗庙，来到应门之内，太保召公带领西方诸侯进入应门，立于左边，毕公率领东方诸侯进入应门，立于右边，诸侯们都穿着绣有花纹的礼服和黄朱色的蔽膝。专门接待诸侯和赞礼的官员传令诸侯拿着朝觐用的圭以及贡品，诸侯走上前说：“一两个王室的护卫，献上各地土产作为觐见之礼！”说完，诸侯们再次跪拜行礼。康王依照礼节辞谢，然后又升上台阶答拜。

［原文］

太保暨芮伯咸进相揖[1]，皆再拜稽首[2]，曰：“敢敬告天子，皇天改大邦殷之命，惟周文、武诞受羑(yǒu)若[3]，克恤西土[4]。惟新陟王毕协赏罚[5]，戡(kān)定厥功[6]，用敷遗后人休[7]。今王敬之哉！张皇六师[8]，无坏我高祖寡命[9]。”

［注释］

①暨：和。相揖：拱手行礼，这里是指太保和芮伯相互行礼。②再拜稽首：拜了又拜而叩头。③诞：大。羑：诱导。若：善。④恤：安。⑤陟：终，辞世。新陟王，指成王。毕：完，完全。协：合理。⑥戡：能够。⑦敷：普遍，全部。休：美好。⑧张皇：整顿，加强。六师：周代天子有宗周六师，驻扎在镐京。师，军队。⑨无：通“毋”，不要。坏：败坏，损坏。高祖：指周文王。寡命：大命。

[译文]

太保和芮伯都走上前，相互作揖行礼，然后二人拜了又拜，说:“恭敬地禀告天子，伟大的上天改变了殷国的大命，周朝的文王和武王接受天命，劝人向善，能够安定西方的臣民。刚刚去世的成王赏罚完全合理，能够成就大业，因此普遍地将美德留给后人。如今的王应该谨慎恭敬啊！整顿军队，不要败坏我高祖的大命。”

黄帝

黄帝与炎帝并称为中华民族的始祖。根据《山海经》记载，炎帝在阪泉之战败给黄帝，之后蚩尤纠集炎帝的部属又一次在涿鹿之战中败给黄帝。

[原文]

王若曰:“庶邦侯、甸、男、卫①，惟予一人钊报诰②。昔君文、武，丕平富③，不务咎④。厎至齐信⑤，用昭明于天下，则亦有熊罴之士，不二心之臣，保乂王家⑥。用端命于上帝⑦。皇天用训厥道⑧，付畀四方⑨。乃命建侯树屏⑩，在我后之人⑪。今予一二伯父⑫，尚胥暨顾绥(ruí)尔先公之臣服于先王⑬。虽尔身在外，乃心罔不在王室。用奉恤厥若⑭，无遗鞠子羞⑮。”

群公既皆听命⑯，相揖趋出。王释冕⑰，反丧服⑱。

[注释]

①侯、甸、男、卫：指各等级的诸侯。②报：答复。③丕：大。平：平均。富：仁厚。④咎：过失，引申为刑罚。⑤厎：致。至：行，施行。齐：中。信：诚信。⑥保：安。乂：治。⑦用：因。端：直，端正。命：被授予的大命。⑧用：因。训：顺，根据。⑨付畀：给予，赐予，交给。⑩建侯：分封诸侯。建：立。树屏：树立保卫力量。⑪在：眷顾。⑫伯父：天子对同姓诸侯的尊称。⑬尚：还。胥：相互。暨：与。顾：顾念。绥：通“緌”，继承，沿袭。⑭奉：助，承。恤：抚恤。若：理顺。⑮鞠子：稚子，未成年的，这里是康王的自称。羞：辱。⑯群公：指三公和诸侯群臣。⑰释：

解去，脱下。释冕，脱下吉服。⑱反：通“返”，复，再次。丧服：用作动词，穿上丧服。

［译文］

康王这样说：“侯、甸、男、卫的诸侯，我在此向你们答复并发布文告。从前我们的君主文王、武王，十分公平仁厚，没有过度使用刑罚。致力施行中正诚信，因而他们的光辉彰显于天下，因此有熊罴一样的将士，忠贞的大臣，保卫治理国家，因而从上天那里获得使天下端正的大命。天帝根据先王的治理之道，赐予他们天下。先王分封诸侯，增强保卫力量，眷顾我们的子孙后代。如今希望我们同姓的诸侯，还能彼此顾念，继承你们先祖对我们先王的臣服之心。即使你们身在朝廷之外，但是心却不能不在王室。你们要给我思考理顺国家的方法，不要将羞辱留给我。”

三公和各位诸侯大臣听完诰命，相互作揖行礼快步走出。王脱去冕服，返回守丧的侧室，重新穿上丧服。

（伪）毕　命

［原文］

书序：康王命作册毕[1]，分居里[2]，成周郊[3]，作《毕命》。

［注释］

①册：策命。毕：毕公高。②分居里：分居殷商遗民。③成：安定。

［译文］

书序：康王发布策命毕公的文诰，命令他分治殷商遗民，安定周都郊野，史官于是作《毕命》。

［原文］

惟十有二年[1]，六月庚午朏[2]。越三日壬申，王朝步自宗周[3]，至于丰[4]，以成周之众，命毕公保釐东郊[5]。

[注释]

①十有二年：指周康王十二年。②朏：新月开始放出光亮。③朝：清晨，早晨。步：行。宗周：指镐京。④丰：丰邑，文王时的王都。⑤保：安。釐：治理。

[译文]

周康王十二年的六月庚午日，新月刚刚发出光亮。到了第三天的壬申日，周康王清早从镐京出发，抵达丰邑，用周的百姓，册令毕公安定治理王都东郊。

[原文]

王若曰："呜呼！父师[1]。惟文王、武王敷大德于天下，用克受殷命。惟周公左右先王[2]，绥定厥家，毖(bì)殷顽民[3]，迁于洛邑，密迩王室，式化厥训[4]。既历三纪[5]，世变风移，四方无虞[6]，予一人以宁。道有升降[7]，政由俗革，不臧厥臧[8]，民罔攸劝[9]。惟公懋德[10]，克勤小物[11]，弼亮四世[12]。正色率下[13]，罔不祗(zhī)师言[14]。嘉绩多于先王，予小子垂拱仰成[15]。"

[注释]

①父师：指毕公。父，指同姓的尊者。②左右：辅佐。③毖：告诫。④化：感化。训：教训，教诲。⑤历：经历，经过。纪：十二年为一纪。⑥虞：担忧，忧虑。⑦道：世道。升降：有兴有衰。⑧臧：善。前一臧为动词，即褒奖。后一臧为名词，即善良的人。⑨攸：所。劝：劝勉。⑩懋：努力。⑪小物：小事。⑫弼亮：辅佐。⑬正色：态度庄重。率：统率。⑭祗：敬。师言：毕公的教诲。⑮垂拱：垂衣拱手。仰成：敬仰成绩。

[译文]

康王说："啊！父师。只有文王与武王在普天之下施行大德，因而能够接受殷商的大命。周公辅佐成王，安定天下，告诫殷商的遗民，将他们迁到洛邑，让他们靠近王室，因此他们得以被周公的教诲所感化。从那个时候到现在已经三十六年了，时事和风俗都已经发生了变化，四方都没有祸

患，我因此感到极为安宁。世道有好有坏，政教也随着风俗的转变而改变，要是不褒奖善良的人，百姓就不能被劝勉。您努力施行德政，为小事忧劳，先后辅佐了四代周王。您庄重地率领群臣，臣下中没有不敬重您的教诲的。您美好的功绩被先王重视，年轻的我敬仰您的成就。”

［原文］

王曰：“呜呼！父师。今予祗命公以周公之事，往哉！旌别淑慝(tè)[1]，表厥宅里[2]。彰善瘅(dàn)恶[3]，树之风声。弗率训典，殊厥井疆[4]，俾克畏慕[5]。申画郊圻(qí)[6]，慎固封守，以康四海。政贵有恒，辞尚体要[7]，不惟好异[8]。商俗靡靡[9]，利口惟贤，余风未殄[10]，公其念哉！我闻曰：‘世禄之家[11]，鲜克由礼[12]。以荡陵德[13]，实悖天道[14]。敝化奢丽[15]，万世同流。’兹殷庶士，席宠惟旧[16]，怙侈灭义[17]，服美于人。骄淫矜侉(kuā)[18]，将由恶终。虽收放心[19]，闲之惟艰。资富能训，惟以永年。惟德惟义，时乃大训[20]。不由古训，于何其训。”

［注释］

①旌别：辨别，识别。淑：善。慝：恶。②表：标记。③彰：显扬。瘅：憎恨。④殊：区别。井：古代八家为井，引申为乡里家宅。疆：疆界。⑤俾：使。畏慕：害怕行恶之祸，敬慕行善之福。⑥申：申明。画：划分。郊圻：封邑内外的界域。⑦尚：崇尚。体要：体现精要。⑧好：喜欢。异：奇异。⑨靡靡：浮躁奢侈。⑩殄：断绝。⑪世禄：世代享受俸禄。⑫由：顺从，遵守。⑬荡：骄狂。陵：欺侮。⑭悖：违背。⑮敝化：败坏风化。丽：靡丽。⑯席宠：依仗先人的宠荣。旧：久。⑰怙：仗恃。侈：大。⑱骄淫：骄横，放荡。矜侉：夸耀。侉，同“夸”，夸大。⑲放心：放纵之心。⑳时：这。大训：重要的教诲。

［译文］

王说：啊！父师。今天我郑重地将周公治理殷商遗民的重任托付给您，您就去吧！辨别善恶，对于善良的殷人，应当表彰他的乡里。扬善惩恶，树立善良的风气。不遵从教令的殷人，将他们的井田界限单独划分出来，使他们害怕行恶之祸，敬慕行善之福。申明划分封邑内外的界域，谨慎地加固封邑的守备，使天下安定。处理政事贵在有常法，崇尚体现简要的言辞，不要喜欢奇异。殷商风俗浮华柔弱，推崇巧辩，这种风俗至今没有断绝，您一定要考虑这件事啊！我听说：‘世代享有俸禄爵位的家庭，很少遵守礼法。他们骄狂而欺侮有德行的人，实在是有悖于天道。败坏的风化奢侈靡丽，世世代代都是一个样子。’众位殷商的百姓，长时间以来一直依仗先人的宠荣，依仗强大丧失仁义，服饰华美远超普通人。骄横放荡、自夸自大，将行恶终生。即使收敛了放纵的心思，但是限制约束他们还是很困难。资财富足还可以顺从教化，才能长寿。思德思义，这是很重要的教诲。不顺从古代的教诲，要顺从什么呢？”

［原文］

王曰：“呜呼！父师。邦之安危，惟兹殷士。不刚不柔，厥德允修。惟周公克慎厥始[1]，惟君陈克和厥中，惟公克成厥终。三后协心[2]，同厎于道[3]，道洽政治[4]，泽润生民[5]。四夷左衽(rèn)[6]，罔不咸赖，予小子永膺多福[7]。公其惟时成周[8]，建无穷之基，亦有无穷之闻[9]。子孙训其成式[10]，惟乂[11]。呜呼！罔曰弗克，惟既厥心；罔曰民寡[12]，惟慎厥事。钦若先王成烈[13]，以休于前政[14]。”

［注释］

①始：起初。②后：君。协心：同心协力。③厎：达到。道：通“导”，教导。④洽：融洽。治：治理。⑤生民：百姓。⑥四夷：东夷和北狄、西戎、南蛮并称四夷，古代华夏族对四方少数民族的统称。左衽：指少数民族。衽，衣襟。北方少数民族的服装，前襟向左开，与中原一带人民的右衽不同。⑦永：长。膺：享受。⑧时：善，治好。⑨闻：好的名声。⑩训：通“顺”，遵循。⑪乂：安，安定。⑫寡：少。⑬钦：敬。成烈：盛大的功业。⑭休：美好。前政：前人的政绩，指周公、君陈的政绩。

［译文］

王说：“啊！父师。如今国家的安危，在于教化这些殷商遗民。不刚

不柔，宽容与严酷并行，那么德政一定可以施行。最初周公可以谨慎地管教，然后君陈能够使殷民和睦，最后您能够彻底完成教化。三君同心，协力归于教导，教导融洽，政事修明，泽润百姓。四方少数民族，没有不依赖的，我也就可以长久享受大福了。您要好好治理成周，建立无穷无尽的基业，也会有无穷无尽好的名声。子孙后代遵循您的成法，天下自然就安定了。唉！不要说不能胜任，要尽心尽力；不要说百姓太少，要谨慎处事。恭敬地处理好先王盛大的功业，还要取得比前人更美好的政绩。”

（伪）君　牙

［原文］

书序：穆王命君牙为周大司徒①，作《君牙》。

［注释］

①穆王：名满，昭王之子。君牙：穆王的大臣。大司徒：周代六卿之一，掌管教化。诸侯国也有司徒，天子的司徒称大以示区别。

［译文］

书序：穆王任命君牙担任周朝的大司徒，史官于是作《君牙》。

［原文］

王若曰："呜呼！君牙。惟乃祖乃父，世笃忠贞①，服劳王家②，厥有成绩，纪于太常③。惟予小子嗣守文、武、成、康遗绪④，亦惟先正之臣⑤，克左右乱四方⑥。心之忧危，若蹈虎尾⑦，涉于春冰⑧。

［注释］

①笃：笃厚。忠：忠实。贞：坚贞。②服劳：效劳。③纪于太常：记录在太常旗上。太常，周王室的旌旗。④嗣：继承。遗绪：前人留下的功业。⑤惟：思。先正：先王。⑥克：能。左右：辅佐。乱：治理。⑦蹈：踩。⑧涉：行走。

［译文］

王这样说："啊！君牙。你的祖辈和父辈，世代看重忠实和坚贞，为王室效劳，立有功绩，他们的功绩全都被记录在太常旗上。我这个年轻人继承了文王、武王、成王、康王四位先王留下的大业，也希望先王留下的忠臣能够留下，可以辅佐我治理天下。我心怀忧愁畏惧，就像踩着老虎的尾巴，就像行走在春天的薄冰之上。

［原文］

"今命尔予翼[1]。作股肱心膂(lǚ)[2]，缵(zuǎn)乃旧服[3]。无忝(tiǎn)祖考[4]，弘敷五典[5]，式和民则[6]。尔身克正，罔敢弗正。民心罔中[7]，惟尔之中[8]。夏暑雨，小民惟曰怨咨[9]；冬祁寒[10]，小民亦惟曰怨咨。厥惟艰哉！思其艰以图其易[11]，民乃宁。呜呼！丕显哉，文王谟[12]！丕承哉，武王烈[13]！启佑我后人，咸以正罔缺[14]。尔惟敬明乃训[15]，用奉若于先王[16]。对扬文、武之光命[17]，追配于前人[18]。"

［注释］

①予翼：辅佐我。②股肱心膂：为君王左右辅佐之臣。股肱，大腿和胳膊。膂，脊骨。③缵：继承。旧服：指祖先的旧职。④忝：玷污。⑤敷：布。⑥式：用。则：法。⑦中：公平中正。⑧惟：希望。⑨小民：百姓。咨：哀叹。⑩祁寒：严寒大雪。⑪艰：艰难。⑫谟：计策，谋略。⑬烈：功业，功绩。⑭正：正道。罔：无。⑮乃训：指司徒掌管的五常的教诲。⑯若：顺。⑰对扬：颂扬。光命：光显的大命，也指文王、武王的谋略和功业。⑱配：匹配，配得上。前人：指君牙的祖辈和父辈。

［译文］

"如今我命令你辅佐我。作为我身边的得力大臣，继承你祖先的官职。不要玷污了你的父辈和祖辈，广泛地散布五常的教诲，用来当做使百姓和睦的准则。你自己可以端正自身，就没人敢不端正自身。民心如果不知道公平中正，希望你可以做到中正。夏天时炎热或是洪水，百姓只能怨恨哀叹；冬天时严寒大雪，百姓也只能怨恨哀叹。他们在为自己的生活艰辛而哀伤啊！你要想到他们的艰难而考虑让他们轻松些，这样百姓就安定了。啊！伟大而且显明啊，这是文王的功绩！伟大而可以继承啊，这是武王的功绩！他们开导庇佑我们这些后世子孙，让我们都依循正道没有差错。你只要奉行五常的教诲，奉顺先王。颂扬文王、武王的光辉功业，就可以与你的祖先媲美了。”

［原文］

王若曰：“君牙，乃惟由先正旧典时式①，民之治乱在兹②。率乃祖考之攸行，昭乃辟之有乂③。”

［注释］

①由：施行，奉行。时式：善法。②兹：这，指旧典善法。③昭：彰明。辟：君主。乂：治。

［译文］

王说：“君牙，你应当奉行你先祖的旧典善法，百姓的治乱就在这旧典善法上。你应当遵循你祖先的业绩，彰明你君主的治国之道。”

（伪）冏　命

［原文］

书序：穆王命伯冏为周太仆正①，作《冏命》。

［注释］

①伯冏：穆王的大臣。太仆：官名，掌管天子的车马。正：官长。

［译文］

书序：穆王任命伯冏担任周朝的太仆正，史官于是作《冏命》。

［原文］

王若曰：“伯冏，惟予弗克于德，嗣先人宅丕后①。怵(chù)惕惟厉②，中夜以兴③，思免厥愆(qiān)④。昔在文、武，聪明齐圣⑤，

小大之臣咸怀忠良。其侍御仆从，罔匪正人[6]。以旦夕承弼厥辟[7]，出入起居，罔有不钦；发号施令，罔有不臧。下民祗(zhī)若[8]，万邦咸休。

［注释］

①先人：先王。宅：居。丕：大。后：君主。②怵惕：惶恐，戒惧。厉：危险。③中夜：半夜。兴：惊起。④愆：过失。⑤聪明齐圣：博闻、强识、通达、圣哲。⑥匪：同“非”，不是。正人：忠诚正直的人。⑦弼：辅佐。辟：君。⑧祗若：恭敬顺从。

［译文］

王这样说：“伯冏啊，我不能恭谨地修养德行，继承先王居于大君的位置。心中惶恐得很，甚至在半夜里都会起来，思考怎样避免过失。过去的时候文王、武王，博闻、强识、通达、圣哲，大小臣子都能忠诚善良。那些侍奉左右、执掌车马服装的近臣与仆人，没有一个不是忠诚正直的人。他们从早到晚侍奉、辅佐君王，因此君王的出入起居，没有不慎重的；发布的政令，没有不完善的。百姓都恭敬顺从，天下各国都很和睦。

［原文］

“惟予一人无良，实赖左右前后有位之士，匡其不及，绳愆纠缪[1]，格其非心[2]，俾克绍先烈[3]。今予命汝作大正[4]，正于群仆侍御之臣[5]。懋乃后德[6]，交修不逮[7]。慎简乃僚[8]，无以巧言令色[9]，便辟侧媚[10]，其惟吉士[11]。仆臣正，厥后克正；仆臣谀，厥后自圣[12]。后德惟臣，不德惟臣。尔无昵于憸(xiān)人[13]，充耳目之官[14]，迪上以非先王之典[15]。非人其吉，惟货其吉[16]。若时[17]，瘝(guān)厥官[18]，惟尔大弗克祗厥辟[19]，惟予汝辜[20]。”

［注释］

①绳：纠正。缪：通“谬”，错误。②格：正。③俾：使。绍：继承。④大正：指太仆正，仆官之长。⑤正：领导。⑥懋：勉励。⑦交：共同，相互。⑧简：选择。僚：这里指群仆。⑨巧言令色：花言巧语，假装和善。

⑩便辟侧媚：阿谀奉承的人。⑪吉士：品德高尚的人。⑫自圣：自以为圣人。⑬昵：亲近。憸人：小人，奸佞的人。⑭充：充任，充当。耳目之官：近侍官员。⑮迪：引导。⑯货：财物。⑰若时：像这样。⑱瘝：败坏，亵渎。⑲祗：敬。厥辟：你的国君。⑳汝辜：惩罚你。

[译文]

"我没有善德，实在是需要依赖身边有官职的贤能之士，来匡正自身的不足，批评我的错误，纠正我的邪恶之心，使得我能够继承祖先的功业。如今我任命你担任太仆正一职，领导群仆、近臣。努力让你们的君主施行德政，互相勉励做得不足的地方。谨慎地选择群仆，不要选择那些花言巧语的人、阿谀奉承的人，要选择品德高尚的人。群仆近臣正直，君主才能正直；群仆近臣阿谀奉承，君主就会自以为是圣人。君主有德在于臣子，君主失德也在于臣子。你不要亲近那些能说会道的奸人，让他们担任近侍官员，引导君王违背先王的常法。不是人是善良的，而是财物使人们善良。像这样，亵渎官职，你不能尊敬你的国君，我就只能惩罚你。"

[原文]

王曰："呜呼，钦哉①！永弼乃后于彝宪②。"

[注释]

①钦：敬慎。②永弼：永远辅佐。彝：常。宪：法。

[译文]

王说："啊，要敬慎啊！永远辅佐你的君主实施常法。"

吕刑

[原文]

书序：吕命穆王训夏赎刑①，作《吕刑》。

[注释]

①吕：吕侯，吕国国君，名字已不可考。命：报告占卜之事。训：申述。赎刑：用财物赎罪。

［译文］

书序：吕侯向穆王申述夏朝用财物赎罪的法律，史官于是作《吕刑》。

［原文］

惟吕命。王享国百年①，耄(mào)荒②，度作刑以诘四方③。

［注释］

①享国：指在位。②耄荒：年老。③度：估量，这里指审时度势。诘：责问，引申为治理。

［译文］

吕侯被任命为卿士。王在位已经很多年了，尽管年老，仍然审时度势制定刑律来治理天下。

［原文］

王曰："若古有训①：蚩尤惟始作乱②，延及于平民③。罔不寇贼、鸱(chī)义、奸宄、夺攘、矫虔④。苗民弗用灵⑤，制以刑⑥，惟作五虐之刑曰法⑦。杀戮无辜，爰始淫为劓(yì)、刵(èr)、椓(zhuó)、黥(qíng)⑧。越兹丽刑⑨，并制罔差有辞⑩。

［注释］

①若：句首语助词。②蚩尤：神话传说中的人物，东方九黎族的首领，与黄帝战于涿鹿，失败后被杀。③延及：波及，影响。④寇：侵犯。贼：残害，残杀。鸱义：丧失天良的行为。奸宄：内外作乱。攘：窃取，偷盗。矫虔：诈骗抢劫。⑤灵：善政。⑥制：制服。⑦虐：残酷。曰：叫作。⑧爰：句首语助词。

后 稷

后稷，名弃，相传为周王室的始祖。周人尊后稷为农神，以郊礼祭祀。尧听说他懂得稼穑之道，便举用他为农师。舜时，黎民百姓缺少粮食，他受命教民播种百谷，封于邰（今陕西咸阳武功西南），号曰"后稷"。后稷死后，传位于儿子不窋。

淫：过度。劓：割鼻的刑罚。刵：断耳的刑罚。椓：宫刑。黥：即墨刑，在脸上刻字，染上黑色。⑨越兹：于是。丽：施行，进行。⑩并：废弃。制：制度法令。差：选择。有辞：无罪的人。

［译文］

王说："古时有过教训：蚩尤开始作乱，他的恶劣行为影响到百姓。百姓无不互相侵犯、残杀，做些丧尽天良的事。内外作乱，偷盗、诈骗抢劫。苗民不行善政，就用刑罚将他们制服，制定五种残酷的刑罚称之为法。杀害无罪的人，开始过度使用劓、刵、椓、黥等刑罚。于是施行杀伐，不依从法律，废弃制度法令不去鉴别有罪无罪。

［原文］

"民兴胥渐①，泯泯棼(fén)棼②，罔中于信③，以覆诅盟④。虐威庶戮方告无辜于上⑤。上帝监民⑥，罔有馨香德刑，发闻惟腥⑦。皇帝哀矜庶戮之不辜⑧，报虐以威⑨，遏绝苗民⑩，无世在下⑪。乃命重黎绝地天通⑫，罔有降格⑬。群后之逮在下⑭，明明棐(fěi)常⑮，鳏寡无盖⑯。

［注释］

①民：指苗民。兴：起。胥：相互。渐：欺诈。②泯泯棼棼：混乱的样子。③于：与，和。信：信用。④覆：败，背，背弃。诅盟：誓约，誓言。⑤虐威：受虐刑的人。庶戮：众多被侮辱者。方：通"旁"，全、普遍。⑥监：视，察。⑦发：散。腥：血腥。⑧皇帝：尧。皇，大。矜：同情、怜悯。不辜：无罪过的。⑨报：审判。虐：暴虐。威：威严。⑩遏绝：制止，断绝。⑪无世在下：没有后代的下国。世：嗣，后代。⑫重黎：指羲和，见《尧典》注。绝地天通：断绝民众和上天的直接沟通。⑬降格：降临。这里指神灵不与民众相通。⑭群后：诸侯。逮：相继。⑮明明：显扬贤明的人。棐：辅助。⑯盖：遮蔽。

［译文］

"苗民相互欺诈，社会一片混乱，没有忠信可言，经常背弃誓言。受虐刑的人和众多被侮辱的人全都向上天申诉自己的冤情。上天视察百姓，没有美好的德行，只有散发着血腥的刑罚。伟大的帝尧同情那些无辜被

杀戮的人，用威严审判暴虐，制止暴虐的苗民，使他们没有后代。于是命令重黎主持神事，断绝苗民与上天的直接沟通，神灵不再直接降临。诸侯相继，任用贤明的人，用常道辅佐治理，无论鳏寡的苦难全都不会被遮蔽了。

[原文]

“皇帝清问下民①，鳏寡有辞于苗②。德威惟畏，德明惟明。乃命三后恤功于民③：伯夷降典④，折民惟刑⑤；禹平水土，主名山川⑥；稷降播种⑦，农殖嘉谷⑧。三后成功，惟殷于民⑨。士制百姓于刑之中⑩，以教祗德。

[注释]

①清问：明白知道。问，知晓、了解。②辞：指怨言。③三后：三位长官，指伯夷、禹、稷。恤：谨慎。功：事，用作动词，治理。④伯夷：尧帝的大臣。降：颁布。典：法。⑤折民：审理案件。⑥主名山川：负责名山大川。⑦稷：后稷，尧舜时管理农业的官。⑧殖：种植。嘉谷：粟，后来泛指谷物。⑨殷：厚。⑩士：士师。制：治理。百姓：百官。于：以。中：平。

[译文]

“帝尧清楚地知道天下的百姓，就算鳏寡之人也都对苗民的酷刑深有怨言。于是选拔贤能的人，贤能的人所处罚的，百姓都畏服。贤能的人所敬重的，百姓都敬重。于是命令伯夷、禹、稷谨慎地治理百姓：伯夷颁布法典，审理案件依照刑律；禹治理水土，负责治理名山大川；稷教导百姓耕种，努力种植庄稼。伯夷、禹、稷三位成功了，百姓也就越发忠厚了。士师以公正的刑罚为标准治理百官，教导臣民尊重德行。

[原文]

“穆穆在上①，明明在下②，灼于四方③，罔不惟德之勤。故乃明于刑之中，率乂于民棐彝④。典狱⑤，非讫于威⑥，惟讫于富⑦。敬忌，罔有择言在身⑧。惟克天德⑨，自作元命⑩，配享在下。”

[注释]

①穆穆：恭敬严肃的样子。②明明：努力的样子。③灼：光，照，闪耀。④率：句首语气词。棐彝：辅成教化。⑤典：主管。⑥讫：终，结束，完成。⑦富：仁厚。⑧择言：败言，坏话，不好的话。择，通“斁”，败。⑨克：肩负。天德：上天具有的仁爱美德。⑩元：善。

[译文]

“帝尧在上恭敬肃穆，诸侯在下修明政治，光耀四方，没有不勤行德政的。所以可以理解运用刑罚的道理，治理百姓辅成教化。主管刑罚的官员，没有在威虐上停止，只在仁厚上停止。必敬必戒，没有说坏话的人。肩负着上天的仁爱美德，自己成就了好的命运，所以可以配天在下享有官位。”

[原文]

王曰：“嗟！四方司政典狱[1]，非尔惟作天牧[2]？今尔何监[3]？非时伯夷播刑之迪[4]？其今尔何惩[5]？惟时苗民匪察于狱之丽[6]，罔择吉人，观于五刑之中[7]；惟时庶威夺货[8]，断制五刑，以乱无辜。上帝不蠲（juān）[9]，降咎于苗[10]。苗民无辞于罚[11]，乃绝厥世。”

[注释]

①司政典狱：主管政务和刑狱的人，指诸侯。②牧：治民，指管理人民的官。③监：视，这里指效法。④播：施行。迪：大道。⑤其：岂，表

放鲫知德

孔子到卫国去，让巫马期察看宓子贱的政绩。巫马期来到单父境内，遇到夜晚打鱼的人，将小鱼放掉，只捕捞大鱼。巫马期问渔民这么做的原因，渔民说：“我们长官想让小鱼长大。”巫马期将所见所闻告诉给孔子。宓子贱的道德教化已经到了极致，老百姓在暗中做事，也不会放纵自己。

示反问的语气。惩：惩戒。⑥匪：不。丽：施行。⑦观：察，指考察。中：适当。⑧庶威：极有威势。货：财物、财产。⑨蠲：除，免，指赦免。⑩咎：灾难、祸患。⑪无辞于罚：对惩罚毫无辩解的理由。

［译文］

王说："唉！四方掌管政务和刑狱的诸侯，你们不是为上天治理百姓的吗？现在你们效法什么呢？难道不是伯夷施行刑罚的大道吗？现在你们要用什么作为惩戒呢？正是苗民没有审察狱事的施行，没有选择善良的人施政，没有考察五刑的使用是否符合公正的原则；只是任用依仗威势、敛取财物的人，裁定五刑，对无罪的百姓胡乱责罚。上天不能赦免他们，于是降下灾祸给苗民。苗民对惩罚根本没有辩解的理由，于是他们的后嗣被断绝了。"

［原文］

王曰："呜呼！念之哉①！伯父、伯兄、仲叔、季弟、幼子、童孙，皆听朕言，庶有格(gǔ)命②。今尔罔不由慰日勤③，尔罔或戒不勤。天齐于民④，俾我一日⑤，非终惟终⑥，在人。尔尚敬逆天命⑦，以奉我一人⑧！虽畏勿畏，虽休勿休⑨。惟敬五刑，以成三德⑩。一人有庆⑪，兆民赖之⑫，其宁惟永⑬。"

［注释］

①念：记住。②格：通"嘏"，福。③罔：无。由：用。慰：安慰、抚慰。④齐：整顿，整治。⑤俾：使掌职。⑥非：不。终：成。惟：与，和。⑦尚：当。逆：迎接。⑧奉：帮助，拥戴。⑨休：休息。⑩三德：当指敬顺、正直、勤劳。⑪庆：善。⑫兆：泛指数量很多。赖：利。⑬宁：安宁。惟：乃，就。永：久。

［译文］

王说："唉！记住这种教训！伯父、伯兄、仲叔、季弟以及年幼子孙们，你们都要听从我的话，这样就可以享有上天所赐予我们的福命了。现在你们没有不自我安慰说已经很勤劳了，你们没有人警戒自己不勤劳。上天治理臣民，使我们暂时掌握了国家的大权。失败和成功，在于人。你们应当恭敬地迎接上天赋予的大命，并以此来辅佐我！即使遇到可怕的事情也不

要害怕，即使应该休息了也不要休息。恭敬谨慎地使用五刑，养成敬顺、正直、勤劳的品德。一个人做了好事，万民都会受益，国家就会长治久安。”

［原文］

王曰：“吁①！来，有邦有土②，告尔祥刑③：在今尔安百姓④，何择，非人⑤？何敬，非刑？何度⑥，非及⑦？两造具备⑧，师听五辞⑨；五辞简孚⑩，正于五刑⑪；五刑不简，正于五罚⑫；五罚不服，正于五过⑬。五过之疵(cī)⑭：惟官、惟反、惟内、惟货、惟来⑮。其罪惟均⑯，其审克之⑰！

［注释］

①吁：叹词。②有邦：指拥有封国的诸侯。有土：指拥有采邑的大臣。③祥刑：祥，善。祥刑，善用刑法。④安：安定。⑤人：道德高尚的人。⑥度：谋划，考虑。⑦及：应作宜。⑧两造：也可以说成是两遭，指诉讼的双方，即原告和被告。⑨师：士师，就是法官。听：考察、审理。五辞：五刑的法律条文。⑩简：核实，核对。孚：诚信，这里指验证。⑪正：治，审理。于：以。五刑：墨、劓、剕、宫、大辟五种刑罚。⑫正于五罚：依据罪行的轻重用五等罚金来处理。⑬五过：五种过失。⑭疵：弊病、毛病。⑮官：敬畏官势。反：报恩怨。内：指接受说情。货：索取贿赂，接受贿赂。来：指接受求情，徇私枉法。⑯其：法官。罪惟均：与犯人同样受到处罚。均，等。⑰审：慎重。克：同“核”。

［译文］

王说：“唉！来，各位诸侯和诸位官员，让我告诉你们善刑：现在你们安定百姓，应该怎么选择呢，难道不是选择贤德的人吗？要谨慎地对待什么呢，不正是对待刑罚吗？要考虑什么呢，难道不是要审判公正合理吗？原告和被告都到齐了，法官依照五刑的法律条文进行审理；依照五刑的法律条文进行核实和验证，结果与事实相符，就依照五刑进行审理；如果不能依据五刑进行惩处，那么就依据罪行的轻重用五等罚金来处理；如果不能依照用五等罚金来处理，那么就依照五种过失来处理。依照五种过失惩处的弊端是：法官敬畏官势、报恩怨、接受说情、收受贿赂、徇私枉法。法官与犯人同样受到处罚，你们一定要慎重核实啊！

克复传言

《吕刑》主张审理案件时要怀着怜悯的心。后来的孔子也主张以仁爱治天下，在《论语·颜回》中说“克己复礼为仁”，在《论语·阳货》中又说“能行五者于天下為仁矣”“恭、宽、信、敏、惠。恭则不侮，宽则得众，信则人任焉，敏则有功，惠则足以使人”。

[原文]

“五刑之疑有赦①，五罚之疑有赦，其审克之！简孚有众②，惟貌有稽③。无简不听④，具严天威⑤。墨辟疑赦⑥，其罚百锾(huán)⑦，阅实其罪⑧。劓(yì)辟疑赦，其罚惟倍⑨，阅实其罪。剕辟疑赦⑩，其罚倍差⑪，阅实其罪。宫辟疑赦⑫，其罚六百锾，阅实其罪。大辟疑赦⑬，其罚千锾，阅实其罪。墨罚之属千⑭，劓罚之属千，剕(fèi)罚之属五百，宫罚之属三百，大辟之罚其属二百。五刑之属三千。

[注释]

①疑：怀疑。②简孚有众：于广大民众核实查对。③惟貌有稽：审理案件一定要有一起办案的人。貌，治。稽，同。④无简：没有经过核实。听：处理，引申为治罪。⑤具：全。⑥墨：黥刑，五刑之一。辟：罪。疑赦：认为罪有可疑之处的可以从轻处治。⑦锾：古代重量单位，六两为一锾。⑧阅：检阅。实：核实。罪：罪行。⑨倍：百锾的一倍，即二百锾。惟：为。⑩剕：砍去膝盖骨的刑罚。⑪倍差：一倍半，也就是五百锾。⑫宫：宫刑。⑬大辟：砍头、死刑。⑭属：指刑罚的条目。

[译文]

“依照五种刑罚去定罪而有怀疑的，可以从轻处治。依照五种刑罚定罪有疑问的，可以从轻处置，但一定要认真考察核实！应该向广大民众核实查对，审理案件的时候一样要有一起办案的人。没有经过核实的不能治罪，应该一同尊敬上天的威严。判处墨刑认为罪有可疑之处的可以从轻处治，罚金为一百锾，要核实罪行。判处劓刑认为罪有可疑之处的可以从轻处治，罚金为二百锾，要核实罪行。判处剕刑认为罪有可疑之处的可以从轻处治，罚金为五百锾，要核实罪行。判处宫刑认为罪有可疑之处的可以从轻处治，罚金为六百锾，要核实罪行。判处大辟认为罪有可疑之处的可以从轻处治，罚金为一千锾，要核实罪行。墨刑刑罚的条目有一千条，劓罚刑罚的条目有一千条，剕罚刑罚的条目有五百条，宫罚刑罚的条目有三百条，大辟刑罚的条目有两百条。五种刑罚的条目一共有三千条。

［原文］

“上下比罪[1]，无僭(jiàn)乱辞[2]，勿用不行[3]，惟察惟法，其审克之！上刑适轻[4]，下服[5]；下刑适重，上服[6]。轻重诸罚有权[7]。刑罚世轻世重[8]，惟齐非齐[9]，有伦有要[10]。罚惩非死，人极于病[11]。非佞折狱[12]，惟良折狱，罔非在中。察辞于差[13]，非从惟从。哀敬折狱[14]，明启刑书胥占[15]，咸庶中正[16]。其刑其罚，其审克之！狱成而孚，输而孚[17]。其刑上备[18]，有并两刑[19]。”

［注释］

①比：比照，对比。②无：通“毋”，不要。僭乱：错乱。僭，差错。辞：供词。③不行：已废除不再使用的法律。④适：适宜。⑤下服：服减等的轻刑。服，服刑。⑥上服：服加等的重刑。⑦权：变，就是变通。⑧刑罚世轻世重：意思是说刑罚的轻重要看具体情况来做出判定。⑨齐：同，一样。⑩伦：道理。要：要求。⑪极：痛苦。⑫非：不用。佞：佞人，善于巧言欺骗的人。⑬差：不同的，在这里是指供词的矛盾。⑭敬：当作“矜”，怜悯、同情。⑮明：公开。启：打开。胥：相。占：揣度。⑯庶：接近。⑰输：变更。孚：信。⑱备：慎，谨慎、慎重。上备：以慎重为上。⑲有并两刑：合并两种刑罚为一种刑罚执行。

［译文］

“刑律上没有明文规定的罪，要通过上下比照刑律来，不要错乱供词，

不要依照已经废除的法律，应该认真明察，依法核实！上刑宜于减轻的，可以用下刑从轻处治；下刑宜于重刑的，就应用上刑处治。刑罚的轻重都可以变通。刑罚的轻重要看具体情况来做出判定，相同或是不同，都有它的道理与要求。刑罚虽然没有将犯人置于死地，但给受刑罚的人带来比生重病还大的痛苦。不用巧辩的人去审理案件，而让善良的人审理案件，就不会出现不公正不合理的情况。认真审察供词的矛盾之处，不服从的犯人也会服从了。应怀着怜悯的心去审理案件，公开地打开刑书，根据法律条文仔细斟酌，使案件的处理做到公正适当。当刑当罚，要谨慎地核实！要做到案件判决了，人们信服；判决改变了，人们也信服。刑罚以慎重为上，有的时候也可以将两种刑罚合并为一种刑罚执行。”

［原文］

王曰：“呜呼！敬之哉！官伯族姓①，朕言多惧。朕敬于刑，有德惟刑。今天相民②，作配在下③。明清于单辞④，民之乱⑤，罔不中听狱之两辞⑥，无或私家于狱之两辞⑦。狱货非宝⑧，惟府辜功⑨，报以庶尤⑩。永畏惟罚⑪，非天不中⑫，惟人在命⑬。天罚不极⑭，庶民罔有令政在于天下⑮。”

［注释］

①官伯：诸侯。族姓：同姓的臣子。②相：扶助，帮助。③配：配合。④明清：明察，仔细地考察。单辞：一面的言辞。⑤乱：治理。⑥罔：无。中听：以公正的态度审理案件。两辞：原告和被告两方面的诉辞。⑦或：有。私家：私自谋利。⑧狱货：审理案件时狱吏收受的贿赂。⑨惟：只。府：取。辜：罪。功：事。⑩报：判决。尤：罪。⑪畏：敬畏。⑫中：公平，公正。⑬在：终止。命：天命。⑭极：至。⑮令政：善政。

［译文］

王说：“唉！要谨慎啊！诸侯国君以及同姓大臣，我说的话你们可要谨慎引以为戒呀。我重视刑罚，对于百姓有德的也在于刑罚。如今扶助百姓，你们在下面要配合呀。仔细地考察一面之词，治理百姓，不能不以公正的态度倾听原告和被告两方面的述辞，不能对原告和被告的述词贪图私利。审理案件时收受贿赂并不是一件好事，那是犯罪的事情，将会被以众人犯

罪来论处。永远都要敬畏上天的惩罚，并非天道不公平，是人自己终止天命。上天的惩罚没有加到他们身上的话，那么百姓就不能享受善政了。”

［原文］

王曰：“呜呼！嗣孙①，今往何监？非德？于民之中，尚明听之哉！哲人惟刑②，无疆之辞③，属于五极④，咸中有庆⑤。受王嘉师⑥，监于兹祥刑⑦！”

［注释］

①嗣孙：后代子孙。②哲：通“折”，治理。③无疆：无穷无尽的。辞：讼辞。④属：合，符合。五极：就是五刑。⑤中：公平，公正。庆：善刑。⑥嘉：善。师：多，指民众。⑦监：重视，认真对待。

［译文］

王说：“啊！子孙们，从今以后你们该戒鉴什么呢？难道不是德教吗？对于百姓的案情，都要谨慎明察呀！治理百姓运用刑罚，使无穷无尽的讼词符合五种刑罚，都要处置适中，才有奖励。你们接受、治理我的善良的百姓，一定要认真对待善刑啊！”

文侯之命

［原文］

书序：平王锡晋文侯秬鬯(chàng)、圭瓒①，作《文侯之命》。

［注释］

①平王：名宜臼，周幽王之子。幽王时，犬戎攻破镐京，平王东迁洛邑，为东周的开始。锡：赏赐。晋文侯：名仇，西周末、东周初的晋国国君，护送平王东迁有功。秬鬯：用黑黍和郁金香草酿造的酒。圭瓒：一种玉制酒器，形状如勺，以圭为柄。

［译文］

书序：平王赏赐晋文侯秬鬯、圭瓒，史官于是作《文侯之命》。

戏举烽火

西周末年，周幽王为博褒姒一笑，烽火戏诸侯，以致后来没有诸侯再相信他。公元前771年，犬戎攻破镐京，周幽王被杀，太子宜臼受申、秦、鲁等诸侯拥戴即位，迁都洛邑，建立东周，是为平王。平王依靠晋、郑、卫等诸侯支撑残局，中国历史进入春秋时期。

[原文]

王若曰[1]：“父义和[2]！丕显文、武，克慎明德[3]，昭升于上[4]，敷闻在下[5]，惟时上帝集厥命于文王[6]。亦惟先正克左右昭事厥辟[7]，越小大谋猷(yóu)罔不率从[8]，肆先祖怀在位[9]。呜呼！闵予小子嗣[10]，造天丕愆(qiān)[11]。殄资泽于下民[12]，侵戎我国家纯[13]。即我御事[14]，罔或耆(qí)寿俊在厥服[15]，予则罔克[16]。曰惟祖惟父[17]，其伊恤朕躬[18]。呜呼！有绩予一人永绥(suí)在位[19]。父义和！汝克绍乃显祖[20]，汝肇刑文武[21]，用会绍乃辟[22]，追孝于前文人[23]。汝多修[24]，扞(hàn)我于艰[25]，若汝，予嘉。”

[注释]

①王：周平王。若：这，这样。②父：周天子对同姓诸侯的尊称。义和：文侯的字。③丕：大。显：光明。克：能够。慎：谨慎。明：勉，努力。④昭：明，显示。上：上天。⑤敷：布，散布、传播。闻：名声、声望。下：下土，即四方，天下。⑥惟时：于是。集：下，降。⑦先正：先臣。左右：辅助，辅佐。昭：通“昭”，指导，引导。辟：君主。⑧越：于。猷：谋。率从：遵从，遵循。⑨肆：所以，因此。怀：安。⑩闵：可怜，不幸。嗣：继承。⑪造：遭受，遭遇。愆：惩罚。⑫殄：绝，灭绝。资：财。泽：财产。⑬侵戎：侵伐，侵扰。纯：多。⑭即：今。御事：治事大臣。⑮或：有。耆寿：有名望有学问的老年人。俊：通“骏”，长久。服：职位。⑯则：

桐叶封虞

成王与弟弟唐叔虞一起玩耍，将一片梧桐叶当作玉圭，给唐叔虞并说：“我用这个封赐你。”唐叔虞十分高兴并把这件事告诉给周公。周公请求成王封唐叔虞为诸侯，成王却说这是一句玩笑。周公说天子无戏言。于是封叔虞于唐。后来，叔虞的儿子迁都到晋水的岸边，改国名为晋。

的确、确实，副词。罔：不。克：胜，胜任。⑰惟祖惟父：指祖辈和父辈诸侯。⑱其：表示祈祷语气。伊：语气助词。恤：忧虑。⑲有：助词。绩：建立功业的意思。永：长久。绥：安。⑳绍：继承。显祖：指唐叔虞，晋国的始封君主。㉑肇：勉力，鼓励。刑：制御。文武：文武百官。㉒会：会合诸侯。绍：继续，延续。辟：君主。㉓孝：好。前文人：指祖先。文人：有文德的人。㉔修：长，能，引申为休美。㉕扞：保卫，捍卫。

[译文]

王这样说：“族父义和啊！伟大光明的文王和武王，能够慎重地推行德教，美德升到上天，名声在下传播，于是上天降下大命给文王。也因为当时的公卿大夫可以辅佐引导君主，对于大大小小的谋略没有不遵从的，所以先祖们能够安于王位。唉！不幸我这年轻人继承了王位，遭受了上天的大惩罚。使我百姓的资产受到破坏，大肆侵扰我们国家。如今我的治事大臣，没有名望远播、学问深厚的老年人能长时间地在位，我又确实不能胜任。祖辈与父辈的诸侯，愿你们能够体恤我、为我分忧。唉！我有帮助我长久安于王位的人了。族父义和啊！能够继承你祖先唐叔的德行，努力制御文武百官，以征召会合诸侯的方式继承你的君主。你有很多优点，在我遇到困难的时候保卫我，像这样，我应该嘉奖你。”

[原文]

王曰：“父义和！其归视尔师①，宁尔邦。用赉(lài)尔秬(jù)鬯(chàng)一卣(yǒu)②；彤弓一③，彤矢百；卢弓一④，卢矢百；马四匹。父往哉！柔远能迩⑤，惠康小民⑥，无荒宁⑦。简恤尔都⑧，用成尔显德。”

［注释］

①视：治理，整顿，管理。师：臣民。②赉：赏赐。卣：用于盛酒的青铜酒器。③彤：红色。④卢：黑色。⑤柔：安抚。能：亲善，亲近。迩：近邻。⑥惠：爱。康：安。⑦荒宁：荒废政务，贪图享乐。⑧简：专心致志。恤：安定。都：国都，指晋国。

［译文］

王说："族父义和啊！希望你回去治理你的百姓，安定你的国家。现在我赐予你秬鬯酒一卣；红色的弓一张，红色的箭一百支；黑色的弓一张，黑色箭的一百支；马四匹。族父回去吧！安抚边远地区的臣民，亲善近处的邻国，爱护安定百姓，不要荒废政务，不要贪图享乐。专心致志安定你的国家，从而成就你的大德。"

费　誓

［原文］

书序：鲁侯伯禽宅曲阜①，徐、夷并兴②，东郊不开。作《费誓》③。

［注释］

①鲁侯伯禽：周公长子。周公平定三监之乱后，被封于鲁国，因成王年幼，于是命伯禽为鲁侯。宅：居住。曲阜：鲁国都城。②徐：徐戎，东夷的一支，分布在淮河下游，西周时建立徐国。夷：淮夷，东夷的一支，分布在淮水和泗水流域。③费：地名，也作鄪，在今山东费县西北。

［译文］

书序：鲁侯伯禽居住在曲阜，徐戎、淮夷一起造反，鲁国的东郊不能畅通。史官于是作《费誓》。

［原文］

公曰①："嗟！人无哗②，听命。徂兹淮夷、徐戎并兴③。善敹(liáo)乃甲胄④，敿(jiǎo)乃干⑤，无敢不吊⑥！备乃弓矢，锻乃戈

矛[7]，砺乃锋刃[8]，无敢不善！今惟淫舍牿(gù)牛马[9]，杜乃擭(huò)[10]，敜(niè)乃阱[11]，无敢伤牿[12]。牿之伤，汝则有常刑[13]！

［注释］

①公：指伯禽。②哗：喧哗。③徂：今。兹：这些。兴：起。④敹：缝缀（衣服等）。甲：军装、铠甲。胄：头盔。⑤敿：系连。干：盾牌。⑥吊：善。⑦锻：锻冶。⑧砺：磨。⑨淫：大。舍：放。牿：关养牛马的圈。⑩杜：闭。擭：用于捕兽的器具。⑪敜：填塞，填平。阱：陷阱。⑫伤牿：伤害牛马。⑬常刑：常规的刑罚。

［译文］

鲁公说："喂！大家不要喧哗，听我发布命令。如今淮夷、徐戎同时兴兵作乱。将你们的军服和头盔缝好，系连你们的盾牌，不许不准备好！准备好你们的弓箭，锻造好你们的戈矛，磨好你们的战刀，不许不准备好！现在你们要将关在圈中的牛马全都放出来，将捕兽的工具都掩盖起来，把陷阱都填平，不要伤害了那些戴着枷锁的牛马。要是伤害了这些牛马，你们就要受到惩罚！

爱民兴国

伯禽，鲁国第一任国君，周公旦长子。周成王封伯禽为鲁公时，教导他要爱护百姓、遵守德行、广纳谏言、文武并行、恩威并施。伯禽遵循成王的教诲治理国家，鲁国在他的教化下成为著名的"礼仪之邦"。

［原文］

"马牛其风[1]，臣妾逋(bū)逃[2]，勿敢越逐[3]！祗(zhī)复之[4]，我商赉(lài)汝[5]。乃越逐不复[6]，汝则有常刑！无敢寇攘[7]，逾垣墙，窃马牛，诱臣妾，汝则有常刑！甲戌，我惟征徐戎。峙乃糗(qiǔ)粮[8]，无敢不逮[9]，汝则有大刑[10]！鲁人三郊三遂[11]，峙乃桢榦(gàn)[12]。甲戌，我惟筑[13]，无敢不供，汝则

有无余刑⑭，非杀。鲁人三郊三遂，峙乃刍茭（jiāo）⑮，无敢不多⑯，汝则有大刑！”

［注释］

①风：走失，丢失。②臣妾：指男女奴仆。古代男仆叫臣，女仆叫妾。逋：逃跑。③越逐：离开队伍去追逐。④祗：恭敬。复：还，指归还原主。⑤赉：赐。⑥乃：如果，假如。⑦寇：抢劫。攘：偷取，偷盗。⑧峙：具备，准备，预备。糗粮：干粮。糗，炒熟的米、麦等谷物。⑨逮：及，至，到。⑩大刑：就是死刑。⑪郊：近郊。遂：远郊。⑫桢榦：筑墙的木板或者木杆等工具。⑬筑：修筑营垒。⑭无余刑：终身监禁。余，释放。⑮刍：鲜草。茭：干草。⑯多：数量充足。

［译文］

“马牛走失，奴仆逃跑，不要离开队伍去追赶！得到走失的牛马和逃跑的奴仆，要恭敬地归还原主，我会给予赏赐。假如你们擅自离开队伍去追赶，或者得到了却不归还原主，那就要受到惩罚！不允许抢劫、偷盗，翻越围墙，盗窃马牛，拐走奴仆，那就要受到惩罚！甲戌日，我们征伐徐戎。准备好你们的干粮，不许不够量，否则你们将会遭受严厉的惩罚。我们鲁国三郊三遂的人，要准备好筑墙的工具。甲戌这天，我们就要修筑营垒，不准不供给，否则你们将受到终身监禁，只是不杀头。鲁国三郊三遂的人，你们要准备好牛马的干湿草料，不许不充足，否则你们就要受严厉的惩罚！”

秦誓

［原文］

书序：秦穆公伐郑①，晋襄公帅师败诸崤②，还归③，作《秦誓》。

［注释］

①秦穆公：名任好，春秋时期的秦国国君，在位期间曾与晋国争霸。伐郑：秦穆公听说郑国城防空虚，打算派兵偷袭，秦军至滑国，遇郑国商

人弦高，误以为郑国有所防备，于是灭滑国后退兵，在崤山遇晋军突袭而全军覆没。此事发生在周襄王二十六年（前627年）。②晋襄公：名欢，晋文公之子，春秋时期的晋国国君。崤：山名，秦岭东段支脉，位于今河南省西部。③还归：指被晋国俘虏的秦军将领返回秦国。

畜牧封侯

秦穆公，春秋时代秦国国君。嬴姓，名任好，谥号穆。他非常重视人才，因此得到百里奚、蹇叔、丕豹、公孙支等贤臣的辅佐。此图所描述的内容是秦穆公寻访百里奚的故事。百里奚，春秋时期虞国人，是辅佐秦穆公称霸的重要谋臣，为后来秦国兼并六国结束分裂局面奠定了坚实基础。

［译文］

书序：秦穆公讨伐郑国，晋襄公率领军队在崤山将其击败，秦军将领回国后，史官于是作《秦誓》。

［原文］

公曰："嗟！我士，听无哗！予誓告汝群言之首。古人有言曰：'民讫自若[1]，是多盘[2]。'责人斯无难，惟受责俾如流[3]，是惟艰哉！我心之忧，日月逾迈[4]，若弗云来[5]！惟古之谋人[6]，则曰未就予忌[7]；惟今之谋人，姑将以为亲[8]。虽则云然[9]，尚猷(yóu)询兹黄发[10]，则罔所愆(qiān)[11]。番番良士[12]，旅力既愆[13]，我尚有之[14]。仡(yì)仡勇夫[15]，射御不违[16]，我尚不欲[17]。惟截截善谝(pián)言[18]，俾君子易辞[19]，我皇多有之[20]！

［注释］

①讫：尽，结束、完毕。自若：随心所欲。若，顺。②是：因此。盘：游乐。③俾：依从，顺从。④逾迈：时间流逝。逾，过去。迈，行。⑤若：就。云来：回转。⑥古：往日，先前的。谋人：谋臣。⑦曰：说。就：接近。忌：教。⑧姑：姑且，将。⑨云然：这样说。然，这样。⑩猷：通

"犹"，还。黄发：指老年人。⑪愆：过失，错误。⑫番番：通"皤皤"，白发苍苍的样子。⑬旅：通"膂"，力气、精力。愆：亏损，衰败。⑭有之：亲近他们。⑮仡仡：勇武健壮的样子。⑯射：射箭。御：驾车。违：失误。⑰欲：喜欢。⑱截截：浅薄的样子。谝：花言巧语。⑲俾：使。易辞：产生疑惑，改变主见。⑳皇：大。

[译文]

公说："喂！我的将士们，听我号令不要喧哗！我有重要的誓词告诫你们。古人有话说：'人如果要随心所欲，就会因此多出差错。'责备别人不是什么难事，被别人责备而能够像流水那样顺从，这就困难了！我心里的担忧，在于时间一天一天地过去而不再回来了！过去的谋臣，却说我没能接受教导；现在的谋臣，我姑且与他亲近。即使这样，我还是要向年纪大的人请教，才不会有过失。那白发苍苍的善良贤士，精力亏损，体力不足，我还能亲近他们。那身强力壮的勇士，虽然射箭和驾车不会失误，我却不大喜欢亲近他们。那些浅薄善辩的人，容易使君子产生疑惑，我更无暇去理会！

[原文]

"昧昧我思之①，如有一介臣②，断断猗无他技③。其心休休焉④，其如有容⑤，人之有技，若已有之。人之彦圣⑥，其心好之，不啻(chì)如自其口出⑦。是能容之⑧，以保我子孙黎民，亦职有利哉⑨！人之有技，冒疾以恶之⑩。人之彦圣，而违之俾不达⑪。是不能容，以不能保我子孙黎民⑫，亦曰殆哉⑬！邦之杌陧(wù niè)⑭，曰由一人⑮；邦之荣怀⑯，亦尚一人之庆⑰。"

[注释]

①昧昧：默默深思之意。思：思量，思考。②介：个，位。③断断：诚实专一的样子。④休休：宽大的样子。⑤其：乃。如：能。容：容纳。⑥彦：美士，贤良的臣子。圣：明哲。⑦不啻：不但，不只。自：从。⑧是：这样。⑨职：庶几，差不多。⑩冒疾：妒忌。以：而。⑪违：违拗，阻止。俾：使。达：通，顺利。⑫黎民：百姓。⑬殆：危险。⑭杌陧：不安。⑮曰：

句首语助词。由：因为，由于。⑯荣怀：繁荣和安宁。怀，安定。⑰尚：大概。庆：善。

［译文］

“我暗暗地思量，如果有这样一位臣子，忠实诚恳而没有别的本领。他的心胸宽广，能容人，别人有能力，就像自己拥有一样。别人美好明哲，他的心中便很欢喜，不仅仅只是口头称赞。这样能容人，任用他保全我的子孙百姓，差不多也是有益处的！别人有能力，嫉妒进而厌恶。别人美好明哲，他却尽力阻止不让君主顺利得知。这样不能容人，不能加以任用保全我的子孙百姓，这种人也十分危险啊！国家的危险和不安，往往在于君主；国家的繁荣安宁，往往也是在于君主。”

图书在版编目(CIP)数据

图解尚书/崇贤书院释译. —合肥:黄山书社,2015.11

(经典传家系列丛书)

ISBN 978-7-5461-5308-7

Ⅰ.①图… Ⅱ.①崇… Ⅲ.①中国历史-商周时代②《尚书》-通俗读物
Ⅳ.①K221.04-49

中国版本图书馆CIP数据核字(2015)第286452号

总 策 划　李　克
选题策划　汤吟菲　白剑峰
编辑统筹　刘　春
责任编辑　程　景
装帧设计　未　氓
责任印制　戚　帅
出版发行　时代出版传媒股份有限公司(http://www.press-mart.com)
　　　　　黄山书社(http://www.hspress.cn)
地址邮编　合肥市政务文化新区翡翠路1118号出版传媒广场7层　230071
印　　刷　安徽联众印刷有限公司
版　　次　2016年3月第1版
印　　次　2019年6月第3次印刷
开　　本　700mm×1000mm　1/16
字　　数　250千
印　　张　16.5
书　　号　ISBN 978-7-5461-5308-7
定　　价　23.00元

服务热线　0551-63533706

销售热线　0551-63533761

官方直营书店(http://hsssbook.taobao.com)

版权所有　侵权必究

凡本社图书出现印装质量问题,
请与印制科联系。
联系电话　0551-63533725

句首语助词。由：因为，由于。⑯荣怀：繁荣和安宁。怀，安定。⑰尚：大概。庆：善。

［译文］

“我暗暗地思量，如果有这样一位臣子，忠实诚恳而没有别的本领。他的心胸宽广，能容人，别人有能力，就像自己拥有一样。别人美好明哲，他的心中便很欢喜，不仅仅只是口头称赞。这样能容人，任用他保全我的子孙百姓，差不多也是有益处的！别人有能力，嫉妒进而厌恶。别人美好明哲，他却尽力阻止不让君主顺利得知。这样不能容人，不能加以任用保全我的子孙百姓，这种人也十分危险啊！国家的危险和不安，往往在于君主；国家的繁荣安宁，往往也是在于君主。”

"犹"，还。黄发：指老年人。⑪愆：过失，错误。⑫番番：通"皤皤"，白发苍苍的样子。⑬旅：通"膂"，力气、精力。愆：亏损，衰败。⑭有之：亲近他们。⑮仡仡：勇武健壮的样子。⑯射：射箭。御：驾车。违：失误。⑰欲：喜欢。⑱截截：浅薄的样子。谝：花言巧语。⑲俾：使。易辞：产生疑惑，改变主见。⑳皇：大。

［译文］

公说："喂！我的将士们，听我号令不要喧哗！我有重要的誓词告诫你们。古人有话说：'人如果要随心所欲，就会因此多出差错。'责备别人不是什么难事，被别人责备而能够像流水那样顺从，这就困难了！我心里的担忧，在于时间一天一天地过去而不再回来了！过去的谋臣，却说我没能接受教导；现在的谋臣，我姑且与他亲近。即使这样，我还是要向年纪大的人请教，才不会有过失。那白发苍苍的善良贤士，精力亏损，体力不足，我还能亲近他们。那身强力壮的勇士，虽然射箭和驾车不会失误，我却不大喜欢亲近他们。那些浅薄善辩的人，容易使君子产生疑惑，我更无暇去理会！

［原文］

"昧昧我思之[1]，如有一介臣[2]，断断猗无他技[3]。其心休休焉[4]，其如有容[5]，人之有技，若己有之。人之彦圣[6]，其心好之，不啻(chì)如自其口出[7]。是能容之[8]，以保我子孙黎民，亦职有利哉[9]！人之有技，冒疾以恶之[10]。人之彦圣，而违之俾不达[11]。是不能容，以不能保我子孙黎民[12]，亦曰殆哉[13]！邦之杌陧(wù niè)[14]，曰由一人[15]；邦之荣怀[16]，亦尚一人之庆[17]。"

［注释］

①昧昧：默默深思之意。思：思量，思考。②介：个，位。③断断：诚实专一的样子。④休休：宽大的样子。⑤其：乃。如：能。容：容纳。⑥彦：美士，贤良的臣子。圣：明哲。⑦不啻：不但，不只。自：从。⑧是：这样。⑨职：庶几，差不多。⑩冒疾：妒忌。以：而。⑪违：违拗，阻止。俾：使。达：通，顺利。⑫黎民：百姓。⑬殆：危险。⑭杌陧：不安。⑮曰：